우크라이나 문화와 지역학

본 저서는 2018학년도 대학민국 교육부와 한국연구재단의 재원으로 대학인문역량 강화사업(CORE)의 지원을 받아 수행됨

# 우크라이나 문화와 지역학

허승철 지음

우물이 있는 집

성 니콜라이 성당

라브라 전경

라브라 종탑

마린스키 궁전

세계문화유산 도시 르비프 전경

성 소피아 성당

성 안드레이 성당

하늘에서 본 라브라

세계문화유산 도시 르비프 전경

흐멜니츠키 동상

키예프 루스 성곽 그림

키예프의 드니프로 강

키예프 전경

키예프대학교와 세브첸코 동상

키예프대학교 본관

키예프 포돌 지역

우크라이나 국기와 닮은 들판과 하늘

민속촌

자포로지아 시치 유적

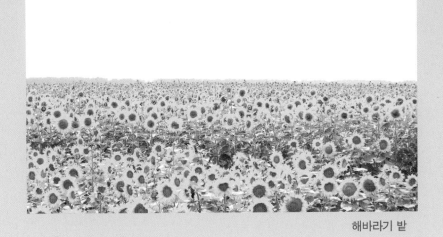

해바라기 밭

키이, 쉬첵, 호립 삼형제와 리비드 공주 동상

# |목차|

서문 ------------------------------------------------------------18

1부 국가 개황과 지리
  1장 우크라이나의 자연 지리 -------------------------------------23
  2장 우크라이나의 인문 지리 -------------------------------------28


2부 우크라이나가 걸어온 길
  3장 고대와 키에프 루스 시대 ------------------------------------51
  4장 몽골과 리투아니아 지배 -------------------------------------64
  5장 코자크 시대 -----------------------------------------------69
  6장 러시아 지배와 소련시대 -------------------------------------87
  7장 소련 시대 우크라이나의 역사 -------------------------- 112


3부 우크라이나의 종교, 민속, 국민성
  8장 우크라이나의 종교 ------------------------------------- 147
  9장 우크라이나의 민속 ------------------------------------- 166
  10장 우크라이나의 국민성 ---------------------------------- 177

4부 우크라이나의 문학과 언어

　11장 우크라이나 문학 ------------------------------------- 185

　12장 우크라이나의 언어　------------------------------- 213


5부 우크라이나의 정치와 대외관계

　13장 우크라이나의 정치 ------------------------------- 223

　14장 우크라이나의 대외관계와 외교정책 -------------------- 251


6부 우크라이나의 경제

　15장 우크라이나의 경제 발전 과정과 잠재력 --------------- 271


부록 - 우크라이나 역사 및 사건 연표 --------------------- 288


참고문헌 ----------------------------------------------- 301

# |서문|

　1991년 소련 붕괴와 함께 독립한 우크라이나는 2004년 오렌지 혁명, 2013-14년 마이단(Maidan) 혁명(일명 Revolution of Dignity)과 연이은 크림 사태로 우리에게 잘 알려지게 되었다. 5천만 명이 넘는 인구와 독일과 영국을 합친 것보다 큰 영토를 가진 우크라이나는 2차 대전 후 독립한 국가 중 가장 큰 국가였지만, 정치적 혼란과 러시아와의 갈등으로 국가 발전은 더디게 진행되어왔다. 구소련권 국가 중 최초로 한국인에 대한 무비자 입국을 허용하고, 2008년 한국외대에는 우크라이나학과가 생겼지만 아직 우리나라와 우크라이나 간 인적 교류는 활발하지 않다. 그간 국내에는 우크라이나를 소개하는 책과 어문학 교재가 많이 나왔고, 저자도《나의 사랑 우크라이나》,《우크라이나 현대사》,《우크라이나의 역사》,《코자크와 우크라이나의 역사》를 출간했다. 2009년 우크라이나학회에서 출간한《우크라이나의 이해(써네스트 刊)》는 9명의 필자가 지리, 역사, 어문학, 정치, 경제 각 분야를 맡아 집필한 종합적인 우크라이나 지역학 교재로 수업에 활용되었지만, 10년의 시간이 흐르면서 많은 부분을 새로 쓸 필요가 생겼다. 2018년 고려대 문과대학 대학인문역량 강화사업(CORE) 교재 시리즈의 일환으로《우크라이나의 이해》의 후속편격인《우크라이나 문화와 지역학》을 쓰기로 결정하고 약 1년 만에 초고를 완성했으나, 2019년 3-4월 우크라이나 대통령 선거 결과까지 책의 내용으로 포함시키기로 하고 출간 시기를 다소 늦추었다. 각 분야 전문가 여러 사람이 힘을 모아 쓴 책의 후속편을 혼자 힘으로 쓰는 것이 쉬운 일은 아니었지만, 마음의 주저와 두려움을 극복하고 원고를 완성했다.

우크라이나를 객관적으로 깊이 있게 이해하기 위해서는 우크라이나의 역사, 문화, 언어를 충분히 공부하고, 우크라이나도 여러 번 방문해 볼 필요가 있다고 강조하고 싶다. 우크라이나와 러시아는 인종, 역사, 언어적으로 유사한 면이 크지만, 국민성과 정치문화, 국가 지향점 등에서는 서로 구별되는 차이가 분명히 있다는 사실을 염두에 두어야 한다. 우크라이나가 300년 이상 러시아제국의 일원으로 역사를 이어왔다는 이유로 러시아에 대한 지식과 경험만을 바탕으로 우크라이나를 둘러싸고 일어나는 일을 쉽게 논평하는 일은 지양되어야 한다고 본다. 이 책이 소위 구소련권 전문가들의 우크라이나 이해를 깊게 하는데 일조하기를 바라고, 이 나라에 관심을 가진 독자와 전공 학생들에게 유용한 길잡이가 되기를 희망한다. 책 저술을 지원한 고려대 문과대학과 꼼꼼하게 편집 작업을 진행한 써네스트 강완구 대표와 편집진에 심심한 감사의 마음을 표한다.

2019년 5월 저자

# 1부 국가 개황과 지리

# 1장 우크라이나의 자연지리

우크라이나는 남한의 약 6배 되는 아름답고 넓은 국토를 보유한 나라이다. 우크라이나의 면적은 603,700㎢(크림 제외하면 577,604㎢)로 유럽에서 러시아, 프랑스 다음가는 큰 나라이고, 국토 면적은 영국과 독일을 합친 것과 거의 비슷하다. 국토의 최장 거리는 동서로 1,316km이고, 남북이 893km이다. 방위상으로는 위도 44도20분~52도20분, 동경 22도05분~41도15분에 위치하고 있다. 국토 대부분이 블라디보스토크(43도8분)보다 북쪽에 위치하고 있지만, 흑해의 영향으로 기후가 혹독한 편은 아니다. 수도 키예프는 50도2분으로 프라하나 프랑크푸르트와 거의 같은 위도에 있고, 파리나 비엔나보다는 약 2도 정도 북쪽에 있다. 우크라이나는 몰도바, 루마니아, 헝가리, 슬로바키아, 폴란드, 벨라루스, 러시아와 국경을 접하고 있고 러시아와의 국경길이는 1,576km에 이른다. 바다로는 루마니아, 불가리아, 조지아(그루지야), 터키, 러시아와 영해를 접하고 있다. 우크라이나의 국토는 대부분이 평야(plains)와 평원(plateau)으로 구성되어 있으며, 서쪽의 카르파치아와 크림반도의 남부지역이 산악으로 이루어져있다. 국토의 60%가 경작 가능한 땅으로 남한의 경작지(170만 헥타르)의 15배가 넘는 2천5백만 헥타르의 농경지를 보유하고 있다. 세계 3대 흑토 지역의 하나이고 산림은 국토의 16%를 차지하고 있다.

기후는 사계절의 구분이 뚜렷하며 키예프의 7월 평균 기온은 20도 내외, 1월 평균 기온은 영하 5-6도 정도이다. 크림 남부지역은 겨울에도 영상의 기온을 보이는 아열대 기후에 속한다. 연평균 강우량은 북부지방이 600-700mm, 남동지방은 300mm 정도이다. 국토가 넓은 평원으로 이루어졌음에도 불구하고, 토네이도나 태풍 등의 자연 재해가 거의 없고, 폭우도 드문 편이다.


◆ 주요 하천

우크라이나의 주요 하천으로는 드니프로(Dnipro)강, 산(San)강, 부흐(Buh)강, 시베르스키 도네츠(Siberskyi Donets)강, 드네스트르(Dniestr)강, 도나우강 등을 꼽을 수 있다.


o 드니프로(Dnipro)강

총 길이 2,290km로 유럽에서 볼가강, 도나우강에 이어 세 번째로 긴 강이며, 카르파치아 산맥에서 발원하여 벨라루스, 러시아를 거쳐 우크라이나 국토를 동서로 양분하며 흐르고 우크라이나를 관통하는 길이가 1,095km에 달한다. 우크라이나를 동서로 나누는 역할을 하며 강 동부 지역은 좌안(左岸 Left bank), 강 서부지역은 우안(右岸 Right bank)으로 불린다. 고대시대부터 흑해와 터키지역과 러시아북부, 스칸디나비아 지역을 연결하는 수로로 이용되었다.

## o 드네스트르(Dniestr)강

우크라이나와 몰도바의 국경 역할을 하고 있으며, 몰도바 내의 드네스트르강 동부지역인 트랜스드네스트르 지역은 자치 독립을 둘러싼 분쟁으로 인해 현재 분쟁동결지역(Frozen conflict zone)으로 선언되어 있다. 우크라이나와 폴란드 접경에서 발원하여 흑해로 흘러들어간다.

## o 산(San)강

카르파치아 산맥의 우크라이나와 폴란드 접경지역에서 발원하여 비스툴라강과 합쳐진다. 우크라이나와 폴란드의 국경을 가르며 주요 전쟁에서 방어선으로 자주 이용되었다.

## o 부흐(Buh)강

우크라이나-폴란드, 폴란드-벨라루스 국경을 따라 흐르며 비스툴라강으로 합쳐진다. 부흐강 유역은 1차 대전 때 독일군과 러시아군의 접전지역이었다.

## o 시베르스키 도네츠(Siberskyi Donets)강

중앙아시아 고지에서 발원하여 러시아를 거쳐 우크라이나 동부지역인 하르키프, 도네츠크, 루간스크를 관통하여 아조프해 입구에서 돈강과 합쳐진다. 이 강은 돈바스 공업 지역의 산업 용수를 공급하는 역할을 하고 있다.


◈ 지하자원

풍부한 지하자원을 보유하고 있는 우크라이나는 화학주기율표에 나오는 모든 광물이 매장되어 있다는 나라로 불리기도 한다. 우크라이나에는 200여종의 광물이 매장되어 있고, 이 중 95종은 산업 유용 광물이다. 그러나 석유, 가스 자급률은 30% 정도 밖에 되지 않아 주로 러시아로부터의 수입에 의존하고 있어서 국가 경제에 큰 압박 요소로 작용하고 있다. 최근 상당량의 셰일가스가 매장되어 있는 것으로 밝혀졌고, 이를 개발할 경우 에너지 자급이 가능할 것으로 추정되지만, 셰일가스 매장지의 상당 부분이 동부 교전 지역에 속해 있어 단기간에 셰일가스 개발이 이루어질 가능성은 희박하다.


〈우크라이나의 주요 광물〉

철광석 - 세계 채굴량의 약 10% 생산

망간 - 세계 채굴량의 약 20% 생산

티타늄 - 세계 매장량의 25%

우라늄 - 세계 매장량의 2%

석탄 - 세계 채굴량의 3%


이외에도 구리도 풍부하며 금, 베릴륨, 다이아몬드, 카로인 등 희소광물도 다량 매장되어 있다.

〈유럽 주요 국가의 면적과 인구(2017년 기준)〉

| 국가 | 면적(천 ㎢) | 인구(천명) |
|---|---|---|
| 러시아 | 17,098 | 142,258 |
| 프랑스 | 643 | 67,106 |
| 우크라이나 | 603 | 44,034 |
| 스페인 | 505 | 48,958 |
| 독일 | 357 | 80,594 |
| 이태리 | 301 | 62,138 |
| 영국 | 243 | 64,769 |
| (미국) | 9,826 | 326,626 |
| (한국) | 99 | 51,181 |

(출처: The World Factbook https://www.cia.gov/library/publications/the-world-factbook/
rankorder/2119rank.html#up)

# 2장 우크라이나의 인문지리

## 2.1 우크라이나 명칭의 유래

'우크라이나'라는 명칭은 19세기 이후 본격적으로 쓰이게 되었다. 어원은 '변경지역', '접경지역'을 뜻하는 '오크라이나(okraina)'에서 나온 것으로 추정된다. 현대 우크라이나어에서는 '크라이나(kraina)'라는 단어가 '국가, 나라'라는 뜻으로 쓰인다. 인도유럽어 조어(祖語)에서 '*krei-'는 '자르다, 절단하다'를 뜻하였고, 이것이 슬라브어의 'krai'가 되며 '끝, 변경, 지방'을 뜻하는 단어가 되었다.[1] 원래 우크라이나인들은 자신들이 거주하는 땅을 루스(Rus), 자신들을 '루신(Rusyn)'이라고 불렀다. 트랜스카르파치아 지역에 거주하는 주민들은 아직도 자신들을 루신이라고 부르고 있다. 1187년 《원초 연대기(The Primary Chronicle)》에 키에프와 페레야슬라브 지역을 가리키는 명칭으로 '우크라이나'라는 이름이 최초로 사용되었다. 그러나 이후 이 명칭은 특정한 지역을 지칭하기

---

1  Magocsi, P., *A History of Ukraine*, (Seattle: University of Washington Press, 1997), p. 171

보다는 변경지역을 가리키는 일반적 명칭으로 사용되다가, 15세기 폴란드에서 현 우크라이나 지역을 가리키는 용어로 사용하였고, 좁게는 키예프, 브라츨라브, 체르니기프의 영지 주(州)를 지칭하는 지역명으로 쓰였다. 18세기 초 피터 대제가 '러시아'라는 국가명을 채택하자 우크라이나인들은 자신들의 거주 지역을 우크라이나라고 부르기 시작했고, 19세기 민족 문화 부흥 운동을 주도한 민족주의자 지식인들이 이 용어를 적극 사용하기 시작했다. 그러나 러시아 사람들은 우크라이나라는 말 대신에 '소(小)러시아(Malna Rossia, Malorossia)라는 명칭을 줄곧 사용했으며, 이 용어는 20세기 들어와서도 우크라이나를 독립된 지역이나 국가로 보지 않는 러시아인들이 비속적 명칭으로 사용했다. 소련 시대에 우크라이나 소비에트 연방공화국이 출범하면서 우크라이나는 정식 행정 명칭으로 자리를 잡았고, 역설적으로 우크라이나라는 명칭이 소련 국내와 국제적으로 확고하게 인식되게 되었다. 1990년 독립 후 우크라이나라는 명칭은 정식 국가명이 되었지만, 러시아인들은 국가 앞에 쓰는 'v'라는 전치사 대신에, 지역을 나타낼 때 쓰는 'na'를 계속 사용하며 우크라이나의 독립을 인정하지 않는 속내를 나타내고 있다.[2]

## 2.2 역사적 지역

우크라이나는 고대로부터 여러 민족의 침입과 정복을 당했고, 근세에도 국경이 자주 변했기 때문에 이웃 국가들과의 역사적 관계 속에 형성된 여러 역사 지역을 가지고 있고, 이 지역들은 정치적, 문화적으로

---

2    허승철, 《우크라이나의 현대사:1913-2010》, 고려대학교 출판부, 2011, p. 25-26.

고유의 특성을 가지고 있다.

　우크라이나를 우선 두 지역으로 크게 나눈다면 동부-남부지역과 서부-중부 지역으로 나눌 수 있다. 동부-남부지역은 17세기부터 러시아의 지배를 받아 주민들이 러시아어를 많이 사용하며 정치적 성향도 보수적이고 친러시아적이다. 서부-중부 지역은 폴란드-리투아니아와 오스트리아제국의 영향권 아래 오래 있었기 때문에 유럽 지향적이고, 민족주의적인 정치 성향을 보인다. 서부지역 주민들은 우크라이나어를 주로 사용하고, 중부지역에서는 우크라이나어와 러시아어가 같이 사용된다. 우크라이나는 지리적으로 서부, 중부, 남부, 동부 네 개 지역으로 나눌 수 있지만 역사적, 문화적 경계선으로 나누면 다음의 9개 지역으로 나눌 수 있다.

REGIONS OF UKRAINE

**우크라이나의 역사적 지역**

\* 크림반도는 2014년 3월 러시아에 병합되었음.

## 1. 갈리시아(Galicia Галичина =할리치아, Halichia)[3]

키예프 루스 시대 할리치아-볼히냐 공국이 존재했고, 할리치(Halych) 에서 지명이 유래했다. 1240년 키예프가 몽골군에 함락된 후 할리치아 공국의 다니엘(Daniel)공은 몽골로부터 어느 정도 독자적 지위를 확보 하며 루스의 왕으로 인정받았다. 1352년 폴란드 지배에 들어간 갈리시 아(할리치아)는 18세기 말 폴란드가 해체된 후 오스트리아-헝가리 제 국의 일부가 되었다. 오스트리아-헝가리 제국은 폴란드 주민과 우크라 이나 주민의 대립을 이용하여 갈리시아를 통치하며 갈리시아에 문화 적 자치를 허용하여, 러시아화가 진행된 동부 지역과 달리 우크라이나 어와 문화를 보존하고 발전시켰다. 1차 대전에 중 갈리시아는 연합국과 추축국의 치열한 전쟁터가 되었고, 2차 대전 종전 직전 얄타회담의 합 의로 갈리시아 전역이 소련의 지배에 들어가서, 약 80만 명의 폴란드계 주민이 이주되고, 대신 폴란드에 거주하던 약 48만 명의 우크라이나인 들이 이주해 들어와서 인종적 통일성이 확립되었다. 우크라이나 독립 후 갈리시아는 우크라이나 민족주의와 애국주의의 중심지가 되었지만, 폴란드 문화의 흔적은 아직 많이 남아 있다. 르비프주, 테르노플주, 이 바노-플란킵스크주가 갈리시아에 속해 있으며 종교적으로도 정교회보 다 로마 가톨릭과 그리스 가톨릭(Greek Catholic)이 우세하다.

## 2. 볼히냐(Volhynia Волинь)

우크라이나 서북부, 벨라루스 남부, 폴란드 남서부에 걸쳐 있는 볼 히냐는 13세기 독자적인 공국으로 출발하였으나 갈리시아와 합병되

---

3 '갈리시아'와 '할리치아'는 같은 의미로 역사적인 명칭에서 할리치아로 일부 병기 하였다.

고 얼마 후 리투아니아-폴란드의 영토가 되었다. 중세 때는 로도메리아(Lodomeria)라고 불리기도 했다. 현재는 볼린주, 리브네주, 루츠크주와 지토미르주, 테르노플주, 흐멜니치키주의 일부가 들어간다.

### 3. 트랜스카르파치아(Trans-Carpatia Закарпатська область)

카르파치아 산맥 서쪽의 산악지대인 트랜스카르파치아는 오랜 기간 헝가리에 속해 있었으나 2차 대전 후 체코슬로바키아에 병합되었다가, 체코슬로바키아와 소련의 협정에 의해 우크라이나연방공화국에 편입되었다. 역사적으로 카르파치아 루테니아(Carpathian Ruthenia)라고 불리고, 이곳에 거주하는 주민들은 루신(Rusyn, Ruthenian)이라고 불렸다. 우크라이나 지방 중 유일하게 폴란드, 슬로바키아, 헝가리, 루마니아 4개국과 접경하고 있다. 우즈호로드(Uzhhorod))가 행정 중심지이고, 무카체보(Mukachevo), 후스트(Khust), 베레호베(Berehove), 초프(Chop) 등의 도시가 위치해 있다.

### 4. 부코비나(Bukovina Буковина)

루마니아와 우크라이나 접경에 위치한 부코비나는 역사적으로 몰도바와 루마니아에 속했던 기간이 길었지만, 우크라이나인들이 주로 거주하는 북부 부코비나는 1940년 소련의 영토로 편입되어 현재 체트놉치주가 되었다.

### 5. 우안지역(Right Bank Правобережна Україна)

역사적으로 우안(右岸)으로 불린 키예프와 인근 서남부지역은 1793

년 폴란드 1차 분할로 러시아령이 되었으나, 폴란드 지주들의 영향이 19세기까지 남아있었다. 빈니차주, 지토미르주, 키로보흐라드주와 키예프주, 체르카시주 일부가 이 지역에 들어간다.

### 6. 좌안 지역(Left Bank Лівобережна Україна)

코자크의 주 활동 무대였던 좌안(左岸) 지역은 1830년대부터 러시아 행정구역으로 완전히 편입되어 체르니키프주, 수미주, 폴타바주, 하르키프주가 되었다.

### 7. 돈바스(Donbass, Донбас)

도네츠크주와 루간스크주로 구성된 돈바스지역은 19세기 철강공업의 발달과 함께 러시아계 주민들이 많이 유입되어, 독립 후 친러적 성향이 강했다. 주민의 30-35%가 러시아계이고, 2014년 봄부터 돈바스 상당지역이 교전 지역이 되었다.

### 8. 남부지역(오데사, 미콜라예프, 헤르손, 자포로지아)

남부지역은 역사적으로 오랫동안 오스만 터키와 크림한국의 영향력 아래 있었다가 코자크 이주민들이 영역을 남동부로 확장하면서 코자크와 오스만 터키의 접경지역이 되었고, 종교적으로도 이슬람과 정교회의 경계지역이 되었다. 역사적으로 타브리아(현 오데사주, 미콜라예프주) 헤르손, 예카체리노슬라브(드네프로페트롭스크주, 자포로지아주) 지역을 포함한다.

## 9. 크림

고대에 그리스와 흑해 연안국의 식민지였다가 크림칸국의 본거지가 된 크림반도는 크림타타르족이 오래 정착하여 살았으나, 19세기부터 러시아 주민들이 대거 이주하여 왔고 1954년 러시아연방공화국에서 우크라이나공화국에 양도되었다. 2014년 3월 야누코비치 정권 붕괴 직후 러시아에 합병되었고, 2018년 5월 크림과 러시아의 쿠반 지역을 잇는 다리가 건설되었다.

## 2.3 행정 구역과 주요 도시

2014년 러시아의 크림 병합과 동부 지역에서의 전투 발발 이전 우크라이나의 행정구역은 24개의 주(Oblast)와 1개의 자치공화국(크림) 2개의 특별시(키예프, 세바스토폴)로 구성되었었다. 현재 크림자치공화국과 세바스토폴 특별시, 루간스크주와 도네츠크주의 상당 부분은 우크라이나의 행정권에서 벗어나 있다. 각 주(州)와 주도(州都)는 같은 이름을 가지고 있다. 주지사는 대통령이 임명하지만, 주의회와 시의회, 시장은 자체적으로 선출한다.

우크라이나의 주요 도시로는 키예프, 하르키프, 도네츠크, 드니프로페트롭스크, 오데사, 르비프 등을 꼽을 수 있다.

### ㅇ 키예프

키예프는 우크라이나의 수도이자 키예프루스의 발상지로서 '모든 루스 도시의 어머니'라고 불렸다. 현재 인구는 약 290만 명이고, 모스크바

처럼 우크라이나의 경제적 중심지로서의 비중은 상대적으로 크지 않으며, 정치, 문화의 중심지 역할을 하고 있다.

## o 하르키프

우크라이나 제2의 도시인 하르키프는 지리적으로 러시아와 근접하고 있어 러시아 분위기가 많이 풍기는 도시이다. 17세기 중반 코자크의 변방 요새로 출발하여 19세기에 인구가 많이 유입되었으며, 러시아 혁명 후 1918년부터 1934년까지 수도의 역할을 하였다. 현재 인구는 약 140만 명이며 동부의 공업, 과학, 교육의 중심지 역할을 하고 있다.

## o 드니프로페트롭스크

1783년 예카체리나 여제의 칙령에 의해 건설되어 1926년까지 예카테리노슬라브(Ekaterinoslav)로 불린 드네프로페트롭스크는 19세기 말 철강 공업의 발달과 함께 급격히 성장했다. 구소련 최대의 미사일 공장을 비롯하여 군수산업이 발달하였으며, 쿠치마 대통령, 티모센코 총리, 티히프코 등의 정치인을 배출하였다.

## o 도네츠크

돈바스 공업 지역의 중심지인 도네츠크는 우크라이나 최대의 공업도시이다. 돈바스 지역의 풍부한 철강석, 석탄 자원을 이용하여 철강, 중화학 공업이 발달하였으며, 소위 도네츠크 클랜(clan)이라고 불리는 재벌들은 우크라이나 정치, 경제에 큰 영향력을 행사하고 있다. 2010년 대선에서 승리한 야누코비치도 도네츠크주지사 출신이다. 2014년 봄 이후 시외곽이 반군에게 장악되었다.

## o 오데사

오데사는 제정러시아 시대에 모스크바, 상트페테르부르그와 함께 러시아 3대 도시에 들어갔다. 그리스 시대부터 흑해의 무역항으로 성장한 오데사는 프랑스인 총독에 의해 근대도시로 탈바꿈했고, 이탈리아, 그리스 주민들이 많이 거주하며 국제적 상업도시로 번창하였다. 러시아가 남진 정책을 취하며 흑해의 전진기지로 발전했다. 예카체리나 여제는 오데사와 크림을 자신의 혼수 선물이라고 자랑할 정도로 오데사 정복에 자부심을 가졌었다.

## o 르비프

서부 우크라이나의 중심지이며 동부 갈리시아 지방의 수도 역할을 한다. 13세기 할리치아-볼히냐(Halichia-Volhynia)공국의 중심지로 출발했으나 15세기부터 폴란드의 지배하에 들어갔다. 폴란드와 오스트리아제국 지배 기간에도 동부보다 우크라이나어와 민족문화를 잘 보존하여 주민들이 주로 우크라이나어를 사용한다. 1918-1919년에는 서부 우크라이나공화국의 수도가 되었고, 1939년 소련에 다시 합병될 때까지 폴란드 관할 지역으로 남아있으면서 우크라이나 민족주의 운동의 중심지 역할을 하였다.[4]

---

4 우크라이나와 폴란드가 공동으로 주최한 2012년 유럽컵 축구대회의 개최도시로 키예프, 르비프, 도네츠크, 하르키프가 선정된 것도 각 지역의 중심지 역할을 하는 이 도시들의 상징성이 고려된 것으로 볼 수 있다.

〈 주요 도시와 인구〉

| 도시명 | 인구 | 도시명 | 인구 |
|---|---|---|---|
| 1.키예프 | 290만 명 | 7.르비프 | 73만 명 |
| 2.하르키프 | 144만 명 | 8.크리비리흐 | 66만 명 |
| 3.오데사 | 102만 명 | 9.미콜라이프 | 49만 명 |
| 4.드니프로페트롭스크 | 98만 명 | 10.마리우폴 | 48만 명 |
| 5.도네츠크 | 93만 명 | 11.루한스크 | 43만 명 |
| 6.자포로지아 | 76만 명 | 12.빈니짜 | 37만 명 |

한 겨울 얼어붙은 드니프로강과 키예프의 전경

# 아름다운 나라 우크라이나

흑토 지대와 해바라기로 유명한 우크라이나는 구소련권 국가 중 경관이 가장 뛰어난 국가라 할 수 있다. 한반도의 3배의 면적에 드니프로강과 같이 드넓은 강과 스텝 지대, 서부의 카르파치아 산맥, 흑해 등 수려한 산과 강과 바다를 모두 가지고 있고, 너무 덥지도 않고 너무 춥지도 않은 사계절이 뚜렷한 기후대에 위치하고 있다. 넓은 초원이 있지만, 미국 평야지대처럼 토네이도도 없고 태풍이나 폭우도 거의 없다. 우크라이나 학생들을 대상으로 한 조사를 보아도 학생 대부분도 자신들이 아름다운 조국에서 살고 있다고 생각한다고 한다.

수도 키예프도 경관이 아름답다. 국내 대학에서 러시아어를 공부한 후 약 20년 동안 구소련의 40여 도시를 다녀본 물류 전문가도 키예프를 가장 아름다운 도시로 꼽고 있다. 그는 "구소련지역 도시들 중 키예프가 제일 좋다. 키예프는 모스크바, 바르샤바, 아테네, 부다페스트를 혼합한 느낌이 있고, 드니프로강과 언덕의 공원들, 정교회 성당에서 뿜어져 나오는 기운이 참 편안하다. 한마디로 키예프는 평화, 자유, 녹색의 도시다."라고 자신이 쓴 책에 언급했다(정성희, 《가까운 러시아, 다가온 유라시아》, 생각의 길, 2017).

우크라이나에서 체류하며 일한 저자도 귀국 후 쓴 회고록에서 키예프의 아름다움을 아래와 같이 묘사했다(허승철, 《나의 사랑 우크라이나》, 푸슈킨하우스, 2008, 40-42).

"키예프는 구소련권 도시 중 드물게 언덕이 많다.(중략) 키예프의 가장 큰 자랑은 드니프로강과 우거진 숲, 시내 곳곳의 작은 공원들이다. 드니프로강은 한강처럼 단순하게 직선으로 흐르는 것이 아니고 두 갈래, 세 갈래로 갈라져 흐르다가 다시 합쳐지면 큰 호수 같은 강폭을 유지하며 흑해로 흘러내려 간다. 키예프 북쪽의 "키예프 바다"라고 불리는 지역은 양안의 거리가 7km가 넘는다. 강에는 녹음이 우거진 수많은 섬과 크고 작은 만이 있어 고급 별장들은 뒷마당에 보트 정박 시설을 가지고 있다. 떡가루 같이 고운 모래가 강변을 덮고 있고, 강은 완만하게 경사져서 수십 미터를 걸어 들어가도 사람 가슴 정도까지만 물이 차는 곳이 많다. 붉은 노을이 지는 석양에는 푸른 숲과 붉은 수면이 어우러져 환상적인 경관을 만들어 낸다. 석양 무렵 강둑 언덕에 올라가 주변을 돌아보면, 탁 트인 전망에 가슴이 시원하다. 오른쪽으로는 라브라(Lavra)의 황금 종탑이 붉은 금빛을 발하고, 앞으로는 청자색 드니프로강과 짙은 녹음의 강과 숲이 펼쳐지며 멀리는 광활한 들판의 지평선이 가물가물 보인다... 시 남쪽의 민속촌은 약 300헥타르 면적에 우크라이나 전역에서 옮겨온 400채의 농가가 들어서 있다. 은행잎으로 뒤덮인 가을이나 눈 속에 묻힌 겨울날 민속촌을 걸으면 세상 모든 시름을 잊을 수 있다... 시내 가로를 장식하고 있는 너도밤나무에 포도송이 같은 흰색의 꽃이 피는 5월이나, 드니프로강 숲과 가로수가 황금색으로 물드는 9월과 10월은 가장 아름다운 계절이다. 최근 늘어나는 차로 교통체증이 심해지고, 건축 붐으로 고층건물이 여기저기 흉물스럽게 들어서며 경관이 많이 훼손되고 있어 안타깝지만, 미인의 타고난 자태가 쉽게 변하지 않는 것처럼 키예프의 아름다움은 아직 크게 빛이 바래지 않았다."

# 유네스코 문화유산 도시 르비프

우크라이나 서부 갈리시아 지방의 수도인 르비프는 1998년 유네스코 세계 문화유산위원회에 의해 문화, 자연 문화유산으로 지명되었다. 유네스코 위원회는 중세 시대부터 수 세기에 걸쳐 행정, 종교, 교역 중심지 역할을 한 르비프시는 중세의 도시 형상과 이 도시에 거주한 다양한 민족들의 전통을 잘 간직하고 있고, 바로크 이후 시대의 건축 양식을 따른 건물들을 잘 보존해 온 것을 문화유산 지명 이유로 꼽았다.

르비프 전경

## 2.4 민족 구성

　우크라이나 전체 인구는 2017년 기준 4,240만 명(크림 인구 제외)로 독립 당시 5천만이던 인구는 자연감소, 해외 이주, 러시아와의 분쟁 등으로 독립 25년 만에 약 16% 감소하였다. 우크라이나에는 100여개 이상의 소수민족이 거주하고 있지만, 우크라이나인이 인구 4/5정도를 차지하는 주류 민족이다. 러시아인은 18% 정도 차지하고 있지만, 역사적으로 한 공동체로 살아온 기간이 길었고, 근현세 250여년은 한 국가로 살아왔기 때문에 상당수의 우크라이나인은 러시아인과 친인척 관계에 있다. 해외에 거주하는 우크라이나인은 총 760만 명으로, 러시아에 380만, 캐나다에 약 110만, 카자흐스탄에 90만, 미국에 약 80만, 발트3국에 18만, 우즈베키스탄에 15만, 키르기지아에 10만, 폴란드에 15만 명이 살고 있고 남미에도 17만 명이 거주하고 있다.

〈 우크라이나의 민족 구성〉

| 우크라이나인 | 77.8% | 루마니아인 | 0.3% |
|---|---|---|---|
| 러시아인 | 17.3% | 폴란드인 | 0.3% |
| 벨라루스인 | 0.6% | 유대인 | 0.2% |
| 몰도바인 | 0.5% | 아르메니아인 | 0.2% |
| 불가리아인 | 0.4% | 그리스인 | 0.2% |
| 헝가리인 | 0.3% | 타타르인 | 0.2% |
| 루마니아인 | 0.3% | 기타 | 1.7% |

(Source: Ethnic composition of the population of Ukraine, 2001 Census)

우크라이나에는 고려인도 2만 명 이상 거주하고 있다. 고려인의 수는 공식 통계로는 12,700명이지만 중앙아시아에서 온 무국적자, 불법 체류자를 포함하면 그 수자가 크게 늘어나고, 크림반도에 약 5-6천 명의 고려인이 거주하고 있다. 2014년 크림반도가 러시아에 병합되기 전 크림타타르인은 전체 인구의 0.5%를 차지하는 비교적 큰 소수민족이었다.


## 2.5 우크라이나의 지정학

우크라이나인들이 자신들의 국토에 대해 즐겨 얘기하는 전설이 있다. 하나님이 세상을 만든 후 지구상의 모든 민족에게 살 땅을 배분해 주었는데, 우크라이나인들은 술을 마시며 잔치를 즐기다가 늦게 나타나는 바람에 땅을 받지 못하였다. 그래서 하나님은 자신이 살려고 남겨두었던 마지막 땅을 우크라이나인들에게 주었다. 이 이야기는 비옥하고 아름다운 우크라이나 국토에 대한 자부심 섞인 전설이다. 그러나 우크라이나인들은 이런 땅을 받은 것이 축복인 동시에 큰 부담이 되었다고 말한다. 누구나 탐낼만한 우크라이나 땅은 수많은 외부 민족들의 침탈 대상이 되어 고대로부터 수많은 이민족의 침입을 받았다. 우크라이나는 역사적으로 1,000번 이상의 외침을 받았다고 한다. 자연적 방어선이나 경계지역 없이 유라시아 대륙 한가운데 자리 잡은 비옥하고 광활한 우크라이나 땅은 수많은 외부세력에 거의 무방비로 노출되어 있었다.

19세기의 영국의 지정학자 맥킨더(MacInder)는 "동유럽을 지배하는 자는 심장부를 지배한다. 심장부를 지배하는 자는 대륙을 지배한다. 대류을 지배하는 자는 세계를 지배한다"는 소위 심장부 이론(Heartland theory)을 제시했다. 유라시아 대륙의 중심부를 러시아나 중앙아시아로 보는 사람도 있지만, 기후대와 거주 환경, 인구 밀집도를 보면 우크라이나와 주변 지역을 유라시아의 중심부로 볼 수 있다. 미국의 저명한 정치학자 브레진스키는 우크라이나가 지정학적 추축 지역에 속한다고 보고, 우크라이나의 전략적 중요성을 아래와 같이 설명했다.

"지정학적 추축이란 그 국가가 지니는 중요성이 자신의 힘과 동기로부터 도출되기보다는 그 국가가 자리 잡고 있는 민감한 지리적 위치, 그리고 주변의 더 막강한 지정 전략적 게임 참가자들의 행동 결과에 따라 도출되는 경우를 말한다. (중략) 우크라이나, 아제르바이잔, 남한, 터키, 이란 등은 매우 중요한 지정학적 추축이다." [5]

"우크라이나는 유라시아 체스판 위에 새로이 형성된 공간으로서 지정학적 추축이라고 할 만하다. 독립 국가로서 우크라이나의 존재 자체가 러시아를 변화시키는데 기여하기 때문이다. 러시아는 우크라이나 없이 유라시아의 제국이 될 수 없다. 우크라이나 없이도 러시아가 제국의 지위를 노릴 수는 있지만 전적으로 아시아적인 제국이 될 수 있을 뿐이다. (중략) 그러나 만일 러시아가 우크라이나에 대한 지배력을 회복하게 되면, 5천2백만 명의 인구와 주요한 지하자원, 더불어 흑해로 통하는 길을 확보하게 됨으로써 다시금 유럽에서 아시아에 이르는 제국 국가가 될 수 있을 것이다. 우크라이나의 상실은 중부 유럽에 즉각 영향을 미치게

---

5  브레진스키, 《거대한 체스판》, 삼인, 2000, p. 63-64.

될 것이고, 폴란드가 통합된 유럽의 동쪽 경계선상에 위치한 새로운 지정학적 추축으로 변화될 것이다."[6]

동방과 서양의 교차로에 위치해 있으면서 수많은 외침을 받아온 우크라이나는 국제 분쟁에 휘말리지 않기 위해 중립국가가 되어야 한다고 주장하는 사람들이 있다. 그러나 이것은 우크라이나의 국토 사이즈와 지정학적 어려움을 제대로 이해하지 못한 단순한 논리라고 볼 수 있다. 현재 중립을 공식으로 선언한 스위스나 투르크메니스탄에 비해 우크라이나는 국토가 너무 넓고, 전략적 가치가 커서 주변국들이 늘 탐을 낼 수밖에 없는 나라이다. 다시 말해 우크라이나가 중립국으로 남아 있으려 해도 주변 강대국의 이해가 완전히 일치하지 않는 한 엄정한 중립 노선을 걸을 수는 없다. 알프스 산악지역에 갇혀 있는 작은 스위스의 지정학적 여건과 우크라이나의 지정학적 여건은 크게 다를 수밖에 없다.

## 2.6 2017년 우크라이나의 주요 경제 지표

| 구분 | 지표 | 단위 | |
|------|------|------|---|
| 국가<br>일반 | 인구 | 명 | 42,434천 명(2017년 10월 기준, 크림자치공화국 제외) |
| | 면적 | ㎢ | 577,604 (크림자치공화국 제외) |
| | 한반도 대비면적 | 배 | 2.6(대한민국 대비 약 5.8배) |

---

6 같은 책, p. 70.

| 구분 | 지표 | 단위 | 연도 | | | | | | | |
|------|------|------|------|------|------|------|------|------|------|------|
| 지표 | | 단위 | 2010 | 2011 | 2012 | 2013 | 2014 | 2015 | 2016 | 2017 |
| 대내경제 | 경제성장률 | % | 4.1 | 5.2 | 0.2 | 0.0 | -6.6 | -9.8 | 2.3 | 2.1 |
| | 1인당 GDP (PPP) | US$ | 6,649 | 7,161 | 8,490 | 8,676 | 8,733 | 7,996 | 8,296 | 8,655 |
| | 명목 GDP | US$ 억 | 1,364 | 1,634 | 1,758 | 1,833 | 1,335 | 910 | 933 | 1,098 |
| | 정부부채/GDP | % | 39.9 | 36.3 | 36.8 | 39.9 | 69.4 | 79.1 | 81.0 | 87.8 |
| | 소비자물가상승률 | % | 9.1 | 4.6 | -0.2 | 0.5 | 24.9 | 43.3 | 12.4 | 13.9 |
| | 민간소비증가율 | % | 7.1 | 15.5 | 8.1 | 6.9 | -8.1 | -20.5 | 1.8 | 1.6 |
| | 종합주가지수 (연초기준) | UX | 2,430.49 | 1,458.87 | 546.64 | 330.70 | 298.24 | 393.57 | 243.01 | 265.55 |
| | 실업률 | % | 8.1 | 7.9 | 7.5 | 7.2 | 9.3 | 9.1 | 9.3 | 9.0 |
| 대외경제 | 수출 | US$ 백만 | 52,191 | 69,418 | 64,478 | 59,106 | 50,552 | 35,420 | 33,560 | 39,399 |
| | 수입 | US$ 백만 | 60,579 | 85,670 | 86,251 | 81,234 | 57,680 | 38,875 | 40,502 | 46,059 |
| | 무역수지 | US$ 백만 | -8,388 | -16,252 | -21,773 | -22,128 | -7,123 | -3,455 | -6,942 | -6,660 |
| | 외국인투자액 (당해분) | US$ 백만 | 4,753 | 4,556 | 51,705 | 53,704 | 40,725 | 36,154 | 37,655 | 39,719 |
| | 총외채 | US$ 백만 | 116,026 | 134,481 | 130,842 | 149,104 | 129,021 | 121,332 | 117,983 | 125,053 |
| | 외환보유액 | US$ 백만 | 34,580 | 31,790 | 24,550 | 20,420 | 7,530 | 13,300 | 15,540 | 19,090 |
| | 이자율 | % | 15.9 | 15.9 | 18.4 | 16.6 | 17.7 | 21.8 | 19.2 | 16.5 |
| | 환율 | UAH/$ | 7.96 | 7.99 | 7.99 | 7.99 | 15.77 | 24.00 | 27.19 | 26.85 |

# 우크라이나 관련 정보 사이트

1. 우크라이나 국내

o 행정부 https://www.kmu.gov.ua/ua

o 대통령실 http://www.president.gov.ua/

o 외교부 http://mfa.gov.ua/ua

o 통계청 http://www.ukrstat.gov.ua/

o Brama http://www.brama.com/

o Razumkov 센터 http://razumkov.org.ua/

o 키예프국제사회조사연구소(KIIS, Kiev International Institute of Sociology)

  https://www.kiis.com.ua

o 러시아과학아카데미(National Academy of Sciences of Ukraine)

  http://www.nas.gov.ua/en/Structure/de/idsr/Pages/default.aspx


2. 국외

o 캐나다 우크라이나대사관 사이트(infoukes)

 o 미국 하바드대학교 우크라이나연구소(HURI, Harvard Ukrainian

Research Institute)http://www.huri.harvard.edu


3. 한국

o 국정원 http://www.nis.go.kr/main.do

o KOTRA http://news.kotra.or.kr/user/nationInfo/kotranews/14/

userNationBasicView.do?nationIdx=126

o 한국무역협회 http://stat.kita.net/stat/istat/OtherMain.

screen?ctrGb=UA

o 주 우크라이나한국대사관 http://overseas.mofa.go.kr/ua-ko/index.do

o 주한 우크라이나대사관 http://korea.mfa.gov.ua/ua

o 한국외대 우크라이나학과 http://ukraine.hufs.ac.kr/

# 2부 우크라이나가 걸어온 길

# 3장 고대와 키예프 루스 시대

## 3.1 고대 역사

현재의 우크라이나 땅에 정착민이 처음으로 나타난 것은 약 5천 년 전이다. 역사서에 처음 이름이 등장한 민족은 키메리아족(Cimmerians)이다. 키메리아족은 기원전 10-7세기에 우크라이나 지역에 거주하다가 카스피해 동쪽에 근거지를 둔 스키타이족(Scythians)에게 밀려났다. 이란계 민족인 스키타이족은 강력한 군사력을 바탕으로 흑해 북부 지역뿐 아니라 중앙아시아를 지배하고 시베리아 지역까지 진출했다. 스키타이족은 기원전 4세기 중반 알렉산더 대왕의 아버지 필리포스 2세와의 도나우강 전투에서 패배하면서 세력이 쇠퇴하였고, 기원전 3세기 동쪽에서 진출해 온 사르마티아족(Sarmatians)이 이 지역을 장악했다. 알란족(Alans) 또는 안트족(Antes)이라고도 불린 사르마티아족은 여러 부족의 연합체로 구성된 사르마티아제국을 기원 후 3세기까지 이 지역의 맹주가 되었다.

**키메리아 전사 그림**

　흑해 북부 내륙 스텝 지역을 아시아계 유목민족들이 번갈아 장악하는 동안, 흑해 연안과 크림반도의 해안지역은 그리스계 식민지가 번성했다. 흑해 북부의 아조프해 양안에는 보스포르(Bospor)(또는 판티카파옴 Panticapaum)와 파나고리아(Phanagoria)가, 로스토프강 하구에는 타나이스(Tanais)가 세워졌고, 크림반도 동부에는 테오도시아(Theodosia), 크림반도 서쪽에는 헤르소네수스(Chersoensus)가 번성하였다. 또한 드네스트르(Dnestr)강 하구에는 티라스(Tiras)가, 부흐(Buh)강 하구에는 올비야(Olbia)가 형성되었다. 아시아지역과 터키, 지중해, 아랍지역을 연결하는 무역의 요충지에 자리 잡은 이 식민도시들은 곡물, 가죽, 모피, 어물, 노예 등을 그리스 지역에 수출하고 대신 옷과 옷감, 와인, 올리브유, 금은 장신구 등을 수입했다.

　3세기부터 9세기까지 스텝지역의 주인은 여러 번 바뀌었다. 먼저 게르만계 민족인 고트족(Goths)이 발트해쪽에서 내려와 우크라이나 지역을 잠시 점령했으나, 4세기 후반 중앙아시아에서 진출한 훈족(Huns)이 고트족을 멸망시키고 로마제국까지 위협했다. 고트족은 대부분 서쪽으로 도망갔지만, 일부는 크림반도 내륙으로 숨어들어 동굴 요새로 피신했다. 6세기 아바르족(Avars)과 불가르족(Bulgars)이 훈족을 몰아내

헤르소네스 유적

고 정착했지만 곧 하자르족(Khazars)에게 자리를 내주었다. 카스피해 서쪽 이틸(Itil)을 수도로 한 하자르족은 7세기부터 9세기까지 코카사스 지역과 흑해 북부 지역을 장악하고, 무력보다는 교역으로 영향력을 확대했다. 기독교, 유대교, 이슬람교가 공존할 정도로 종교적 관용으로 유명한 하자르왕국은 유대교가 지배층의 종교였고, 비잔틴제국과 활발한 교역을 펼쳤다. 키예프는 하자르공국의 동쪽 변방 거점 역할을 했다.

슬라브족의 기원과 '슬라브'라는 명칭에 대해서는 다양한 견해가 존재하지만, 카르파티아 산맥 북쪽과 폴란드 남서부 지역이 발상지라는 것이 지배적 견해이다. 이외에도 다뉴브강 중하류 지역, 프리펫 습지 등을 발상지로 주장하는 학설이 있다. 기원 후 1세기부터 그리스와 고트 문헌에 슬라브인들에 대한 언급이 나오고, 로마제국 경계 동쪽에 거주하는 세 슬라브족, 즉 베네드족(Venedi), 스클라베족(Sclaveni), 안트족(Antae)을 거명한다. 이 중 안트족(폴라네족으로 불리기도 함)은 북서부 우크라이나 지역(볼히냐 지역)과 드니프로강 중류 지역을 장악하며 5세기에 세력을 크게 확장한다. 우크라이나 역사학의 아버지라 할 수 있는 미하일로 흐루솁스키(Mykhailo Hrushevskyi)는 안트족을 우크라이나인들의 조상이자, 첫 우크라이나 '국가'를 세운 주인공으로 본다.[7] '슬라브'라는 이름은 530년 그리스 문헌에 처음으로 나타났다. 슬라브족은 1-2세기부터 민족이동을 시작하여 5세기부터 서슬라브족, 남슬라브족, 동슬라브족으로 서서히 분화되기 시작했다. 언어적으로도 슬라브족은 5세기까지는 소위 '공통슬라브어(Common Slavic)'라고 불리는 단일 언어를 사용하다가, 10-11세기 경 동슬라브어, 남슬라브어, 서슬라브어로의 분화가 완결된 것으로 보인다.

5세기 이후 중앙아시아 유목민들이 다시 중부 유럽지역으로 진출하면서 우크라이나 땅을 지나갔고, 6세기 후반 안트족은 아바르족에게 점령되면서 역사서에서 더 이상 거명되지 않았다. 아바르족이 우크라이나 땅을 떠나자 이 지역에 거주하는 슬라브족들이 개별적 명칭으로 불리게 되었다. 우크라이나 땅에 거주하는 동슬라브 부족으로는 체르니히프(Chernihiv)를 중심으로 북동쪽에 자리잡은 시베랸족(Siveriane), 드니프로강과 로스(Ros)강 계곡에 거주한 폴랴네족, 프리펫강 남쪽에 거주하는 데베브랸족(Derevriane), 스티르(Styr)강과 비스툴라(Vistula)강 사이에 거주하는 둘리반족(Duliviane) 등이 있다.[8]

키예프는 이 중 루스족(Rus)이라고도 불린 폴랴네족이 세웠는데, 전설에 의하면 드니프로강 나루터를 관할하던 크이(Kyi)가 6세기 초 키예

---

7  허승철, 《우크라이나의 역사》, 문예림, 2015, p. 29.
8  같은 책

프를 건설한 것으로 전해진다. 7세기 중반 이후 하자르국의 지배를 받게 된 슬라브 부족들은 하자르족에게 조공을 바치며 보호를 받았다. 9세기 중반 하자르세력이 약화되자 유럽에서 바이킹이나 노르만이라고 불린 바랴그인(Variag)들이 스칸디나비아 지역에서 내려와 동슬라브인들의 지배층을 이룬 것으로 전해진다. 역사서《지나간 시대의 이야기》에는 동슬라브인들의 초청을 받은 류리크(Ryurik)가 형제들과 함께 내려와 노브고로드(Novgorod)를 통치하기 시작한 것으로 기록되었다.[9]

## 3.2 키예프공국

### 3.2.1 키예프공국의 형성기

키예프 공국의 기원에 대해서는 여러 학설이 대립하고 있다. 키예프 공국은 현대의 슬라브족 국가인 러시아, 벨라루스, 우크라이나의 근원이 되기 때문에 키예프 공국의 기원과 성격에 대한 논쟁은 예민한 문제이다. 또한 이 문제는 민족적 자존심과 크게 관련되어 있다. 키예프 공국의 주민은 대부분 동슬라브인이었지만, 이들이 스스로 국가를 건설했는지 아니면 외부에서 온 노르만인(바랴그)의 도움을 받아 키예프 공국을 건설했는지는 예민한 논쟁거리이다.

키예프의《원초 연대기》에 따르면 크이(Kyi), 쉬체크(Shchek)와 호리프(Khoriv) 삼형제와 리비드(Lybid) 공주가 키예프를 건설하였고, 이 도시의 이름을 맏형의 이름을 따서 크이프(Kyiv)라고 지었다고 한다.

---

9  허승철, 《우크라이나 현대사》, p. 29.

일부 전설들은 크이의 뒤를 이어 아스콜드(Askold), 디르(Dir), 이고르(Igor)가 키예프를 통치하였다고 기술한다. 그러나《원초 연대기》의 내용이 정확히 전해지지 않고, 후기 저자들 전설과 전승을 바탕으로 연대기를 수정하였기 때문에 이런 기술을 크게 신뢰하기 어렵다.[10] 여러 학설을 종합하면 9세기가 되었을 때 동슬라브인들은 몇 개의 부족연합을 형성했고, 각 부족연합은 자신들의 정치적, 경제적 본거지를 갖고 있었다. 북쪽지역에서 발트계와 핀란드계 부족들 사이에서 견고한 위치를 잡고 있던 바랴그들은 이 부족들뿐만 아니라 동슬라브인들도 통합을 하여 자신들의 주도권 안에 들어오게 한 후 키예프공국의 건설에 큰 역할을 하였다.[11]

키예프공국의 역사는 형성기인 878년-972년, 융성기인 972년-1132년, 쇠퇴기인 1132년-1240년으로 나눌 수 있다. 1단계인 형성기에는 스칸디나비아 출신 올레그(Oleg, Helgi), 이호르(Ihor, Ingvar) 올가(Olga Helga), 스바토슬라브(Sviatoslav, Sveinald)(괄호 안 두 번째 이름은 각각 스칸디나비아식 이름임) 네 공후가 동슬라브인들과 핀란드인들을 장악하고 키예프공국의 기초를 다진 것으로 평가된다. 이들은 대외적으로는 페체네그족(Pechenegs)과 폴로비츠족(Polovits) 등 아시아계 유목민의 침입을 막고 비잔틴제국과는 우호적인 군사, 경제 관계를 유지했다.[12] 류릭의 뒤를 이어 키예프의 지도자가 된 올레그는 치세 초기에는 하자르족을 복종시켜 자신의 지배권을 강화하는데 힘을 쏟았다. 이러한 목표가 달성되자 올레그는 강한 군사력을 건설한 후 비잔틴제

---

10  허승철,《코자크와 우크라이나의 역사》, p. 47.

11  허승철,《우크라이나의 역사》, p.32.

12  같은 책 p. 32-33.

국을 성공적으로 공격하여 907년과 911년 두 차례에 걸쳐 비잔틴과 조약을 맺었고, 유리한 조건에서 비잔틴과 교역을 계속했다. 913년 올레그의 뒤를 이어 공후가 된 이호르는 비잔틴과 키에프의 조약이 효력을 거의 상실한 1941년 콘스탄티노플을 공격하였으나 큰 피해를 입고 강화조약을 맺었다. 943년에는 카스피해 지역으로 원정하여 몇몇 지역을 식민화하는데 성공하였으나, 945년 데레블랴네족의 반란을 진압하러 나섰다가 포로가 되어 비참한 죽임을 당했다. 전해오는 이야기에 따르면 이호르를 사로잡은 데레블랴네족은 그의 몸을 잘라 조각을 낸 후 굽어진 나무들에 묶어은 다음, 나무를 휘었다가 풀어서 그의 몸이 튕겨나가게 했다고 한다.[13] 이호르의 불행한 원정에 대한 이야기는 《이호르 원정기》에 상세히 묘사되어 있다. 이호르가 죽자 어린 스뱌토슬라브를 대신하여 태후 올가가 섭정에 나섰다. 그녀는 남편의 복수를 위해 데레블랴네족을 공격하여 이들을 복속시켰고, 957년 비잔틴의 수도를 방문하여 세례를 받았다. 그녀는 비잔틴정교를 받아들이려고 하였으나 반대에 부딪쳐 이를 포기하고, 로마가톨릭을 받아들이려는 노력도 실패로 돌아갔다. 962년 공후가 된 스뱌토슬라브는 적극적으로 영토 확

올가 왕후의 조각상

---

13 《코자크와 우크라이나의 역사》 p. 61.

장 정책을 펴서 동쪽으로는 하자르족, 체르케스인(Circassians), 오세티아인들(Ossetes, Yasians)을 복속시켰고, 968년 대군을 이끌고 불가리아 원정에 나서서 불가리아 동부 지역을 점령했으나, 그가 자리를 비운 사이 페체네크족이 키예프를 침략하여 급하게 키예프로 돌아올 수밖에 없었다. 그는 불가리아 문제로 분쟁이 벌어진 비잔틴을 공격하였으나 패배를 당하였고, 돌아오는 길에 페체네그족의 매복에 걸려 죽임을 당했다. 스뱌토슬라브는 야로폴크, 올레그, 볼로디미르 세 아들에게 각각 키예프, 오브루치(Oburuch), 노브호로드(Novhorod)의 공으로 임명하였으나 그의 사후 세 아들 간에 권력 투쟁이 벌어졌고 최종적으로 볼로디미르가 승리하여 제위에 올랐다.

### 3.2.2 키예프공국의 융성기

키예프공국의 융성기인 972년부터 1132년까지는 대공(Grand Prince)으로 알려진 볼로디미르, 야로슬라브, 블라디미르 모노마흐가 대외적으로는 영토를 확장하고, 내부적으로는 기독교를 수용하여 종교적, 문화적 발전의 토대를 만들고 사법과 행정 제도를 정비했다. 볼로디미르 1세는 기독교 수용 등 재위 기간의 치세로 볼로디미르 대공(Volodimir the Great)이라고 불린다. 볼로디미르가 키예프의 공후가 되었을 때 키예프 외에도 페레야슬라브(Pereiaslav), 체르니히프, 갈리시아-볼히야(Galicia-Volhynia), 폴로츠크(Polotsk), 스몰렌스크(Smolensk), 로스토프-수즈달(Rostov-Suzdal), 노브호로드(Novhorod) 일곱 개의 공령(公領)이 있었다. 볼로디미르는 대공으로서 키예프에서 통치했고, 다른 일곱 개의 공령은 자신의 후손이나 친척이 통치하게 하였다. 이렇게 키예프공국은 중앙집권화된 단일 국가가 아니라 키예프의 대공과 혈연적 유대관계를 가진 여러 지역과 공령들의 연합체였다.[14] 볼로디미르 대공 시대에 와서 루스(Rus)라는 명칭은 키예프뿐 아니라 일곱 공령 모두와 그곳에 사는 거주민 전체를 뜻하게 되었다. 이런 단일적 명칭 이외에 다양한 부족과 지역적 토대 위에 출발한 키예프공국의 통합성을 결정적으로 촉진시킨 것은 비잔틴 정교의 수용이다. 988년 볼로디미르 대공은 여러 종교를 놓고 저울질한 끝에 당시 정치, 경제적으로 가장 큰 영향력을 갖고 있던 비잔틴의 동방정교를 국교로 채택하였다. 그는 비잔틴 공주 안나와 결혼을 하고 직접 세례를 받았고, 자신이 지배하는 영역 전체에 기독교가 전파되도록 큰 노력을 기울였다. 연대기에 따르면 크림반도에서 세례를 받은 후 키예프로 돌아온 볼로디미르는 키예프 언덕의 왕궁 옆에 있는 모든 원시종교 우상과 동상을 파괴하도록 하고, 가장 중요한 우상인 페룬상은 드니프로강에 떠내려가게 했다고 한다. 우상을 제거한 다음날 볼로디미르는 키예프의 모든 주민을 드니프로강가로 나오게 했다. 주민들은 옷을 벗고 강물로 들어가자 사제들은 강가에 서서 세례기도를 외움으로써 주민 전체에게 세례를 주었다고 한다.[15] 기독교의 도입으로 키예프공국은 문화, 교육이 크게 발전하였을 뿐 아니라 정치 조직도 강화되었다. 키예프공국 내의 모든 부족들은 단일 왕조, 군대, 법률뿐만 아니라 기독교로 통합되었다. 이전까지 영향력을 발휘하던 페르시아와 아랍의 문화는 완전히 퇴조하고 이 자리를 루스-비잔틴 문화가 차지했고, 이러한 문화적 영향은 우크라이나뿐만 아니라 벨라루스 지역, 북쪽으로 모스크바 지역까지

14 《우크라이나의 역사》 p. 34
15 《코자크와 우크라이나의 역사》 p. 73.

확산되었다. 그러나 볼로디미르 치세 동안 아시아계 유목민의 침입은 계속되었다. 9세기 중반 마자르족(Magyars)이 우크라이나를 통과해 지나가면서 많은 피해를 입혔고, 860년부터 880년까지 페체네그족은 볼가강 유역의 근거지를 떠나 하자르공국을 공격하여 멸망시켰고, 우크라이나 지역으로 자주 침입해 왔다. 페체네그족에게 쫓긴 마자르족은 서쪽으로 이동하여 현재의 헝가리 지역에 정착했다.

1015년 볼로디미르가 죽자 12형제 사이에 치열한 권력투쟁이 벌어졌는데, 가장 세력이 강한 스뱌토폴크와 야로슬라브의 대결에서 야로슬라브가 승리하였다. 그러나 곧바로 동생 므스티슬라브의 공격을 받은 야로슬라브는 므스티슬라브와 키예프공국을 양분하여 통치하다가 1036년 므스티슬라브가 죽자 키예프공국 전체의 통치자가 된다. 야로슬라브가 제위에 오르자 그의 지배권을 강화해주는 대외적 여건이 조성되었다. 남쪽에서는 페체네그족의 세력이 급격히 약화되었고, 폴란드도 용맹왕 볼레스와프 사후 내부적 혼란에 휩싸였다. 그는 새로 폴란드의 왕이 된 카지미에스에게 딸을 결혼시키고, 자신은 스웨덴의 공주 잉기게르다(Ingigerda)와 결혼하여 스웨덴 왕가의 인척이 되었다. 야로슬라브의 딸 엘리자는 노르웨이의 왕세자와 결혼하고, 다른 딸 안나는 프랑스 왕 앙리 1세의 두 번째 부인이 되었다. 이렇게 유럽의 여러 왕가와 우호적 관계를 맺은 야로슬라브는 유럽에서 가장 강력한 군주 중 한 사람이 되었다. 1040년 비잔틴과 충돌이 있었지만 비잔틴과의 우호적 관계도 회복되었다. 대외관계에서 적지 않은 성공을 거둔 야로슬라브는 내치에서 큰 치적을 남겨 야로슬라브 현제(賢帝)(Yaroslav the Wise)로 불리게 되었다. 먼저 그는 기독교의 전파를 적극 지원하고 교회 조직 강화에 힘썼다. 키예프에 독자적인 총주교 교구가 세워져서 콘스탄티노플의 재가를 받지 않고 사제를 임명하기 시작하였고, '성수태고지 성당'과 자신과 아내의 수호천사의 이름을 딴 '성 게오르기 성당'과 '성 이리나 성당'을 지었다. 또한 비잔틴 건축가와 예술가를 초빙하여 키예프의 가장 웅장한 건물인 '성 소피아 성당' 건설에 착수

야로슬라브 현제의 흉상

했다. 그는 많은 필사가를 동원하여 그리스어로 쓰여진 교회 문헌들을 교회슬라브어로 번역하고 수도사 양성과 수도원, 학교, 도서관 건립에도 힘썼다. 당시 세워진 동굴수도원(Pecherska Lavra)은 30~40명의 주교를 배출했고, 야로슬라브는 법치와 사법제도 확립해도 힘을 써 최초의 법전인 '루스카 프라브다(Ruska Pravda)'를 편찬했다. 당시까지의 법률적 관행을 성문화한 이 법전으로 키예프공국의 법적, 사회적 통합성은 더욱 강화되었다. 야로슬라브는 왕위계승의 혼란을 막기 위해 생전에 '형제상속'을 원칙으로 형제간 왕위 계승 순서를 정했지만, 1054년 야로슬라브가 죽자 다섯 아들 사이에서는 다시 피비린내 나는 골육상쟁이 벌어졌다. 야로슬라브의 유언대로 이자슬라브가 왕위를 계승했으나 유약한 그는 곧 민심을 잃었고 브세볼로드(재위 1078-1094년)가 왕위에 올랐지만 그가 재위 기간 내내 소위 '땅을 빼앗긴' 공후들과 싸움을

치르느라 한시도 편할 날이 없었다. 브세볼로드 사후 그의 아들 볼로디미르 모노마흐(Volodymyr Monomakh)는 체르니히프의 공후가 되었고, 키예프의 권좌는 이자슬라브의 아들인 스뱌토폴크(Sviatopolk, 재위 1094-1113년)가 차지했다. 그러나 공후들 간의 끊임없는 투쟁과 폴로베츠족 등 유목민의 침탈로 키예프공국의 국력은 크게 쇠퇴하고 민생도 악화되었다.

### 3.2.3 키예프공국의 쇠락과 몽골 지배

1094년 스뱌토폴크가 죽자 공후들은 주민들의 신망을 받고 있던 볼로디미르 모노마흐를 키예프의 공후로 초빙하였고, 그는 이를 수락하여 쇠락하는 키예프의 권위를 되살리려고 노력했으나 이를 달성하기는 쉽지 않았다. 공후들의 숫자가 늘어나면서 키예프공국은 작은 지역으로 점점 더 쪼개지고, 키예프의 권위에 도전하는 지역 공국들이 나타나기 시작했다. 먼저 로스티슬라브 가문이 통치하는 갈리시아가 떨어져 나갔고, 곧이어 체르니히프 공국도 떨어져 나갔다. 12세기 중반 키예프를 차지하려는 투쟁과정에서 두 개의 공국이 떨어져 나갔는데, 하나는 페레야슬라브(Pereiaslav)이고 다른 하나는 북쪽의 투로프-핀스크(Turov-Pinsk)였다. 같은 시기에 부유하고 방어가 굳건한 볼히냐(Volhynia)도 키예프에서 떨어져 나갔다. 이런 가운데 유리 돌고루키(Yurii Doloruki)가 세운 수즈달(Suzdal)공국이 새로운 강자로 부상하고, 그의 후손들이 키예프를 침략하면서 키예프의 몰락은 가속화되었고, 서쪽에서는 갈리시아-볼히냐 공국이 독자적 왕국을 형성하며 강성해졌다. 로만 볼로디미르는 볼히냐공국의 지배자가 된 후 이미 쇠락의 길에 들어선 키예프보다 서쪽의 갈리시아에 눈을 돌렸다. 그는 볼히냐를 동생에게 넘기고 헝가리의 도움을 받아 갈리시아를 차지했다. 갈리시아-볼히냐 공국은 로만의 아들인 다닐로 공(Danylo, 재위 1238-1264년)에 전성기를 맞는다. 서쪽으로는 독일 기사단의 공세를 성공적으로 방어하였고, 몽골 침입 시에도 독자적 세력을 유지하기 위해 애를 썼다. 1255년 한 차례 몽골군의 침입을 격파하였지만, 1259년 결국 몽골군에 패배하여 조공 관계를 맺는다. 다닐로 이후 그의 후손들은 리투아니아의 왕좌를 넘보는 등 세력확장을 꾀했으나 성공하지 못했고, 14세기 중반 갈리시아와 볼히냐는 각각 폴란드와 리투아니아에 병합되었다.

# 4장 몽골과 리투아니아 지배

## 4.1 몽골 지배

여러 세력으로 분할되어 쇠락의 길을 걷던 키예프공국은 1240년 12월 몽골군과 타타르군의 침입으로 멸망하고 말았다. 이후 약 240년 간 소위 "타타르 굴레(Tatars' yoke Tatarskoe igo)"에 들어간 키예프는 유럽의 발전과정과 단절된 피폐한 후진지역으로 남게 되었다. 몽골군에 저항한 대가로 철저하게 파괴되고 약탈당한 키예프 지역은 이후 상당 기간 동안 사람이 들어와 살기를 기피할 정도로 버려진 지역이 되었다가 15세기가 되어서야 코자크들의 활동무대가 되었다. 몽골은 우크라이나와 러시아 지역에서 '분할지배(divide and rule)'로 각 공후들로부터 충성경쟁을 유발시키며 공물을 거두어 들였다. 몽골 지배로 인해 다원적 국가 연합 형태의 통치제제는 사라지고, 중앙집권적이고 전제적인 통치체제가 등장했다. 키예프공국은 몽골세력이 유럽지역으로 진출하는 것을 막는 방파제 역할을 했지만, 이후 유럽의 개인주의나 근대화

과정이 유라시아 동부지역으로 확산되는 길도 막히게 되었다. 또한 많은 인구가 우크라이나 지역에서 북부로 옮겨감에 따라 키예프는 더 이상 동슬라브족의 중심 지역의 역할을 하지 못하고, 몽골 지배에 협조적이었던 공후들이 지배하던 모스크바 지역이 몽골 지배 이후 중심적 지역으로 부상했다. 대부분의 역사가들은 키예프의 정통성이 몽골 지배 이후 모스크바로 옮겨간 것으로 보지만, 미하일로 흐루셉스키같은 학자는 갈리시아-볼히냐가 키예프의 정통성을 이어받고 이후 이것이 코자크 국가로 이어진 것으로 본다.

키예프공국의 멸망으로 동슬라브족의 중심지가 북쪽으로 옮겨감으로써 후에 발달한 러시아제국은 동북부에 치우친 지역에 위치하는 결과를 나았다. 만일 키예프를 중심으로 동슬라브족 국가가 계속 번성하였다면 중부·동부 유럽, 발칸반도, 흑해, 지중해, 중동 지역과의 교류가 훨씬 활발했을 것이고, 지정학적으로도 훨씬 유리한 위치에서 발전할 수 있었을 가능성도 있었다. 여러 공국 간의 느슨한 연합체를 오래 유지한 키예프공국은 강력한 군주 아래 통합적 국가발전을 진행시킨 기간이 짧았고, 형제상속제도로 인한 공후들 간의 투쟁이 국가의 통합과 성장을 가로막는 요인이 되었다. 이러한 정치 전통은 평등적

타타르 병사들

이며 상향적인 정치문화를 특징으로 하는 코자크국가로 이어지면서 우크라이나 지역의 정치문화의 생래적 특질을 이루었고, 이로 인해 통합보다는 분열과 갈등을 반복하는 역사적 뿌리가 되었다고 볼 수도 있다.' 몽골 지배 이후 모스크바공국이 중앙집권적 국가를 지향하면서 강력한 군주 아래 통합하고 단결하는 정치문화를 발전시킨 것과는 크게 대조된다고 볼 수 있다.

## 4.2 리투아니아-폴란드 지배

동슬라브족 거주 지역 대부분이 몽골의 지배하에 들어가 있는 동안 북서쪽 발트해 부근에서는 리투아니아가 새로운 강대국으로 부상했다. 1230년대 민가우다스(Mingaudas, 재위 1238-1263년)라는 공후가 사모기티아(Samogitia)라는 지역을 중심으로 여러 리투아니아 부족을 통합한 후 서쪽의 독일기사단과의 투쟁을 통해 조직력과 무력을 갖추게 되었다. 이들은 13세기 후반과 14세기 초반을 통해 발트해 연안, 벨라루스, 우크라이나 지역으로 진출하였다. 게디미나스(Gediminas, 재위 1316-1341년)는 폴로츠크, 투로프-핀스크, 볼히냐 공국을 점령하며 세력을 크게 확장했다. 그는 자신을 '리투아니아와 루스의 왕(King of Lithuania and Rus)'이라고 칭하며 키예프공국의 후계자임을 자처했고, 1330년대에는 키예프를 직접 통치하기에 이르렀다. 그의 아들 알기드라스(Algidras, 재위 1345-1382년)는 체르니히프, 노브호로드-시베르스크, 키예프, 페레야슬라브공국을 차례로 복속시키고, 1362년에는 푸른강(Blue Waters, Syni Vody) 전투에서 금칸국 군대를 격파한 후 발트해에서 드니프로강에 이르는 동유럽 최강의 국가가 되었다. 이 시기에 모스크바의 공후들은 블라디미르-수즈달공국을 병합하여 몽골세력이 빠져나간 공백을 차지하며 동슬라브 지역의 새로운 맹주로 떠올랐다. 이러한 세력 분할을 거쳐 동슬라브지역은 러시아, 소러시아로 불린 우크라이나와 백(白)러시아(White Russia)라는 의미의 벨라루스로 분화되었다.[16]

군사력과 조직력은 뛰어났지만 문화적으로 열등하고 기독교를 수용하지 않은 리투아니아는 점령 지역에 정교회를 비롯한 기존제도와 관행을 인정하는 문화적 관용정책을 폈다. 리투아니아 지도층 상당수가 정교회를 받아들였고, 1317년에는 리투아니아를 관할하는 대주교청을 나바흐루닥(Navahrudak)에 세웠다. 루스 법전도 1486년까지 그대로 사용하고, 루테니아어(Luthenian 키릴 문자로 쓰인 벨라루스 교회슬라브어)를 국가 공식 언어로 채택했다. 1566년 만들어진 리투아니아 법전에는 정부 관직은 리투아니아인이나 루스인이 맡아야 한다고 규정했다.[17]

1385년 리투아니아의 요가일로(Yogailo, 폴란드 이름 야기웨어 Jagiełło) 대공과 폴란드의 야드비가(Yadviga) 여왕의 혼인으로 인한 리투아니아-폴란드 간 소위 '크레보 연합(Union of Krevo)'이 탄생하면서 리투아니아에 속한 모든 우크라이나땅은 폴란드에 귀속되게 되었다. 또한 종교적으로도 가톨릭의 영향력이 커지면서 정교회가 위축되었다. 루스인들은 끈질긴 노력 끝에 1434년에 가서야 정교회 신앙을 인정받았지만, 1569년 폴란드와 리투아니아 간 공식적인 국가연합인 루

---

16 《우크라이나 현대사》 p. 35.
17 《우크라이나의 역사》 p. 55.

블린 연합(Lublin Union)이 탄생하면서 종교문제를 둘러싼 첨예한 갈등은 재연되었다. 약 200년 간 지속되어온 두 국가 간의 통합 과정에 정점을 찍은 루블린 연합은 동쪽에서 끊임없이 리투아니아를 위협하는 모스크바공국의 부상이 촉매 역할을 했다. 종교, 문화적으로 폴란드에 뒤떨어져 있던 리투아니아인들은 빠르게 폴란드 문화와 가톨릭에 동화되어 갔다. 1596년 브레스트 종교회의의 결정으로 정교회의 의례를 준수하되 로마 교황의 권위를 인정하는 연합교회(Uniate Church)가 탄생하였다. 그리스 가톨릭교회라고도 불린 연합교회는 정교회와 계속 갈등을 일으키며 우크라이나 땅에 지속되는 종교적, 정치적, 문화적 분열의 단초가 되었다. [18]

---

18 《우크라이나 현대사》 p. 36.

# 5장 코자크 시대

## 5.1 코자크의 발흥

우크라이나 남부와 크림반도는 1430년 킵차크칸국에서 떨어져 나와 별도의 칸국을 형성한 크림타타르가 영향력을 확대하고 있었다. 크림타타르는 리투아니아공국과 모스크바공국 영토를 자주 침범하여 약탈하였다. 바투의 몽골군 약탈보다 크림타타르의 약탈은 훨씬 더 무자비해서 키예프 인근의 드니프로 양안 지역과 드니프로강 하류 지역은 완전히 황폐화되어 수십 년 간 야생동물만 사는 버려진 지역이 되었다. 크림반도 동북쪽 스텝지역 볼가강 하류에서 기원한 유목민족인 노가이족(Nogay)도 슬라브계 정착민들을 자주 습격하여 약탈하고 주민들을 잡아서 오스만제국에 노예로 팔아넘겼다. 이렇게 오스만제국에 팔려간 노예 중 가장 유명한 인물은 1520년 로하틴(Rohatyn) 지역에서 납치된 폴란드계 소녀 나스차 리숍스카(Nastia Lisovska)이다. 그녀는 오스만 황녀 자리에 올라 술탄 슐레이만(Süleiman)의 유일한 배우

코자크 병사

자이자 정치적 자문인인 록솔라나(Roksolana Hurrem)가 되었다.[19]

타타르족과 노가이족의 약탈 위협 때문에 사람이 살지 않는 황폐한 지역이 된 드니프로 강 유역은 폴란드 문헌에 '야생지역(Dzikie Pole/Wild Fields)'이라고 불렸다. 폴란드-리투아니아와 크림칸국을 분리시키는 완충지역이 된 이 지역은 가축, 야생동물, 물고기가 '가득 넘치는' 비옥한 지역으로 묘사되었다. 15세기 초반부터 일부 용감한 사람들이 이 지역에 들어와 수렵과 농사를 하였다. 처음에는 봄, 여름에만 머무르며 농사를 지었지만, 점차 항구적으로 정착하는 사람들이 늘어났다. 당시 폴란드가 유럽의 곡물 수출국으로 부상하면서 장원제가 확대되자 지주들의 압제를 피해 이곳으로 이주해 오는 농민들도 있었다. 이들은 노가이족과 타타르족의 약탈과 노예사냥으로부터 스스로를 지키기 위해 무기를 가지고 농사를 지었다. 점점 강력한 무장력을 갖게 된 이들은 거꾸로 노가이족과 타타르족 지역을 침입하고, 이 지역을 지나가는 대상들을 약탈하였다. 시간이 지나면서 이들은 큰 무리를 이루어 크림반도, 몰도바, 왈라키아 등으로 원정하여 약탈을 하기도 했다. 원래는 리투아니아나 모스크바공국과의 전

19 《우크라이나의 역사》 p. 62.

투에 동원된 타타르 용병을 폴란드에서 '코자크'로 지칭했는데, 점차 드니프로강 중하류에서 자유로운 생활양식을 영위하고 있던 집단을 코자크로 부르기 시작했다. 코자크(cossack, 우크라이나어 kozak, 러시아어 kazak)란 명칭은 터키어 'qazaq'에서 유래했는데, '자유인', '방랑자'란 뜻을 가지고 있었다. 코자크의 수가 늘어나자 폴란드는

비쉬네베츠키 초상

장교를 파견하여 이들을 관리하기 시작했고, 후에 코자크의 우두머리를 뜻하는 헤트만(Hetman)이란 용어는 장교들을 지칭하는 것이었다. 1552년 카니프 지역의 헤트만이었던 드미트로 비쉬네베츠키(Dmitro Vyshnevetsky, 일명 Baida)가 일군의 코자크를 규합하여 자포로지아 급류지역인 소(小)호르치차 섬에 '시치(Sich)'라고 불리는 요새를 건설했다. 천혜의 방어 지형과 드니프로강의 선박 항행을 통제할 수 있는 소호르치차섬과 대(大)호르치차섬은 초기 코자크의 근거지가 되었고 '자포로지아 시치'로 불리게 되었다.

코자크는 헤트만(우크라이나어 Otaman)을 코자크들이 직접 뽑고, 구성원 모두가 참가하는 라다(Rada, 병사회의)나 주요 장교들로 이루어진 장교회의(Strashina)에서 중요한 결정을 내리는 상향적 민주제도를 가지고 있었다. 헤트만이 지도자로서의 권위를 상실하거나 전투에

서 지면 바로 헤트만을 끌어내리고 새 지도자를 선출하고, 한 번 헤트
만 자리에서 내려온 사람이 다시 헤트만으로 선출되는 경우도 있었다.
때로는 2, 3명의 헤트만이 공존하여 서로 경쟁하고 다투는 상황도 종종
생겼다. 이러한 지도자 선출 방식과 통치 방식은 우크라이나의 사회,
정치에 큰 영향을 끼쳤고, 현대 우크라이나 정치문화의 근간이 되었다.
우크라이나 국민들이 절대 권력을 가진 장기 집권자를 허용하지 않는
것도 코자크 정치문화의 영향이 크다고 볼 수 있다. 같은 시기 전제적
왕정을 발전시켜 나간 러시아와 정치적 차별성을 이루는 가장 큰 요소
가 되었고, 현대에도 양국 정치문화의 가장 큰 대비점을 이루고 있다.
헤트만의 권위와 영향력은 각 헤트만에 따라 크게 차이가 났고, 헤트만
[20]의 권위가 클수록 병사회의와 장교회의의 중요성은 약화되었다. 그러
나 코자크들은 자신들이 직접 지도자를 선출하는 권한만은 절대 양보
하지 않았다. 헤트만의 권위가 약한 경우 장교들과 주요 문제를 논의하
고, 중요한 결정은 병사회의에서 논의해야 했다. 병사회의가 소집되는
경우 소란하게 서루 싸우고, 모자를 땅에 던지고, 권위를 잃은 헤트만에
게는 당장 물러가라고 호통을 치는 등의 일도 자주 일어났다. 드니프로
강 중류의 요충지에 코다크(Kodak) 요새 건설을 감독하기 위해 폴란드
장군 코네폴스키(Koneipolsky)의 초대를 받은 프랑스의 공학기술자 보
플랑(Beaupland)은 《우크라이나 기술》이라는 기록을 남겼는데, 코자
크에 대해서 다음과 같이 서술하고 있다. "코자크들은 제복말고는 통일
된 것이 없었다. 이들은 활력이 넘치고 현명하며, 체격이 뛰어나고, 더
위와 추위, 배고픔과 목마름을 잘 견딘다. 전투에서는 인내와 용맹으로

---

20  같은 책, p37.

이름을 날리고, 낙천적이며 죽음을 두려워하지 않는다. 이들은 멋진 외모를 가지고 있고, 주의력이 뛰어나며 강하고, 좋은 건강을 타고났다. 웬만해서는 병에 걸리지 않으며 아주 나이가 든 경우가 아니면 병에 걸려 죽는 일이 드물었다. 이들은 대부분의 경우 코자크들의 명예의 전당에서 생을 마친다 - 그것은 전쟁터에서 전사하는 것이다." [21]

1596년 루블린 조약으로 우크라이나 지역 스텝 지역은 폴란드의 지배하에 들어가게 되었다. 폴란드는 비옥한 우크라이나 지역에 장원제를 발달시키며 '등록코자크' 제도를 실시하여 코자크들을 통제하기 시작했다. 또한 전투력이 뛰어난 코자크를 용병으로 자주 전쟁에 동원했다. 16세기 말 대거 유입된 농민들은 비등록코자크로 남아 차별대우를 받으며 지주들의 압제에 시달렸다. 또한 종교적으로는 가톨릭이나 연합교회로의 개종 압박이 점점 커졌다. 이렇게 등록코자크의 확대, 정교회 신앙 수호, 용병으로 싸운 전투에 대한 보상 지급 등이 폴란드 정부와의 협상에서 주된 의제가 되었고, 협상이 실패로 돌아가면 반란이 일어나곤 했다. 1590년대에는 코신스키(Kosynsky), 날리바이코(Nalyvaiko), 로보다(Loboda)가 주도한 농민반란이 일어났다.

1590년 자신의 전공의 대가로 얻은 로스강 유역의 땅을 빼앗긴 흐리쉬토프 코신스키(Hrishtov Kosinskii, 1545-1593년)는 폴란드 세력을 상대로 큰 전투를 일으켰다. 그는 자포로지아 코자크들을 이끌고 빌라체르크바(Vila Tserkva)를 공격하여 자신의 영지를 빼앗은 오스트로즈키 공과 그의 대리인의 재산을 빼앗고 인근의 다른 지역도 점령했다. 코자크의 세력과 전투력에 겁을 먹은 지방 귀족들은 코신스키에게 대

---

21 같은 책, p. 38. Hrushevskii, p. 242-45에서 재인용.

날리바이코 초상

항할 생각을 하지 못하였고, 코신스키는 키예프와 페레야슬라브 지역을 점령한 후 서쪽으로 진군하여 볼히냐 지역을 공격했다. 폴란드 정부의 지원을 받지 못한 귀족들은 갈리시아와 헝가리에서 용병을 데려오고, 자신들의 세력을 규합해 퍄트카(Piatka) 인근의 전투에서 코신스키의 병력을 격파했다. 자포로지아 시치로 돌아온 코자크들은 다시 전투 준비를 하고, 드니프로강 상류 지역과의 교통을 차단하고 있던 체르카시의 군사령관인 비쉬네베츠키를 공격했으나 코신스키는 속임수에 넘어가 죽임을 당했다. 코신스키가 죽은 후 흐리호리 로보다(Hryhorii Loboda, ?-1596년)가 자포로지아 코자크의 새로운 지도자가 되어 항쟁을 계속했다. 브라츠슬라브와 볼히냐의 변경 지역에서는 세베린 날리바이코(Severyn Nalivaiko, ?-1597년)가 비등록 코자크들을 규합하여 항쟁에 나섰다. 두 집단은 서로 단합하지 못하고 갈등을 이어가다가 폴란드가 파견한 주우키옙스키 부대에 섬멸되고, 두 지도자는 비참한 최후를 맞았다.

1600-1613년 모스크바공국이 왕위 계승문제로 소위 '혼란의 시대(Time of Troubles)'에 빠지자 모스크바와 인근 지역을 자주 공격하여 많은 전리품을 획득했다. 사하이다치니(Petro Sagaidachini)가 헤트만

이 되면서 흑해 원정에 나서서 오스만 터키를 공격하고, 인근 왈라키아와 몰도바 지역을 공격하며 세력을 키웠다. 사하이다치니는 군사적 성공 이외에도 정교회 육성과 문화 사업에서 큰 족적을 남겼다. 코자크의 사령부를 키예프로 옮긴 사하이다치니는 키예프의 동굴수도원(Pecherska Lavra)을 정교회의 중심지로 삼아 사제 육성과 출판 사업에 힘을 쏟았다. 동굴수도원에 인쇄기가 도입되어 베린다(Berynda)의 '슬라브-루스어 사전(Leksykon slaveno-russkii)'과 스모트리츠키(Smotrytskii)의 '슬라브어 문법(Grammatika slovenskaia)' 책이 출간되었다. 1622년 사하이다치니가 사망한 후 뛰어난 협상가인 도로셴코(Mykailo Doroshenko)가 폴란드와의 관계를 조정하여 일시적으로 평화적 상태가 유지되었으나, 그가 사망하자 1630년대 코자크와 폴란드의 갈등이 재연되었다. 술리마(Sulima), 파블류크(Pavliuk), 오스트랴닌(Ostrianin)이 일으킨 반란이 폴란드군에게 제압당하면서 코자크의 세력은 크게 위축되었다.

사하이다치니 초상

스모트리츠키 초상

도로셴코 초상

## 5.2 코자크국가 시대

1648년 코자크 장교였던 보흐단 흐멜니츠키(Bohdan Khmelnitsky, 1595-1657년)는 폴란드 장교에게 영지를 약탈당한 후 자포로지아로 와서 코자크 봉기를 선동했다. 그는 뛰어난 지도력으로 코자크를 규합하고 주민들을 선동한 후 타타르와 동맹을 맺고 폴란드와 전투를 벌였다. 1648년 5월 조프티 보디(Zovty Vody)와 코르순(Korsun)에서 폴란드를 연이어 격파한 그는 파죽지세로 서쪽으로 진군하였다. 키예프주와 브라츨라브주에서 농민반란이 연이어 일어나며 폴란드인과 유대인이 대규모로 살해되었다. 10월 르비프를 포위하여 항복을 받아낸 흐멜니츠키는 갈리시아를 점령한 후 폴란드로 방향을 틀었으나, 폴란드 새 국왕 얀 카지미예즈(Jan Kazimierz)와 협상이 시작되자 진격을 멈추고 키예프로 돌아갔다. 1649년 1월 키예프에서 흐멜니츠키는 정교회 지도자들에 의해 해방자이자 '루스의 독립적 지도자'로 떠받들어졌다. 폴란드와의 협상이 제대로 진행되지 않자 8월 다시 갈리시아로 진격했으나 크림 타타르가 동맹에서 이탈하자 할수 없이 폴란드와 즈보리프(Zboriv)조약을 맺었다. 이 조약으로 폴란드령 6개주 중 키예프, 체르니히프, 브라츨라브는 코자크가 관할하는 독립적 지역이 되었으며 등록 코자크 수도 4만 명으로 늘어났다. 폴란드의 간섭 없이 독자적 행정이 가능해진 이 시기부터를 '코자크(헤트만)국가' 시대라고 부른다. 코자크국가는 키예프, 브라츨라브, 체르니히프주를 포함하는 약 31만km²에 달했다. 폴란드 행정체계를 대신해서 코자크 연대 주둔지의 이름을 딴 연대 행정구역(polky)이 생겼고, 연대장이 행정책임을 맡았다. 헤트만은 코자크의 군사지도자였을 뿐아니라 코자크국가 전체의 행정, 재정, 사법을 관할했다. 9명의 장교로 구성된 장교단(heneralna starshyna)이 헤트만을 보좌했다. 흐멜니츠키가 창설한 코자크국가의 첫 행정중심지는 치히린이었다. 1663년 이후 코자크 영토가 분할되면서 우안지역은 치히린(1665-76년), 북쪽에는 하디아치(Hadiach 1663-69년), 좌안에서는 바투린(Baturyn, 1669-1708년)이 행정중심지가 되었다. 코자크국가의 정식 명칭은 '자포로지아 군대(Visko Zaporizke)'였지만 비등록코자크인 자포로지아 코자크들은 큰 역할을 하지 못했고, 등록코자크가 주로 거주하는 드니프로 상류 지역이 중심지가 되었다. 자포로지아 코자크는 흐멜니츠키 시대에는 그의 지도력을 따랐지만, 이후 힘이 약한 헤트만이 등장하면서 독자적 노선을 걸었다.

1651년 폴란드와의 강화가 깨지자 흐멜니츠키는 다시 폴란드와 전투를 벌였지만 이전과 같은 군사적 성공을 거두지 못했다. 흐멜니츠키는 대신 주변 세력과의 외교와 동맹을 통해 전세를 역전시키려고 애를 썼다. 그는 몰도바와 동맹을 맺고, 술탄의 가신(vassal)을 자처하며 오스만터키와도 동맹을 맺었다. 그는 이러한 노력의 일환으로 1653년 페레야슬라브(Pereiaslav)에서 러시아 차르에 대한 충성을 서약하며 동맹을 맺었다. 페레야슬라브 협약은 코자크국가의 자치를 인정받는 조건으로 러시아의 보호를 받는 것을 합의한 협약으로 보아야 하지만, 이 조약에 대한 평가와 견해는 다양하게 갈린다. 러시아 학자들은 이 협약으로 두 국가가 하나가 되고, 코자크들이 러시아 차르에게 충성을 맹세한 것으로 보는 반면, 우크라이나 학자들은 이를 단순한 군사동맹으로 보는 경우가 많다. 페레야슬라브 협약의 원문이 전해지지 않고 있기 때문에 협약의 성격을 둘러싼 논란은 쉽게 가라앉지 않을 것이다. 코자크는 오스만터키, 크림타타르, 러시아 등과 필요에 따라 동맹관계를 맺고 진영을 바꾸는 일이 잦았기 때문에 페레야슬라브 조약도 일시적 군사동맹으로 생각했을 가능성이 컸지만, 러시아는 일단 차르에 대한 충성을 맹세한 만큼 코자크를 복속시키는 과정에 착수했다. 1657년 흐멜니츠키가 죽고 코자크 세력이 크게 위축되면서 이러한 과정을 막을 힘도 상실했다. 흐멜니츠키는 폴란드의 지주들을 쫓아내고 독자적 세력을 구축하기를 바랐던 농민들의 바람을 좇지 않고, 유리한 정세와 시점을 놓친 상태에서 민중의 지지를 기반으로 한 자체적 힘보다는 여러 나라와의 복잡한 동맹에 의해 목표한 바를 이루려고 한 것이 실책이었다. 또한 코자크의 이익을 넘어서는 민족적 대의를 생각하지 않고 근시안적 목표에 집착하는 실수를 저질렀다. 우크라이나는 흐멜니츠키가 뜻한 바를 이루지 못하고 일찍 죽고, 그 뒤를 이어 능력있는 지도자가 나오지 못했기 때문에 17세기 중반 민족국가를 태동시킬 수 있는 절호의 기회를 놓치게 되었다. 러시아는 '혼란의 시대'를 극복하고 로마노프 왕조가 시작되면서 중앙집권적 전제국가 발전의 토대를 닦은 반면, 우크라이나는 흐멜니츠키 사망 후 헤트만이 자주 교체되면서 지도력을 상실하였고, 러시아의 영향력과 지배에 제대로 대항하지 못하면서 코자크 자치 국가의 몰락이 시작되었다. 흐멜니츠키에 대한 평가도 여러 갈래로 나뉜다. 러시아는 자발적으로 코자크를 러시아에 복속시키고, 두 나라의 재통합을 가져온 영웅으로 보는 반면, 우크라이나 민족 시인 셰브첸코는 그의 잘못된 결정이 코자크의 자치을 종결시키고 우크라이나가 러시아에 복속되는 결과를 가져온 것으로 생각한다. 폴란드는 흐멜니츠키 반란으로 폴란드가 결정적으로 약화되어 약 백 년 후 러시아, 프러시아, 오스트리아 3개국에 분할되는 단초가 되었다고 본다. 폴란드 귀족과 지주들의 현지 장원 관리인으로 경제적 이익을 얻다가 대량으로 학살된 유대인들은 흐멜니츠키 반란을 우크라이나에서의 유대인 1차 학살(pogrom)로 본다. 흐멜니츠키에 대한 평가는 오늘날까지 역사가들의 뜨거운 논쟁이 대상으로 남아있지만, 우크라이나가 처한 지정학적 상황과 주변 국가와의 갈등관계에서 흐멜니츠키가 내린 선택은 오늘날 우크라이나가 직면한 어려운 전략적 선택과 매우 유사한 면이 있다고 볼 수 있다.[22]

보흐단 흐멜니츠키는 폴란드의 지배에서 벗어나기 위해 주변의 거의 모든 국가들과 동맹을 맺으려고 시도하였다. 정교회 국가인 러시아뿐만 아니라, 이슬람 국가인 오스만터키와 크림칸국, 개신교인 트랜실바니아(Transylvania)와 리투아니아의 개신교 공후들과 동맹을 맺으려고 시도했으나, 대부분의 시도는 실패로 돌아가거나 일시적 동맹에 머물렀고, 러시아와의 동맹만 결실을 맺게 되었다.[23] 흐멜니츠키의 후계자인 이반 비홉스키(Ivan Vyhovsky)와 페트로 도로센코(Petro Doroshenko)는 러시아의 적인 폴란드와 오스만터키와 동맹을 맺으려고 했다. 코자크 지도자들의 상충되는 정책으로 인해 코자크의 힘은 분산되었고, 코자크 내부의 분열을 촉진시켰다. 자포로지아 코자크는 정교회 종주국인 러시아와 동맹을 유지하려고 한 반면, 헤트만과 장교단은 러시아, 폴란드, 오스만터키를 가리지 않고 자신들의 정치, 사회적 지위와 권리를 최대한 인정해 주는 국가와 동맹을 맺으려고 했다. 이러한 양상은 1991년 친러, 친서방 정책을 둘러싸고 계속 갈등을 겪어 왔던 현대 우크라이나의 정치 상황을 연상하게 한다.

---

22 《우크라이나 현대사》, p. 41.
23 《우크라이나의 역사》, p. 71-72.

흐멜니츠키 사후 무능한 그의 아들 흐리호리를 대신하여 헤트만 직위에 오른 페트로 도로셴코(재임 1665-76년)는 크림칸국과 동맹을 맺고 좌안지역을 공격하였지만 실패하였고, 우안의 포돌랴와 브라츠슬라브 남부 지역은 오스만제국이 지배하게 되었다. 1667년 러시아와 폴란드는 좌안과 우안 지역을 분할 지배하는 안드루소보(Treat of Andrusovo) 조약을 체결하여 코자크국가를 양분하였다. 좌안 지역과 우안 지역이 각각 별도의 헤트만을 갖게 되었다. 1686년 러시아와 폴란드 사이에 소위 영구평화조약이 체결되어 분할 지배를 확정하면서, 우크라이나는 러시아, 폴란드, 오스만터키가 지배하는 지역으로 분할되었고, 남부 스텝지역은 크림칸국의 영향권 아래 계속 남게 되었다. 흐멜니츠키 사후 코자크들이 지도력과 단결력을 상실하고 쇠퇴하면서 주변 국가에 의해 영토가 분할된 이 시기를 코자크 국가의 '해체 시기(Ruina, 1657-1686년)'라고 부른다.

외부 세력과 연대하여 코자크 자치를 회복하려는 시도는 이반 마제파(Ivan Mazepa, 1687-1708년)에 의해서도 반복된다. 러시아의 표트르 대제의 신임을 얻어 헤트만직에 오른 마제파는 사회적 안정을 이루면서 경제도 부흥시켰다. 그는 라브라 사원을 중건하고 소피아 성당을 재건하는 등 정교회와 문화 발전에도 큰 기여를 했다. 이 시기를 우크라이나의 바로크 시대라고 일컫는다. 1700년 러시아가 스웨덴과 대북방전쟁(1700-1721년)을 시작하면서 마제파는 어려운 선택을 해야 하는 상황에 직면했다. 발트해 지역 전체를 장악하려는 스웨덴의 젊은 왕 칼12세(Charles XII, 재위 1697-1718년)는 러시아를 몇 차례 공격하여 승리하고, 1702년 폴란드를 침공하여 바르샤바를 점령했다. 마제파는 폴란드와 동맹을 맺은 러시아를 도와 몇 차례 출정하여 우안지역을 점령했지만 인명과 물자 손실이 커지면서 러시아의 정책에 대한 코자크의 불만이 커졌다. 1708년 러시아를 공격한 스웨덴군이 겨울을 나기 위해 우크라이나로 남하하자 마제파는 고민 끝에 4천 명의 병력을 이끌고 스웨덴군에 가담했다. 스웨덴이 러시아와의 전쟁에서 승리하여 동유럽의 강자로 떠오르면 좌안과 우안에 독립적인 코자크국가의 창설 보장을 받아낼 계획이었다. 그러나 1709년 4월 폴타바에서 벌어진 전투에서 스웨덴군은 크게 패해 마제파는 칼12세와 함께 터키 영토로 도망을 갔다. 러시아에서는 마제파의 행위를 용납할 수 없는 반역행위로 보고, 남아 있던 코자크의 자치를 완전히 철폐하는 정책을 폈다. 이후 러시아에서는 러시아에 대한 국가적 배신행위나 분리주의 운동을 '마제피즘(mazepism, mazepynstvo)'이라고 부를 정도로 마제파의 배신을 심각하게 받아들였다. 그러나 마제파는 표트르 대제에게 보내는 편지에서, 코자크의 권리가 제한되고 스웨덴의 침입으로 존망의 위기에 처한 상황에서 자율적 결정에 의해 러시아와의 동맹관계를 철회하고 스웨덴과의 동맹관계를 맺은 이유를 설명했다. 마제파의 이러한 논리는 러시아와의 관계를 중세에 널리 퍼져 있던 계약적 동맹관계로 보았다는 증거로 볼 수 있다. 결과적으로 마제파는 우크라이나 지역을 둘러싼 강대국과의 관계 설정에서 코자크의 자치를 박탈당하고 우크라이나 지역이 러시아에 완전히 흡수되는 잘못된 전략적 선택을 한 셈이다. 주변 강국의 힘에 의존해서 자치와 독립을 꾀하고, 대부분의 경우 몰락하는 국가를 동맹파트너로 선택하는 우크라이나 지도자들의 오판은 20세기에도

반복된다.[24]


## 5.3 코자크의 쇠퇴와 러시아 병합

폴타바 전투 이후 코자크국가는 사실상 와해의 길에 들어섰다. 표트르 대제와 그의 후계자들은 코자크의 자치권을 박탈하였다. 러시아의 정책은 코자크국가, 자포로지아 코자크, 자유공동체(Slovoda)에 따라 달랐지만, 우크라이나 지역은 러시아의 행정구역으로 편입되는 수순을 밟았다. 마제파의 뒤를 이어 1708년 스코로파드스키(Ivan Skoropadskii)가 새 헤트만으로 임명되었지만, 얼마 후 그는 헤트만직에서 해임되고 러시아 관리들로 임명된 소러시아행정국(Little Russian Collegium)이 실질적으로 행정을 담당했다. 코자크들은 라도가 운하와 아조프해 국경 요새 건설에 동원되어 많은 인명이 희생되었다. 스코로파드스키 다음으로 폴루보토크(Pavlo Polubotok)가 임시 헤트만으로 임명되어 재판제도를 확립하는 등 코자크의 자치를 되찾기 위해 노력했으나 그는 상트페테르부르그로 소환되어 페트로파블롭스크 요새 감옥에서 숨을 거둔다. 이후 약 반

이반 스코로파드스키

---

24 《우크라이나 현대사》, p. 44.

세기 동안 러시아는 헤트만을
임명하여 약간의 자치를 허용
하기도 하고, 소러시아행정국을
부활시켜 중앙에서 직접 통치하
기도 했다. 엘리자베타 여제의
총애를 받는 로주몹스키가 마지
막 헤트만(재인 1750-1764년)으
로 임명되어 잠시 자치권을 회
복했지만 그의 사후 코자크는
더 이상 헤트만을 뽑지 못했다.

폴루보토크 초상

예카체리나 여제가 1775년 자포
로지아 시치를 파괴하면서 코자
크는 더 이상 군사력을 가지지
못하였고, 러시아령 우크라이나
지역은 '새러시아(Novarossia)'
로 재편되어 중앙정부의 직접적
관할을 받았다.

폴란드령 우크라이나에서
는 귀족들의 장원제도가 부활
되면서 농민들의 원성이 높아
졌다. 처음에는 오프리쉬키
(Opryshky)라고 불리는 소규모
농민집단이 반란을 일으켰다.

로주몹스키 초상

하이다마키 그림

반란의 규모는 점점 커져 1734년, 1750년, 1768년에는 하이다마키(Haidamaki)난으로 불리는 대규모 농민 반란이 일어났다. 하이다마키는 터키어로 '도적'이나 '강도'를 뜻한다. 1768년의 하이마다키 봉기는 1772년 폴란드 1차 분할의 원인이 되기도 했다. 하이다마키에 대한 평가는 폴란드, 러시아, 우크라이나, 유대인에 따라 다르게 나타난다. 폴란드는 하이다마키를 약탈자로 보고, 이들의 봉기가 폴란드 와해의 원인을 제공했다고 보는 반면, 러시아와 우크라이나 역사가들은 하이다마키의 잔혹성에 비판적인 입장을 취한다. 그러나 우크라이나 민중들은 하이다마키가 폴란드의 압제에 대항하여 일어난 민중 전사라고 보고 이들을 영웅시 했다. 타라스 셰브첸코는 유년 시절 할아버지에게 들은 하이마다키에 대한 기억을 간직하여 후에 장편 서사시 〈하이다마키〉를 썼다. 유대인들은 하이다마키의 잔혹한 유대인 학살에 분노를 표하고 특히 대규모 학살이 일어난 우만(Uman)은 유대인 학살로 하시디즘(Hasidism)의 성지가 되었다. 유대인들은 하이다마키 학살을 우크라이나 땅에서 일어난 '2차 유대인 학살(pogrom)'로 부른다.[25]

1795년 폴란드 3차 분할 이후 서부 볼히냐와 체웜(Chełm) 이동 지

---

25 같은 책 p. 46.

역은 러시아령이 되었고, 우크라이나 땅은 러시아의 주(州, gubernia)로 개편되었다. 우안지역은 키예프주, 볼히냐주, 포돌랴주로 재편되었고, 폴란드 분할 이전에 획득한 좌안 지역은 체르니히프주, 폴타바주, 슬로보다 우크라이나(Sloboda Ukraina)주 예카테리노슬라브(Yekaterinolslav)로 재정비되었다. 서부 지역의 갈리시아, 벨즈, 부코비나는 오스트리아령이 됨으로써 우크라이나는 경계가 훨씬 서쪽으로 이동된 상태에서 다시 한 번 동서로 분열되었다. 18세기 말 외세에 의한 우크라이나 영토 분할은 정치, 사회, 문화, 언어 면에서 우크라이나를 두 개의 대립되는 지역으로 나누는 결과를 가져왔고, 현재의 우크라이나가 겪고 있는 정치, 사회 분열의 뿌리가 되었다.[26]

## o 코자크 시대의 의의

16세기 중반부터 18세기 말까지 약 250년 간 지속된 코자크 시대는 우크라이나 역사의 가장 중요한 시기이다. 코자크 시대의 정치, 사회, 문화적 특성으로 말미암아 우크라이나는 러시아나 벨라루스와 다른 길을 걷게 되었고, 당시의 문화적 유산은 현대 우크라이나의 중요한 뿌리가 되었다. 특히 평등적이고 상향적인 정치 문화는 현대 우크라이나 정치에서 독재자나 장기 집권자를 허용하지 않는 전통으로 이어졌다. 그러나 국내외의 모든 문제를 외세를 끌어들여 해결하려는 외세의존적 정치와 이로 인한 코자크 세력 내부의 분열과 권력투쟁은 분열적 정치 문화의 전통으로 자리잡았다. 유럽의 다른 국가들이 절대왕정을 거쳐 민족 국가로 발전해 나가는 시점에 우크라이나는 중앙집권적 국가를

---

26  같은 책 p. 47.

형성하지 못하고, 끊임없는 전쟁과 반란, 외국의 점령으로 인해 민족적 힘을 소진시킨 것은 안타까운 일이다. 16-18세기에 국가건설(nation-building)의 경험을 쌓지 못한 것은 소련 해체 후 국가건설 과정에도 불리한 여건으로 작용했다.

# 6장 러시아 지배와 소련 시대

## 6.1  19세기 - 20세기 초의 우크라이나

'민족주의 시대(age of nationalism)'로 불린 19세기에 우크라이나는 러시아제국과 오스트리아-헝가리 제국에 의해 분할 지배되어 민족국가 형성의 기회를 놓쳐 버렸다. 러시아는 중앙집권적 전제체제를 강화해 나가면서 제국 내의 소수민족에게 강압적 정책을 펴서 민족운동을 탄압한 반면, 지배 민족인 게르만계 주민의 수가 소수에 머물렀던 오스트리아-헝가리 제국은 각 소수민족 지역에서 유화적 정책을 펴며 제국을 운영해 나갔다. 소수민족의 민족문화 발달 옹호와 관용적 정책의 배경에는 유럽의 시민혁명과 근대화의 영향도 컸다. 19세기 초반 우크라이나는 정치적 독립이나 자주권 확보의 꿈을 포기한 대신, 문화, 예술, 학술 부문에서 민족 생활의 터전을 닦았다. 민족의식과 민족문화의 발전은 학술, 문화, 정치 단계를 차례로 거치는 것이 통상적이다. 처음에는 지식인과 학자들에 의해 역사적 사실의 탐사, 민족 전통의 발굴이 이루어지고, 다음에는 대중을 대상으로 한 민족어 교육, 출판, 연극 등의 문화 활동이 이루어진다. 대중들 사이에 민족문화에 대한 자각과 민족의식이 싹트면 정치 지도자나 결사단체의 주도에 의해 민족자결 등의 정치적 목표 달성에 나서게 된다.[27]

19세기 초반 코자크장교 가문은 대부분 러시아 문화에 이미 동화된 상태여서 새로운 지도 계급이 민족부흥운동을 이끌어야 했다. 18세기 말부터 시작된 고등교육 덕분으로 새롭게 탄생한 인텔리겐차(intelligentia)라고 불리는 지식인 계급이 우크라이나의 민족운동과 문화운동의 중심적 역할을 담당했다. 우크라이나 인텔리겐차는 농민문화국가를 이상적 국가의 기반으로 여긴 독일의 낭만주의 사상가 헤르더(Johann Gottfried Herder)의 사상에 심취했다. 그는 우크라이나를 '새로운 그리스'라고 칭송하며 우크라이나의 밝은 미래를 예측했다. 지식인들은 평민과 농민들의 언어와 민담, 관습에 관심을 기울이는 '학문적' 또는 '전통수집(heritage gathering)' 단계의 민족부흥 운동에 노력을 기울였다. 또한 우크라이나의 역사에 대한 초기 저작들은 코자크 시대에 대한 관심을 표현했다. 1800년대 초반에 쓰여서 필사본으로 지식인들 사이에 널리 읽혀진 《루스민족의 역사(Istoriia Rusov, History of the Rus People)》는 코자크들을 영웅시하고 코자크 후손들의 자치를 주장했다. 이에 반해서 1822년 반티쉬-카멘스키(Bantysh-Kamensky)가 쓴 4권으로 된 《소러시아의 역사(History of Little Russia)》는 루스의 한 분파이자 군주에 충성하는 '소러시아인들'의 영광스런 역사를 기술했다.[28]

지식인들은 독자적 언어, 문화에 바탕을 둔 민족문화 운동에 주력했

---

27 《우크라이나 현대사》, p. 49.
28 《우크라이나의 역사》, p. 95.

는데, 이에 큰 장애가 되는 것은 언어 문제였다. 대부분의 문헌이 문어(文語, written language)인 교회슬라브어로 쓰여 있어서 우크라이나어 구어를 쓰는 평민이나 농민들에게 전파될 수 없었다. 우크라이나 구어는 표준화가 되어 있지 않아 문어로 정착하기에는 어려웠다. 지식인들은 농촌에 내려가 농민들이 사용하는 구어를 익히고, 구어를 적극 활용한 문학작품을 출간하여 이 장애를 극복했다. 언어문제는 농노 출신으로 농민들이 쓰는 구어와 민간에 전해져 내려오는 민요(dumki)에 정통한 타라스 셰브첸코의 작품으로 민중 구어의 표준화가 크게 진척되었다. 셰브첸코가 나타나기 이전에도 여러 작가와 지식인들이 우크라이나어의 문어화에 기여했다. 1798년 코틀랴렙스키(Ivan Kotlyarevsky)는 비질의 '에네이드(Aeneid)'를 코자크를 소재로 개역한 〈에네이다(Eneida)〉를 발표하였고, 1819년에는 〈나탈카-폴타브카(Natalka Poltavka)〉를 써서 근대문학의 선구자가 되었다. 1805년에는 하르키프에 대학이 설립되어 코스토마로프(Kostomarov) 같은 걸출한 우크라이나 지식인과 문화 엘리트를 다수 배출했다. 하르키프는 키예프대학이 세워지기 전까지 우크라이나 낭만주의 작가들과 민속학자들의 요람이 되었다. 파블롭스키는 1818년 농민 언어를 바

**코틀랴렙스키 초상**

코스토마로프

막시모비치 초상

탕으로 한《소러시아어 문법》을 출간하였고, 1834년에는 크비트카-오스노뱌넨코(Kvitka-Osnovianenko)는《소러시아 이야기》(1833-34년)를 썼다. 하르키프대학의 교수였던 막시모비치(Mykhailo Maksymovych)의 노력으로 1820년대-30년대 문학, 민속 작품들의 수준은 한결 높아졌다. 그는 우크라이나와 러시아 민요를 비교 분석한 다음 우크라이나인들은 러시아인들과 밀접하게 관련되어 있기는 하지만 별개의 민족이라고 결론 내렸다. 그는 후에 성 볼로디미르대학의 총장으로 임명되어 키예프의 문예부흥 운동을 이끌었다. 막시모비치는 '소러시아인'이라는 단어 대신 '우크라이나인'이라는 말을 처음으로 쓴 사람이었다. 그는《우크라이나 민요(Ukrainian Folk Songs)》(1834년)와《우크라이나 민요집(Collection of Ukrainian Folk Songs)》(1849년)을 출간했다.[29] 1834년 성 볼로디미르대학(현 타라스 셰브첸코 키예프국립대학교)이 설립되면서 문화, 민족 운동의 중심은 키예프로 이동해 왔다. 이 대학을 졸업한 쿨리쉬(Panteleimon Kulish)는 1845년 《초르나 라다》(Chorna Rada, '코자크 회의'라는 뜻)라는 역사 소설을 써

키예프대학교 초기 모습

서 민족의식을 고취했다. 1845년에는 키예프의 젊은 지식인들을 중심으로 '키릴-메포디이형제단(Brotherhood of St. Cyril and Methodius)'이라는 비밀결사가 조직되었는데, 이 단체는 슬라브연방 내에서 우크라이나의 자치와 민족문화의 발전을 주창한 최초의 정치, 문화적 결사였다. 1847년 러시아 당국은 이 비밀결사를 적발하고 가담자 대부분을 투옥하거나

키릴-메포디이 형제회 그림

29  같은 책 p. 96

추방했다. 코스토마로프, 셰브첸코, 쿨리쉬 같은 우크라이나의 대표적 작가, 문화 지식인들이 '형제회'에 가담한 죄로 가혹한 형벌을 받았다. 이 중 농노 신분에서 자유인이 된 셰브첸코는 아랄 해 인근 중앙아시아 오지에 10년간 노역병사로 유형을 사는 가장 큰 형벌을 받았다. 1814년 체르카시주 모린치에서 태어난 타라스 셰브첸코는 농노의 신분으로 상트페테르부르그에 올라왔다가, 그의 미술적 재능을 높이 평가한 당대의 영향력 있는 인사들의 도움으로 농노신분에서 해방된 후 러시아 미술아카데미를 수료했다. 그는 〈유랑시인〉(Kobzar, 1840년), 〈하이다마키(Haidamaki)〉 등을 연이어 발표하여 민족부흥 운동을 이끈 대표적 시인이 되었고, 우크라이나가 독립한 이후에도 민족적 상징이 되었다. 그는 농민들이 사용하는 구어와 전통 민요에 문어적 요소를 가미하여 농민, 지식인 모두가 읽을 수 있는 새로운 문체를 탄생시켰다. 그는

안토노비치

코자크 시대의 영화와 자주의식을 찬양하며 차르 체제에 대한 저항을 강하게 표현했다. 키릴-메포디이형제단의 해체로 우크라이나 애국운동은 지하로 숨어들었지만, 크림전쟁(1853-55년)에서의 러시아의 패배와 알렉산드르 2세의 농노해방을 비롯한 개혁 정책을 계기로 민족부흥운동은 '문화적' 단계로 발전하였다. 1850년대 후반 키예

프대학 역사학 교수 안토노비치(Volodymyr Antonovych)의 주도로 '호로마다'(Hromada, '공동체'라는 뜻) 운동이 시작되어 민중 계몽 운동에 큰 역할을 했다. 이들은 농민들을 위한 '주일학교(Sunday school)'를 개설하고 연극, 출판을 통한 계몽 활동을 펼쳤다. 페테르부르그에 결성된 호로마다는 코스토마로프의 주도로 〈기초〉(Osnova)라는 월간지를 간행하였다.

호로마다

1863년 폴란드의 봉기에 자극을 받은 러시아 당국은 소위 '발루예프 포고'(Valuev Edict)를 공포하여 순수 문학작품을 제외한 우크라이나어 간행물의 출판을 금지했다. 또 한번 우크라이나 민족운동가들은 체포되어 유형에 처해졌고 호로마다는 해산되었다. 1870년대에 들어서서 안토노비치와 드라호마니프(Mykhailo Drahomaniv)의 지

드라호마노프

도하에 흐로마다는 활동을 재개했다. 1873년 키예프에 설립된 '러시아 지리학회 남서부지회'는 우크라이나 민속자료를 적극적으로 적극 수집하였고, 러시아어 신문인 〈키예프 전보〉(Kievskii Telegraph)를 인수하여 우크라이나 관련 기사를 실었다. 그러나 러시아는 1876년 엠스 칙령 (Ems Ukaze)를 발하여 우크라이나어로 된 모든 간행물의 출간을 금지시켰다. 지리학회 키예프지부도 철폐되고 〈키예프 전보〉의 발행도 중단되었다. 드라호마니프는 스위스로 망명하여 그곳에서 〈흐로마다〉 (1876-1882년)를 발행했다. 1870년대 인민주의자(narodniki)라고 불리는 젊은 혁명운동가들이 지방과 농촌으로 내려가 농민들에 대한 계몽활동을 펼쳤다. 19세기 러시아령 우크라이나에서의 민족부흥운동은 차르 체제 타도를 위한 급진적 혁명 운동과 혼합되어 진행되었다.

## 6.2 서부 우크라이나의 민족부흥운동

오스트리아에 속한 서부 우크라이나에서도 19세기 중반부터 본격적인 문화부흥운동과 민족운동이 일어났다. 서부 우크라이나에는 토박이 귀족이 없었고, 지식인 그룹도 작았기 때문에 종교 지도자들이 민족부흥운동을 이끌었다. 정교회 신앙을 가톨릭으로 개혁하려는 움직임의 일환으로 만들어진 그리스가톨릭교회(연합교회)는 우크라이나인들을 폴란드인과 구별하는 민족적 정체성의 바탕이 되었다. 서부 우크라이나 문화부흥운동의 중심지는 갈리시아였고, 젊은 사제들과 신학생들이 민족운동을 이끌었다. 소수민족의 문화와 언어에 대해 관용적 정책을 편 오스트리아 당국이 초등학교의 교육언어로 루신어(Rusyn langnuage, 우크라이나어의 현지 명칭)를 택한 것에 고무되어 우크라이나어를 표준어로 정착시키려는 노력이 1830년대 시작되었다. 우크라이나 농민들이 쓰는 언어를 키릴 문자로 표준화한 루신어로 시집, 번역서, 민요집 등이 출간되었다. 1848년 프랑스 혁명으로 유럽 각 지역의 소수민족들이 민족자치운동을 펼치자, 갈리시아의 폴란드인들도 '폴란드민족회의(Polish National Council)'를 조직하였다. 오스트리아 당국은 이에 맞서는 조직으로 우크라이나인들이 '루신최고회의(Supreme Ruthenian Council)'를 만드는 것을 도왔다. 이렇게 갈리시아의 폴란드 민족운동을 견제하려는 오스트리아 당국의 지원이 우크라이나 문화 발전에 유리한 여건을 조성했다. 또한 동부 우크라이나의 민족부흥운동과 연계하여 문화 부흥을 시도하려는 움직임도 강화되었다. 서부 우크라이나의 민중 계몽 운동에 가장 큰 역할을 한 것은 1868년 창설된 '계몽회(Prosvita Society)'였다. 1903년에 갈리시아 지역에만 1,400개의 계몽회가 운영될 정도로 성인들의 문자해독 교육을 목표로 하는 풀뿌리 교육 운동은 크게 확산되었다. 러시아령 우크라이나의 '나로드니키'와 유사한 '나로돕치(Narodovtsi)' 조직은 농민 교육과 더불어 우크라이나어를 문화어로 고양시키고, 이를 바탕으로 한 출판

**계몽회 상징 그림**

흐루솁스키

물 보급에도 힘을 썼다. 〈진리(Pravda)〉(1867-1898년), 〈여명(Zoria)〉(1880-1897년) 같은 잡지가 창간되었고, 1880년에 창간된 일간지 〈행동(Dilo)〉은 갈리시아가 소련에 병합되는 1939년까지 간행되었다. 러시아령 우크라이나의 작가와 지식인들이 이 간행물과 신문에 기고를 했고, 부유한 민족주자들은 재정적 후원을 했다. 1890년대 나로돕치가 중심이 되어 주민들의 경제적 복리를 위한 협동조합과 신용조합을 개설했다. 체코의 공동체 운동을 모방하여 체육단체인 '소킬(Sokil, '매'라는 뜻)'과 자경소방단인 '시치(Sich)'가 창설되었다. 1874년 르비프대학 내에 루신학부가 창설되어 미하일로 흐루솁스키가 학부장으로 초빙되어 와서 많은 제자를 길러내었다. 키에프대학 안토노비치 교수에게 지도를 받은 흐루솁스키는 10권으로 된 《우크라이나-루스의 역사(History of Ukraine-Rus)》를 저술하여 우크라이나 역사학의 아버지로 불리게 되었고, 제정러시아 붕괴 후 초대 우크라이나 대통령(중앙 라다 의장)이 되었다. 1873년 셰브첸코회(Tovarishchestvo imeni Shevchenka)는 1892년 학술단체로 발전하였고, 1898년에는 과학아카데미를 모델로 개혁되었다. 1880년대-1890년대 이반 프란코(Ivan Franko)는 산문, 시, 비평, 희곡 분야에서 활발한 작품 활동을 했

르비프대학교

다. 키예프대학에서 수학하고 강의를 하다가 민족운동에 관여한 죄로 파면당한 후 스위스로 망명한 미하일로 드라호마니프(Mykhailo Drahomaniv)는 현지에서 출판 활동을 하며 갈리시아 지식인들에게 큰 영향을 끼쳤다. 루마니아령 몰다비아에 속해 있다가 오스트리아에 편입된 부코비나 지역도 1880년대부터 나로돕치의 활발한 활동에 영향을 받아 문화부흥운동이 일어났다. 우크라이나어 학교가 루마니아어 학교보다 많았고, 1875년에 설립된 빈니차대학에는 루신어문학 강좌가 개설되었다.

1890년대부터 1차 대전 발발 시기까지 민족주의 운동은 사회주의 혁명 운동이 동시에 진행되었으며 시간이 갈수록 후자가 더 큰 영향력을 발휘하였다. 문화 민족주의와 민족어가 완전히 자리 잡지 않은 상태에서 발아 단계의 정치적 민족주의 운동은 러시아제국을 휩쓴 사회주의 혁명 운동의 그늘에 가리게 되었다. 1891년 비밀결사인 '타라스 형제단(Bratsvo Tarasivtsiv)'이 결성되었고, 1900년에는 하르키프대

빈니첸코

페틀류라

학 학생들을 중심으로 '우크라이나 혁명당'이 결성되었다. 이 당에서 민족주의자들을 중심으로 '우크라이나 민족당'이 분리되어 나왔고, 1905년에는 극좌 성향의 '우크라이나 사회민주노동당'이 창설되어 페틀류라(Symon Petliura)와 빈니첸코(Volodymyr Vynnychenko)가 여기에 가담하였다. 1905년 창설된 '우크라이나 민족급진당'은 체칼렌코가 이끌었는데, 명칭과는 다르게 온건한 개혁노선을 취하였다. 1905년 혁명의 영향으로 두마가 형성되자 우크라이나 출신 의원들이 여기에 참여했다. 1906년 1차 두마 선거에 민주급진당은 카데츠(Kadets) 소속으로 출마하여 45석을 확보했고, 1907년 2차 두마 선거에서는 39석을 확보했다. 그러나 2차 두마 해산 이후 귀족들에게 유리해진 3차, 4차 두마 선거에서는 민족주의 성향의 우크라이나 의원들이 거의 배출되지 못하였다.

1900년 기준으로 우크라이나 인구와 사회경제적 상황을 보면 러시아령 우크라이나에 2,200만 명이 거주하였고, 360만 명은 오스트리아령에 거주하고 있었다. 1897년 실시된 러시아 인구센서스 자료에 따르면 도시인구의 약 30%만 우크라이나인이고, 34%는 러시아인, 27%는 유대인인 것으로 나타났고, 상업 종사 인구 중 17.5%만 우크라이나인이었다.[30] 1896-1905년 사이 약 백만명의 우크라이나인이 러시아제국의 신개척지인 시베리아와 태평양 연안으로 이주하였다. 우크라이나는 러시아제국 전체의 밀 생산의 90%를 담당할 정도로 농업 중심지가 되었고, 설탕의 재료인 사탕무 생산도 급격히 증가하였다. 돈바스 지역에서는 철강 산업이 급격히 성장하며 많은 노동자들이 유입되었다.[31]

## 6.3 1차 대전과 내전 시기 우크라이나 역사

1914년 8월 1차 대전이 발발하면서 우크라이나를 지배하고 있던 러시아제국과 오스트리아제국은 적대적 교전국이 되었다. 약 350만 명의 우크라이나 젊은이들이 러시아군에 징집되었고, 오스트리아군에는 25만 명이 징집되었다. 우크라이나 서부 지역은 바로 교전 지역이 되었다. 8월 초 선제공격을 한 오스트리아군은 러시아 영토로 진입하였으나, 얼마 후 러시아군의 반격에 밀려 퇴각했다. 9월 3일 러시아군은 르비프를 점령하고 갈리시아와 부코비나 지역을 점령했다. 퇴각하는 오스트리아군은 '루신' 농민들을 러시아인으로 착각하여 처형하거나 체

---

30  Yekelchuk, Serhiy, *Ukraine: Birth of a Modern Nation*, (New York: Oxford University Press, 2007) pp. 56-57.

31  《우크라이나 현대사》, p. 60.

중앙 라다 건물

포하여 수용소로 보냈고, 서부 우크라이나에 들어온 러시아군은 민족
운동가들을 탄압했다. 1915년 6월 독일의 지원을 받은 오스트리아군은
다시 공세를 펼쳐 서부 우크라이나로 진입했다. 1917년 러시아 혁명으
로 서부 전선이 붕괴되기 전까지 전선은 테르노필과 루츠크 인근의 세
레트(Seret)강과 주브루치(Zubruch)강 사이에서 교착상태에 빠졌다.
교전 지역이 된 갈리시아는 상가 및 주거 건물의 40%가 파괴되고 산업
생산도 1/3로 줄어들 정도로 큰 피해를 입었다.

  1917년 3월 8일(구력 2월 23일) 소위 '2월 혁명'이 일어나자 러시아에
는 케렌스키가 이끄는 임시정부와 노동자·농민소비에트가 이끄는 소
위 '이중권력(dual power)' 시기가 시작되었다. 좌파 세력은 하르키프(3
월 16일)와 키예프(3월 17일)를 필두로 각 도시마다 소비에트를 결정했
다. 3월 17일 우크라이나 민족운동가들은 정치단체를 광범위하게 망라

중앙 라다 수뇌부

하는 중앙 라다(Central Rada)를 결성하고 역사학자 흐루솁스키를 의
장으로 선출했다. 이렇게 해서 우크라이나에는 임시정부의 대리인격
인 집행위원회(KSOOO)와 좌익 급진 세력인 소비에트, 중앙 라다의 3
중 권력구조가 형성되었다. 제정러시아군을 이탈한 약 30만 명의 병사
가 중앙 라다에 충성 서약을 하고, 4월 19일 소집된 우크라이나 국민회
의(Ukrainian National Congress)도 약 150명의 대표를 중앙 라다에 보
냈다. 농민회의와 노동자회의도 대표를 선출해서 중앙 라다에 보냈다.
약 600명의 의원으로 구성된 중앙 라다는 60명의 대의원으로 구성된
소(小)라다를 구성했다. 지역적으로나 직능적으로 우크라이나를 대표
하게 된 중앙 라다는 우크라이나의 임시정부와 의회 역할을 하게 되었
다.[32] 중앙 라다는 임시정부와 협상을 시작하는 한편, 1차 우니베르살을

---

32  같은 책 p. 71.

발표하여 러시아 연방 내에서의 자치를 선언하고 내각에 해당하는 '중앙위원회'를 조직했다.(우니베르살은 코자크 시대에 헤트만이 내리는 공식 포고령이었음) 중앙 라다는 농민들이 바라는 토지개혁을 시행하지 않아 농민들의 지지를 상실했다. 중앙 라다는 노동자들의 지지를 얻는데도 실패하여 각 도시에서는 소비에트의 영향력이 급격히 확대되었다. 러시아군에서 이탈하는 우크라이나 병사들을 조직하여 민족 군대 조직을 만들지도 못하였고, 수천 명의 교사와 하급 관리를 조직하여 효율적인 행정체계도 구축하지 못했다. 중앙위원회가 제 기능을 발휘하지 못하자 각 도시의 소비에트와 농촌지역의 자경세력들은 중앙으로부터의 지시와 명령을 따르지 않게 되었다.[33]

11월 7일(구력 10월 25일) 볼셰비키 혁명이 일어나자 우크라이나의 상황도 변하기 시작했다. 혁명 직후 볼셰비키는 바로 중앙 라다에 적대적인 태도를 보이지 않았다. 러시아에서와 달리 우크라이나에서의 볼셰비키의 세력은 미약하였고, 중심 거점도 키예프가 아니라 돈바스의 공업 지역이었다. 볼셰비키 내부에서는 하르키프파와 카테리노슬라브파, 오데사파가 대립하며 권력투쟁을 벌이고 있었다. 중앙 라다는 11월 20일 3차 우니베르살을 발표하여 '우크라이나 국민공화국(Ukrainian People's Republic)'의 출범을 선언했지만, 완전한 독립 대신 러시아 내 민족들로 구성되는 연방국가 내에서 자치체가 될 것을 선언했다. 모스크바의 볼셰비키정권은 러시아제국의 농업, 산업 중심지를 포함하고 있는 우크라이나의 분리독립을 허용할 생각이 없었다. 12월 17일 볼셰비키는 키예프에서 '전 우크라이나 노동자, 병사, 농민 소비에트 대회'를

---

33 《우크라이나의 역사》, p. 132.

소집하였으나 중앙 라다의 지시를 받은 농민대표들이 대거 참가하면서 전체 참가 인원 2,500명 중 볼셰비키는 100명에 불과할 정도로 대회는 실패로 끝났다. 볼셰비키는 세력 근거지인 하르키프로 이동하여 12월 25일 '소비에트우크라이나공화국' 창설을 선언했다.

1918년 1월 29일 볼셰비키의 선동을 받은 키예프 노동자들은 시내의 무기창(Arsenal)을 점령하고 무장 봉기를 시작했고, 동부로부터 키예프로 볼셰비키군이 진격해 왔다. 이를 막기 위해 300여명의 학생들이 의용군을 조직하여 키예프 외곽 크루티(Kruty)에서 전투를 벌였으나 전원 전사하였다. 볼셰비키 정부와 더 이상 협상의 여지가 없다고 판단한 중앙 라다는 1월 24일 4차 우니베르살을 공표하여 우크라이나의 완전 독립을 선언하였다. 볼셰비키군의 공세에 밀린 중앙 라다는 2월 9일 서쪽의 지토미르로 철수하였는데, 바로 이날 브레스트-리톱스크(Brest-

크루티 기념비

Litovsk) 종전협정이 체결되었다. 독일군과 오스트리아군의 공세에 밀린 볼셰비키는 서둘러 조약에 서명하고 우크라이나, 폴란드, 핀란드, 발트 3국 등을 포기하였다. 우크라이나는 독일과 개별적으로 체결한 강화조약에서 홀름주와 민스크, 그로드노 남부 지역과 브레스트-리톱스크시 자체를 새 영토로 인정받았으나, 비밀조항에서는 중앙 라다 정부가 동맹국 측에 100만 톤의 곡물과 6억 개의 달걀을 포함한 전쟁물자를 공급하기고 약속하였다. 3월 1일 45만 명의 독일군과 오스트리아군이 우크라이나로 진입하자 볼셰비키군은 키에프를 포기하고 동부로 퇴각하였다. 볼셰비키군을 몰아내기 위해 독일군을 불러들인 중앙 라다는 회복한 지역을 통치할 능력이 없었고, 독일군에게 약속한 전쟁물자를 공급할 수도 없었다. 4월 28일 제헌 헌법을 토론 중이던 중앙 라다 건물에 독일군이 진입하여 중앙 라다를 강제로 해산시킴으로써 약 1년 간 존속했던 중앙 라다 정부는 힘없이 무너졌다. 중앙 라다의 활동은 '우크라이나의 자치를 목표로 내세운 전반기(1917년 3월-1918년 2월)와 독립 선언 이후의 후반기(1918년 1월-4월)로 나눌 수 있다. 중앙 라다 정부는 제정러시아의 붕괴를 기회로 코자크국가 이후 상실한 자치와 독립을 회복하기 위해 우크라이나 공화국의 출범을 선언하고 볼셰비키군의 공세를 막아내기 위해 나름대로 노력했으나, 결국 부족한 자치 능력과 외세 방어 능력을 독일이라는 외세를 끌어들여서 해결하려는 잘못된 시도를 한 결과 독일의 지배를 받게 되었다. 한 외세를 물리치기 위해 다른 외국을 불러들이고, 결국은 그 국가의 지배를 받는 악순환은 혁명 후 혼란기간에도 예외 없이 반복되었다. 1차 대전 종전으로 독립을 회복한 폴란드와 새롭게 독립국가를 출범시킨 체코슬로바키아의 경우와 비교하면 우크라이나는 독립국가 출범을 위한 국제적 지원을 받을 준비를 전혀 하지 못했고, 내부적으로도 새로운 국가를 출범시켜 운영할 능력이 없었다. 독립국가가 갖추어야 할 가장 중요한 요소인 독자적 군대와 행정조직을 갖추지 못한 것이 중앙 라다 정부의 단명을 재촉한 원인이 되었다. 중앙 라다 지도부 내의 반목과 불협화음이 효율적인 행정조직 건설을 막았지만, 중앙 라다가 인구의 대부분을 차지하는 농민과 군인, 노동자의 지지를 잃은 것이 보다 근본적인 문제였다. 제정러시아 붕괴 전까지 우크라이나 지배 엘리트와 지식층 대부분이 러시아계이거나 유대인이었던 관계로 새로운 국가건설을 떠맡을 토착 인적 자본이 부족한 것도 정부 실패의 원인으로 지적된다.[34] 신생 독립 단계에서 국가 통치와 행정을 담당할 인적 자원의 부족 문제는 1991년 우크라이나 독립 이후 다시 반복된다.[35]

독일군 점령 당국은 괴뢰정부와 크게 다름없는 코자크 정부의 수립을 결정하고 코자크 헤트만 이반 스코로파드스키의 후손인 파블로 스코로파드스키(Pavlo Skoropadsky)를 정부 수반인 헤트만으로 하는 소위 헤트만 정부를 출범시켰다. 4월 29

파블로 스코로파드스키

34 《우크라이나 현대사》, p. 80-81.
35 소련 시절 우크라이나 행정조직의 수장은 러시아계나 우크라이나계이고, 실질적으로 실무를 이끌어 간 관리 인력은 유대인인 경우가 많았는데, 이스라엘이 옛소련 지역 유대인을 대거 이주시키면서 신생 독립국 우크라이나의 전문관리직에 큰 공백이 생기게 되었다.

일 지주연합의 추대를 받는 형식으로 스코로파드스키는 지도자의 자리에 올랐다. 같은 날 중앙 라다는 마지막 회의를 열고 두 가지 결정을 내렸다. 하나는 헌법의 채택이었고, 두 번째 조치로 흐루솁스키를 우크라이나국민공화국의 초대 대통령으로 선출했지만 그의 임기는 하루만에 끝났다. 스코로파드스키는 중앙 라다가 제정한 법률과 개혁적 정책을 폐지하고 이전의 제도를 부활시켰다. 파업은 불법화되고 검열제도도 다시 도입되었다. 혁명 이전의 개인의 재산권과 지주의 토지 권리를 다시 회복시키면서 지주와 자본가들의 지지를 받았지만, 대신 좌익 정당과 농민들은 강하게 반발했다. 차르 정부의 관리, 장교, 지주, 산업가, 도시 중상류층이 다시 주도권을 장악했다. 독일군의 강제 징발이 시작되자 농민들의 불만이 폭발했다. 6월에는 키예프주에서 사회혁명당이 조직한 농민 봉기에 3만 명의 농민이 참여했고, 7월 30일에는 독일 점령군 사령관 헤르만 폰 아이히호른(Hermann von Eichhorn)이 암살되었다. 헤트만 정부는 독일의 꼭두각시 정부라는 평가를 받기도 했지만 교육, 문화, 외교 분야에서는 몇 가지 성공적인 정책을 폈다. 도로셴코(Dmytro Doroshenko)가 이끄는 외무부는 동맹국들과 주변국들, 스위스, 스웨덴 같은 중립국들과 외교관계를 수립하는데 성공하여 11개국 대사관이 키예프에 문을 열었다. 스코로파드스키는 정치적으로는 우크라이나 민족주의를 억압하였지만, 교육 부문에서는 우크라이나화 정책을 폈다. 우크라이나어로 수업을 진행하는 학교가 150개로 늘어났고, 두 대학이 새로 설립되었다. 대학에서는 우크라이나어, 문학, 역사학과가 생겼다. 1918년 가을 우크라이나 예술아카데미(Ukrainian Academy of Fine Arts)와 국립연극단, 국립문서보관서, 국립도서관이 설립되었고, 11월 14일에는 과학아카데미(Ukrainian Academy of Sciences)가 창설되어서 이 기관들 상당수가 현재까지 존재한다. 1917년과 1918년 사이 1,800종의 우크라이나어 서적이 간행되었다.

1918년 가을 동맹국의 패배가 확실해지자 스코로파드스키는 좌파와 손을 잡고 정권을 존속시키기 위한 필사의 노력을 펼쳤다. 그러나 빈니첸코와 페틀류라가 주도하는 우크라이나민족연합(Ukrainian National Union)은 프랑스 혁명 때의 통치기구를 모방한 5인으로 구성된 집정내각(Directory)을 구성하여 반란정부를 수립했다. 수십만 명의 농민들이 키예프 남쪽의 빌라 체르크바에 집결했고, 1차 대전 중 조직된 '시치 소총부대(Sich Riflemen)'를 비롯한 헤트만 정부 정예 부대들이 반란에 가담했다. 11월 동맹국의 결정적 패배로 헤트만 정부는 더 이상 버틸 힘이 없어졌다. 12월 14일 독일군이 키예프에서 철수하기 시작하자 스코로파드스키는 헤트만직 사임을 발표한 후 부상당한 독일군 장교로 변장하고 키예프를 탈출했다. 불과 8개월 존속된 헤트만 정부는 독일군의 '괴뢰정부'로 폄하되기도 하지만, 구체제를 복구하여 중앙 라다 정부보다 효율적인 행정을 펼쳤다. 다시 권력을 잡은 지주와 보수층도 민족주의에 눈을 뜨기 시작해서 이제까지 좌파 정권의 전유물이었던 우크라이나 민족국가의 열기가 우파 진영까지 넓게 확산되었다. 그러나 외세에 의해 세워지고 지탱된 임시 정부의 성격이 강한 헤트만 정부는 동맹국의 패배와 함께 더 이상 존속할 힘을 잃고 말았다. 독일군이 철수한 우크라이나 땅은 러시아의 내전까지 겹쳐 큰 혼란에 빠졌다. 1918-20년 사이 키예프의 주인이 다섯 번이나 바뀔 정도로 여러 세력이 각축했다. 우크라이나 민족주의 세력, 볼셰비키 적군, 반혁명 백군, 프랑스군, 폴란드군, 무정부주의자 세력이 할거했다. 헤트만 정부가 무너지자 빈니첸코와 페틀류라가 이끄는 민족주의 세력이 집정내각 정부를 구성했다. 집정내각 수반이 된 빈니첸코는 농지 몰수, 산업 국유화, 노동자에 의한 공장 운영 등의 극단적 좌파 정책을 취했다. 이와 동시에 민족주의 노선도 강화하여 우크라이나어를 국가 공식 언어로 선언하고, 러시아정교회에서 분리된 우크라이나 독립교회(autocephaly)를 출범시켰다. 그러나 집정내각의 통치는 키예프 등 도시 지역에만 효력을 미쳤고, 오데사에는 볼셰비키 혁명의 '무력 간섭'을 위해 6만 명의 프랑스 병력이 상륙하고 남부 농촌 지역에는 스스로를 오타만(Otaman)으로 내세운 무정부 세력이 활개를 쳤다. 1919년 2월 볼셰비키군은 다시 키예프를 장악하고 '우크라이나 사회주의소비에트공화국'을 설립했다. 볼셰비키 정권의 비밀경찰인 체카(Cheka)가 반혁명 분자와 계급의 적을 색출하면서 공포 분위기가 조성되었고, 농민들의 곡물을 징발하면서 농민들의 저항이 일어났다. 농촌 지역에서는 모든 외부 세력을 배척하는 반란이 일어났다. 무정부 농민 세력 중 가장 큰 집단은 마흐노(Nestor Makhno)와 흐리호리프(Matvii Hryhoriv)가 이끄는 집단이었다. 마흐노는 한때 4만 명의 추종세력을 거느릴 정도로 세력이 컸다. 러시아 내전의 소용돌이에 휩쓸려 들어간 우크라이나 지역은 적군(赤軍)과 백군(白軍)의 치열한 교전 지역이 되었다. 볼셰비키는 약 7개월 간 키예프를 장악했지만 동부에서 밀려들어오는 데니킨의 백군과 서부로 후퇴했다가 갈리시아 병단과 함께 반격해 오는 집정내각군의 협공을 막아낼 수 없었다. 볼셰비키군은 8월말 북쪽으로 패퇴했다. 제정러시아 체제를 복원시키려는 백군이 우크라이나어 사용을 금하고 우크라이나 지식인들을 체포하자 주민들의 불만이 높아갔고, 집정내각군은 백군에 선전포고를 하였다. 그러나 11월 발진티푸스가 발생하여 백군 병력의 70%, 갈리시아 병력의 90%가 희생되자 갈리시아군은 백군 휘하로 들어갔다. 집정내각을 이끌던 페틀류라는 폴란드군을 끌어들여 전세를 만회하고자 했으나 뜻대로 되지 않자 폴란드로 망명하였다. 12월에는 러시아 볼셰비키의 지원을 받은 볼셰비키군이 키예프를 다시 점령하였다. 볼셰비키군은 이전의 잘못을 반복하지 않고 농민을 회유하는 정책을 폈다. 레닌은 소비에트 러시아 연방 내에서 우크라이나의 독립을 인정하고, 우크라이나어를 공식 언어로 인정했고 농지개혁에도 박차를 가했다. 볼셰비키는 국영농장과 집단농장의 설립을 중단하고 토지 분배에 착수하여 1920년 봄 약 1,400만 헥타르의 몰수농지를 농민에게 분배했다.[36] 1919년 말 적군은 백군과의 싸움에서 완전히 승리하여 백군을 크림반도로 몰아냈다. 백군은 1920년 마지막 부대가 크림반도에서 배를 타고 프랑스로 철수하면서 우크라이나는 다시 볼셰비키 수중에 들어왔다. 폴란드로 망명한 페틀류라는 1920년 4월 갈리시아와 볼히냐에 대한 폴란드의 지배를 인정하는 조건으로 폴란드군과 함께 공세를 전개해 5월 키예프를 일시 점령하는데 성공했다. 그러나 6월부터 볼셰비키군은 반격을 개시해 8월 키예프를 다시 점령하였다.[37] 1921년 폴란드와 소비에트 정권은 리가 협정을 체결해 폴란드는 소비에트 러시아의 우크라이나 점령을 인정하는 대신 갈리시아와 서부 볼히냐를 양도받았다. 1918년부터 1920년까지 키예프의 주인이 다섯 번 바뀔 정도로 다양한 세력이 각축하는 가운데 극도의 혼란을 겪은 우크라이나

---

36 《우크라이나의 역사》, pp. 144-145.

37 불가코프의 〈백위군〉은 이 시기 상황을 배경으로 쓰였다.

는 국토 전체가 피폐해지고 많은 인명 피해를 냈다.

1차 대전과 제정 러시아의 붕괴로 촉발된 우크라이나의 혁명과 내전 시기는 크게 보아 1) 중앙 라다 시기(1917년 3월-1918년 4월) 2) 헤트만 정부 시기(1918년 4월-12월) 3) 집정내각 정부, 내전, 볼셰비키 정권 시기(1919년 1월 - 1920년 10월) 세 시기로 나눌 수 있다.[38] 폴란드나 체코슬로바키아가 독립 국가를 이룬 반면, 우크라이나는 극심한 내부 혼란과 반목, 외국 군대의 간섭으로 큰 희생만 치루고 독립 국가를 출발시키는데 실패했다. 지식층 사이에 민족의식이 고양되어 자치와 독립에 대한 열망은 컸지만, 인구 대부분을 차지하는 농민들에게까지 이러한 열망이 전파되지 못했고, 러시아식 교육과 문화에서 성장한 상당수의 인텔리겐차는 러시아와 완전히 분리된 독립국가를 만드는 것에 심리적 장벽도 있었다. 우크라이나는 내부적으로 독립 국가 건설에 필요한 통일된 강력한 리더십과 강력한 군대, 국가 자원을 동원할 수 있는 효율적 행정체계 중 어느 하나도 갖추지 못하고 있었다. 또한 폴란드나 체코슬로바키아와 다르게 방대한 지역을 차지하고 있던 우크라이나로서는 영토를 통치하고 국민들을 통합시키는 중앙집권적 정부를 출발시키는 일이 훨씬 힘든 과제였다. 외부적으로는 소비에트 정권과 폴란드의 등장으로 서부 우크라이나는 폴란드에, 동부 우크라이나 지역은 소련의 지배에 다시 들어가게 되었다. 그러나 혁명기에 근대적 우크라이나 민족의식이 태동하였고, 2차 대전 이후 소련 체제 내에서 영토적으로나 문화적으로 민족 단위의 우크라이나소비에트공화국을 유지하며 문화, 교육, 산업에서 현대 국가의 기반을 닦은 것이 1990년 소련 붕괴와 함께

---

38 Magosci, p. 470, 허승철, 《우크라이나 현대사》, 95쪽에서 재인용.

독립 우크라이나를 출발시키는 바탕이 되었다.[39]

---

39  같은 책 pp. 96-97.

# 7장 소련 시대 우크라이나의 역사

## 7.1 전시공산주의와 신경제 정책

내전 시기 볼셰비키정권은 산업국유화, 곡물징발, 노동력징발을 주요 내용으로 하는 '전시공산주의(War Communisim)'를 실시하였으나 농민들과 상공인들의 거센 반발을 받았다. 1921년 우크라이나의 산업 생산은 1차 대전 전의 20%, 농업 생산은 50% 수준으로 떨어졌다. 1920년과 1921년 우크라이나와 볼가강 유역을 덮친 가뭄으로 대규모 기근이 발생하여 우크라이나 내에서만 수십만 명의 아사자가 발생했다. 사태를 수습할 수 없었던 소련 정권은 1921년 여름 서방에 지원을 요청하여 미국이 제공한 대규모 식량 지원을 받았다. 1921년 3월 10차 공산당대회에서 레닌은 일시적으로 시장경제체제를 채택하는 '신경제정책(New Economic Plan)'을 채택했다. 곡물 강제징발제도가 폐지되고, 농민들은 일정량의 세납 후 남은 곡물을 시장에 내다 팔 수 있었다. 상업 분야에서도 시장경제제도가 실시되었고, 기간산업을 제외한 중소기업

신경제정책 기간 중 건설된 드니프로강 수력발전소

분야는 민영화가 실시되었다. 이러한 제도에 힘입어 1927년 우크라이나의 농업, 공업, 상업은 전쟁 준의 수준으로 회복되었다.

정치, 행정 분야에서는 1919년 3월 10일 하르키프에서 열린 '3차 전우크라이나소비에트대회'에서 우크라이나 사회주의소비에트공화국이 출범되었지만, 1922년 소비에트연방사회주의공화국이 설립될 때까지 모스크바와의 관계는 분명히 규정되지 않았다. 하르키프는 1934년까지 우크라이나공화국의 수도 역할을 하다가, 키예프가 다시 공화국 수도가 되었다. 우크라이나는 러시아, 벨라루스, 코카서스소비에트공화국과 형식적으로는 대등한 관계에 있었다. 1922년 소연방이 정식으로 출범하고 1924년 소연방헌법이 채택되면서 외교, 군사, 대외무역, 교통, 통신 업무는 중앙정부가 관장하게 되었다. 내전이 종료되었을 때 20개에 달하던 군소정당도 1925년까지 해체되거나 볼셰비키당에 흡수되어 볼셰비키 공산당 체제가 확립되었다.

소련 출범 초기 소비에트 정권에 대한 소수민족의 지지를 확보하기 위한 유화정책으로 소위 '토착화(korenizatsiia)' 정책이 시행되었다. 1923년 12차 공산당대회에서 채택된 이 정책의 핵심 내용은 민족공화국의 지도부와 행정부서에 토착민족을 많이 기용하고 민족문화와 민족어를 장려하는 것이었다. 이 정책에 의해 1923년 7월 우크라이나 연방공화국 수반으로 우크라이나 출신인 추바르(Vlas Chubar)가 임명되었고, 8월에는 우크라이나어 사용을 장려하는 포고령이 발표되었다. 1925년에 우크라이나 출신 유대인인 카가노비치(Lazar Kaganovich)가 우크라이나 공산당 제1서기가 되면서 우크라이나화 정책이 본격적으로 추진되었다. 1924년 공산당원 중 우크라이나인 비율은 33%였으나, 이 비율은 1927년에는 52%, 1933년에는 60%로 늘어났다. 1923년 35%

스크립니크

였던 우크라이나인 행정관리 비율도 1927년에는 54%로 늘어났다. 그러나 우크라이나인들은 고위직보다는 중하위직에 많이 기용되어 1920년대 당 중앙위원회의 우크라이나인 비율은 25%를 넘지 못했다.[40]

우크라이나와 정책은 교육 부문에서 큰 성과를 거두었다. 1927년부터 1933년까지 공화국 교육장관을 맡았던 스크립니

40 같은 책, p. 106.

크(Mykola Skrypnyk)는 우크라이나어 확산에 큰 기여를 하였다. 1929년 초등학교의 83%, 중등학교의 66%는 우크라이나어로 수업을 진행하였고, 우크라이나 학생 97%가 우크라이나어로 수업이 진행되는 학교에서 수학하였다. 그러나 모든 학생이 우크라이나어와 러시아어 수업을 필수적으로 병행해서 들어야 했기 때문에 러시아어-우크라이나어 이중언어 교육이 언어 교육의 근간이 되었다. 출판 분야의 상황을 보면 1922년 출판된 책의 29%만 우크라이나어로 출간되었지만, 이 비율은 1932년 77%까지 높아졌다. 그러나 러시아에서 출간된 책이 전체 유통의 3/4을 차지했다.[41] 과학아카데미의 역할도 크게 확대되었다. 러시아로 추방되었던 중앙 라다 의장이었던 흐루솁스키가 1904년 돌아와 헤트만 정부 시절 창설된 과학아카데미의 부흥에 큰 기여를 하였다. 그는 과학아카데미 내 역사-언어학 분과를 이끌었고, 키예프대학 내에 역사학부를 창설했다. 과학아카데미 초대 원장은 지질학자인 베르나드스키(Volodymyr Vernadsky)가 맡았지만, 1922년부터 1928년까지 원장을 맡은 저명한 생물학자 립스키(Volodymyr Lypskyi)도 과학아카데미 발전에 큰 기여를 하였다.


## 7.2 집단화와 공업화

1928년 스탈린이 정권을 완전히 장악하고 집단화와 공업화를 시작하면서 우크라이나화 정책은 사실상 종결되었다. 그는 카가노비치를 모스크바로 소환하고 대신 자신의 심복인 코쇼르(Stanislav Kosior)를 당

---

41 《우크라이나의 역사》, p. 155

지도자로 내려 보냈다. 또한 '우파 당원(rightist)'에 대한 숙청을 단행하여 약 24,000명의 당원이 숙청되었다. 스탈린은 신경제정책을 철폐하고 대규모 산업화, 농업집단화를 추진하였다. 농업의 희생을 바탕으로 신속한 공업화를 추진하는 급진적 좌파 노선이 채택되었다. 먼저 공업화를 위한 1차 경제5개년계획(1928-1932년)이 시작되었고, 우크라이나가 우선산업화 대상 지역으로 선정되었다. 철강석과 석탄 등이 풍부한 돈바스 지역과 드니프로페트롭스크-크리비이리그-자포로지아 3각 지역이 집중적으로 공업화되었고, 독일이나 폴란드와 전쟁이 벌어지는 경우 바로 전장이 될 수 있는 우안지역은 제외되었다. 드니프로강에는 유럽에서 가장 큰 수력발전소가 건설되었고, 하르키프에는 트랙터공장, 자포로지아에는 철강공장이 건설되었다. 그러나 우크라이나는 석탄과 철강석 등 원료를 러시아공화국과 다른 지역으로 수출하고, 이 지역으로부터 완성품을 수입하는 구조를 갖게 되었다. 1932년 우크라이나는 소련에서 소비되는 석탄, 철강석, 선철의 70%를 생산하였지만 최종 철강제품 생산비율을 23%에 그쳤다. 공업화가 진행될수록 경제에 대한 수직적인 중앙통제(command economy)가 강화되어, 1927년 공화국 정부는 우크라이나 산업의 81%를 통제했으나, 1932년에는 이 비율이 38%로 줄어들었다.[42] 급격한 공업화와 총생산 목표제 등의 부작용으로 생산품의 저질화와 산업의 비효율성이 증가했지만, 양적인 면에서는 괄목한 만한 성장을 달성했다. 서방의 학자들은 1차 5개년계획 기간 동안 소련 전체의 산업생산량이 약 50% 정도 증가한 것으로 평가했다. 2차 5개년계획(1933-1937년), 3차 5개년계획(1938-1941년) 기간에

---

42  Yekelchuk, p. 105.

는 우랄과 시베리아 지역이 산업화의 거점으로 지정되어 우크라이나에 대한 투자 비율은 상대적으로 낮아졌다. 우크라이나의 산업화는 교통, 기계, 화학 공업에 초점이 맞추어졌다. 1932년 이후 우크라이나의 산업 생산 증가율은 러시아연방공화국에 비해 뒤떨어졌다. 1940년 우크라이나의 산업 생산은 1913년과 비교하여 7.3배 증가하였고, 소련 전체는 7.6배 증가하였다. 생산량만 따지고 보면 우크라이나의 철강과 기계 생산량은 프랑스와 이태리를 앞섰고, 영국과 비슷한 수준이 되었다. 2차 대전 직전 우크라이나는 유럽의 가장 큰 산업중심지 중 하나가 되었다.[43]

공산주의 체제 하에서 사적 영농지를 소유한 농민들은 소부르주아 본능이 있는 소규모 생산자로 간주되었다. 사적 농지 소유 전통이 강하고 농민들의 공동체적 결속이 강한 우크라이나는 농업집단화의 우선적 대상이 되었다. 또한 공업화를 위한 재원 마련을 위해서도 농업집단화는 필수적이었다. 인위적으로 곡물수매가를 낮게 책정하여 곡물 수출에서 발생하는 이익을 최대화하고, 곡물 배급량을 최소화함으로써 산업발전에 필요한 자본을 확보할 필요가 있었다. 1927년-1928년 정부는 우크라이나에 자발적인 농업집단화 정책을 추진하였으나 집단화에 참여한 농민은 6% 미만이었고, 농지 면적으로는 4%만 해당되었다. 경제기획자들은 이러한 사정을 고려하여 1차 5개년계획 기간 동안 목표 집단화율을 12%로 잡았지만, 스탈린은 이 목표를 25% 올리고 강제적 집단화를 추진하기로 결정하였다. 1929년 가을부터 강제적인 농업집단화 작업이 시작되었고, 이를 추진하기 위해 수십만 명의 당원, 노동자,

---

43 《우크라이나의 역사》, p. 161.

**추방되는 부농(Kulak)**

병사들이 농촌지역으로 파견되었다. 집단화는 소위 부농(富農)(kulak)에 대한 '계급 투쟁'의 일환으로 전개되었다. 1934년까지 약 100만 명 정도의 농민이 부농으로 낙인찍혀 농지를 잃고 처형되거나 추방되었다. 농민들은 집단화에 강하게 반발하여 가축을 스스로 도륙하거나 도시로 도망쳤고, 많은 곳에서 농민 소요가 일어났다. 1차 5개년계획 기간 동안 우크라이나의 가축수는 절반으로 줄어들었고, 농업생산성도 급격히 떨어졌다. 그러나 집단화에 순응하지 않을 경우 고율의 세금과 강제적 곡물할당량으로 영농이 사실상 불가능했기 때문에 집단화는 빠르게 진행되었다. 1932년 집단화된 농가 비율은 70%에 이르렀고, 농지 비율은 80%가 되었다. 1930년대 중반 우크라이나의 우크라이나의 모든 농지는 집단화되거나 국유화되었다.

## 7.3 대기근과 대숙청

농업집단화와 강제징발의 부작용은 가뭄이라는 재해와 결합되어 1932-1933년 '대기근(the great famine, holodomor)'을 발생시켰다. 좋은 기후 조건으로 풍작을 이루었던 1930년 우크라이나는 2,310만 톤의 곡물을 생산하였다. 이것은 소련 전체 곡물 생산량의 27%에 해당하는 수확량이었다. 그러나 정부는 이 중 소련 전체 곡물징발량의 38%에 이르는 770만톤을 징발하여 우크라이나 농민들에게 큰 부담을 안겼다. 1931년 수확량은 1,830만톤으로 감소했지만, 징발량은 전년도와 같이 정해지고 이를 달성하기 위해 군대와 경찰을 파견했다. 과도

대기근 희생자

한 징발로 농민들은 겨울을 날 식량도 확보하지 못하고, 이듬해 파종용 곡물도 절반밖에 확보하지 못하게 되었다. 여기에 우크라이나와 러시아 남부 지역에 가뭄이 겹쳐 1932년의 수확량은 1,460만톤으로 급격히 줄어들었고, 이 해 가을부터 농민들은 기아에 시달리게 되었다. 정부는 농민들이 대규모로 곡물을 숨기고 있다고 전제하고 농가마다 수색을 하여 마지막 곡식 한 알까지 징발해 가서 마을 전체가 기아 상태에 빠지고, 아동들이 기아와 영양부족으로 죽어가고, 인육을 먹는 사태까지 발생했다. 그러나 집단농장의 곡물을 조금이라도 훔치면 사형에 처하고, 다른 지역으로의 이동도 막아서 농민들은 도망을 갈 수도 없었다. 굶주린 농민들은 인근 도시로 탈출하려고 시도하였고, 도시로 통하는 길에는 길에서 죽은 농민들의 시체가 방치되었다. 1933년 초부터 여름까지 수백만 명의 농민이 아사한 것으로 추정된다. 그러나 소련 정부는 우크

라이나에 발생한 대규모 기근을 비밀로 유지하였고, 외국에 구호를 요청하지도 않았다. 오히려 이전과 같이 식량 수출은 계속되었다. 대기근으로 인한 사망자 수는 적게는 300만 명에서 많게는 800만 명까지 추산된다. 대기근이 발생한 원인으로는 1931년의 가뭄, 농업집단화로 인한 농업 기반 파괴, 농민들의 노동의욕 감소, 병충해 등을 꼽을 수 있지만, 무엇보다도 결정적인 원인은 강제적 곡물 징발이었다. 수확량 감소를 고려하지 않은 과도한 징발로 식량뿐 아니라 파종용 곡물도 부족하게 되어 수확량이 급격히 감소하였고, 수확량 감소를 농민들의 사보타쥐와 곡물 숨기기로 여기고 곡물이 씨가 마르게 강제 징발한 것이 대규모 기근을 가져온 원인이 된 것이다. 스탈린은 대기근의 책임을 '우크라이나화' 정책으로 공산당에 들어온 우크라이나 민족주의자들의 책임으로 돌렸다.

소련 전체를 휩쓴 대숙청(the Great Terror)은 1937년-1938년에 절정을 이루었지만, 우크라이나의 숙청의 역사는 1930년에 이미 시작되었고, 1933년-1934년 이미 한 차례의 숙청의 회오리가 휩쓸고 지나갔다. 1930년 우크라이나의 분리독립을 모의하고 집단화에 대한 조직적 저항을 획책했다는 죄목으로 소위 '우크라이나 해방동맹'에 속한 36명의 지식인이 유죄판결을 받았다. 우크라이나 독립정교회에 대한 공격으로 1930년-1934년 34명의 주교가 체포되었고, 독립정교회는 자체적으로 해산하도록 압력을 받았다. 과학아카데미 소속 여러 연구소도 강제로 폐쇄되었고 교육, 과학계의 주요 인사도 대거 숙청되었다. 과학아카데미를 이끌던 흐루셉스키도 1933년(?) 체포되어 1934년 모스크바에서 사망하였다. '우크라이나화' 정책의 기수였던 교육 장관 스크립니

크는 1933년 2월 해임되자 스스
로 권총 자살을 하였다. 교육 담
당 인민위원이었던 슘스키를 비
롯하여 수십 명의 작가가 체포
되었다. 1933년에는 약 10만 명
의 당원이 공산당에서 숙청되었
다. 1937년 '대숙청'이 본격적으
로 시작되자 우크라이나에서는
약 27만 명이 체포되어 이 중 12
만 명이 이상이 처형되었다. 당
중앙위원 62명 중 55명이 처형
되었고, 11명의 정치국원 중 10

슘스키

명이 숙청되었다.[44] 대규모 숙청으로 자연적으로 세대 교체가 이루어져
1917년-1920년 혁명에 참가한 정치 세대가 완전히 제거되고, 이들을 대
신해 우크라이나의 지도자로 떠
오른 '38그룹'이 탄생하였다. 후
에 소련 공산당 서기장이 된 브
레즈네프도 '38그룹'의 일원으로
드네프로페브롭스크에서 출세
의 가도를 달렸고, 우크라이나
에서 당 경력을 시작하고 모스
크바에서 간부로 성장한 흐루시

브레즈네프

---

44 《우크라이나 현대사》, p. 130.

흐루시초프

초프가 1938년 우크라이나의 당 제1서기로 내려왔다.

1차 대전과 2차 대전 사이 외국과의 전쟁이 없었던 1930년대에 우크라이나인들이 큰 고난을 겪은 것을 소련 전체에 진행된 정치적 변화와 탄압의 일환으로 볼 수도 있지만, 소련 내 러시아 다음으로 가장 인구가 많은 우크라이나에 대한 철저한 중앙 통제력의 확립 과정의 일환으로 볼 수도 있다. 수많은 소수민족을 포함하고 있는 소련 정부의 입장에서는 가장 큰 소수민족 거주지인 우크라이나에 대한 통제를 제대로 확립하여야 다른 소수민족의 복종을 불러일으킬 수 있기 때문에 공업화, 농업집단화와 '토착화' 철폐 등 스탈린 체제의 확립과정에서 우크라이나가 가장 큰 희생을 치렀다고 볼 수 있다.

## 7.4 1차 대전과 2차 대전 사이의 서부 우크라이나

1차 세계대전의 결과로 오스트리아-헝가리 제국이 와해되면서 제국 내에 있던 우크라이나인들은 폴란드, 체코슬로바키아, 루마니아로 분산되어 거주하게 되었다. 1795년 러시아를 포함한 3국의 분할 점령으로 지도에서 사라졌다가 다시 부활한 폴란드는 우크라이나인들이 주민의 다수를 포함하는 동부 갈리시아와 인접 지역인 서부 볼히냐를 영토 안에 포함하게 되었다. 새로운 민족국가를 건설하며 '민족주의를 강화해(nationalizing state)' 나가던 폴란드는 자국 내의 소수민족을 포용하고 배려하는 정책을 취하지 않았다. 폴란드는 1919년부터 갈리시아 전체를 장악하고 있었지만 승전국은 1923년이 되어서야 폴란드의 관할권을 정식으로 인정했다. 파리강화회의의 민족자결주의 원칙에 희망을 걸고 있던 우크라이나인들은 연합국의 이러한 조치에 크게 실망하고, 1922년 지역 선거에 불참함으로써 불만을 표시했다. 1921년 코노발레츠(Ievhen Konovalets)가 이끄는 군사조직은 폴란드 독립의 영웅인 피워수드스키(Josef Piłsudski) 원수 암살을 기도했으나 부상을 입히는데 그쳤다. 1920년대 중반부터 우크라이나 정치 세력들은 폴란드의 지배를 현실로 인정하고 폴란드 정치에 참여하기 시작했다. 1925년 몇 개의 정당이 모여 '우크라이나 민족주의자동맹(UNDO/Ukrainian National Democratic Alliance)'을 결성했다. 계몽회, 협동조합, 일간지 '딜로(Dilo)' 등 지역의 대표적 우크라이나 기관들과 그리스가톨릭교회의 지도자 솁티츠키(Andrii Sheptytsky) 대주교도 UNDO를 지지했다. 중도적 자유, 민족주의 노선을 취한 UNDO는 지역 주민들의 광범위한 지도를 얻어 1929년 지방 선거에서 50%를 득표하였고, 폴란드 하원(Sejm)과 상원에 진출한 우크라이나 의원들 다수를 배출했다. 그러나 1920년대 중반부터 폴란드의 우크라이나 문화에 대한 탄압 정책이 시작되어, 계몽회의 독서실 절반 정도를 폐쇄하고 르비프대학의 우크라이나어과도 폐지했다. 1924년에는 정부 기관에서 우크라이나어 사용을 금지하고, 우크라이나어로 수업을 하는 초등학교들을 폴란드어-우크라이나어

셉티츠키 대주교

이중학교로 만들었는데, 당연히 폴란드어가 주도적 위치를 차지했다.[45] 폴란드의 이러한 정책은 우크라이나인들의 불만을 고조시켰고, 동부지역의 소련령 우크라이나의 '토착화' 정책에 대한 부러움을 일으켜 일부 지식인들을 친소주의로 기울게 만들었다. 1935년 폴란드의 지도자 피워드스키가 사망하면서 폴란드의 국수적 민족주의가 강화되었다. 폴란드는 소수민족을 동화시키거나 변경 지역을 식민화하는 정책을 취했다. 1930년대 중반 이후 UNDO의 '협력주의' 노선에 대한 젊은 세대의 불만이 커지면서 UNDO는 대중적 지지를 잃게 되었고, 당 내부에서도 노선 갈등으로 인한 분열이 일어났다.

　서부 우크라이나 지역의 경제적 어려움도 주민들의 불만을 가중시켰다. 폴란드에 속한 우크라이나 지역은 후진적 농업지역으로 계속 남아

---

45　같은 책, p.172.

있었고, 갈리시아와 볼히냐의 소수의 노동자들은 임가공업과 식품가공업에 종사했다. 한때 지역 경제에 큰 도움을 주었던 갈리시아의 유전도 저장량 고갈과 채굴 비용 상승으로 석유 채굴량이 급격히 감소하였다. 갈리시아 농민 절반 이상이 평균 2헥타르(약 6천 평) 미만의 농지를 경작할 정도로 농촌 상황은 열악했다. 이러한 절박한 상황에서 농민들은 해외 이민을 탈출구로 삼았다. 2차 대전 전까지 동남부유럽 출신자들에게 이민의 문을 열지 않은 미국 대신 약 15만 명의 농민들이 아르헨티나, 프랑스, 캐나다로 이주했다. 서부 우크라이나의 유일한 성공적 경제 활동 사례는 협동조합이었다. 1930년대 말 약 4천 개의 협동조합에 약 70만 명의 우크라이나인들이 가입하여 활동하였다. 가장 큰 조직인 유제품협동조합(Maslosoiuz)에는 약 20만 명의 농민들이 가입하였고, 이 협동조합을 통하여 생산품을 폴란드와 국외시장에 판매했다.[46]

열악한 경제상황과 폴란드의 탄압 정책은 소련의 노선을 동경하는 좌파 정당을 탄생시켰다. 1923년 지역의 공산주의자들은 '서부우크라이나공산당(Communist Party of Western Ukraine)'을 결성하였다. 계몽회, 사립학교, 출판소, 박물관 등이 폴란드 내에 친소 세력을 구축하려는 소련 정부의 재정지원을 비밀리에 받았다. 그러나 우크라이나의 대기근과 스탈린의 대숙청을 목격한 뒤 서부우크라이나의 공산주의자들은 소련에 대한 비판적 시각을 갖기 시작했다. 서부 우크라이나의 '민족공산주의자들(national communists)'에 대해 곱지 않은 시선을 가지고 있던 스탈린은 1938년 '서부우크라이나공산당'의 해산 명령을 내렸다.

중도적 정치세력과 급진좌파가 영향력을 잃으면서 대신 극우민족주

---

46 같은 책.

의자들(ultra nationalists)이 영향력을 확대했다. 1920년대 초반 코노발레즈가 창설한 군사조직인 '우크라이나군사기구'는 1929년 '우크라이나민족기구(OUN/Organization of Ukrainian Nationalists)'로 확대개편되었다. 코노발레즈는 형식적 지도자가 되었고, 실질적으로 OUN을 이끈 것은 민족지상주의자인 돈초프(Dmytro Dontsov)였다. 극우주의는 대중 동원으로 확산되어, 퇴역군인, 가난한 농민, 일자리를 찾지 못한 젊은이들이 OUN에 가입하였고, 폴란드식 의회민주주의를 불신하는 대학생과 고등학생들이 지하 OUN조직에 가담하였다. 이들은 파업은 물론 테러를 반폴란드 운동의 수단으로 삼아, 지역의 친폴란드 요인들을 암살했다. 일부 OUN멤버들은 독일의 반폴란드 운동과 나치의 권력 장악을 환영했다. 그러나 OUN은 독일의 지원을 확보하려는 중도적 해외 지도부와 폭력과 테러를 옹호하는 국내 멤버 사이에 균열이 생겨서 두 조직으로 갈라졌다. 1938년 상징적 지도자 역할을 하던 코노발레즈가 암스테르담에서 소련 스파이에게 암살되자 OUN은 멜니크(Andrii Melnyk)가 이끄는 중도적 OUN-M과 반데라(Stephen Bandera)가 이끄는 급진적 OUN-B로 나뉘었고, 1938년-1941년 두 조직은 치열한 투쟁을 벌였다. 서부 우크라이나의 민족주의 세력 중 급진적 그룹은 현재까지 그 전통이 이어져 포로센코 정권에서 영향력을 확대한 타흐니보크(Oleh Tiahnybok)나 빌레츠키(Andrii Biletsky)가 이끄는 극우세력의 원조가 되었다.

1939년 8월 23일 나치 독일과 소련이 상호불가침조약을 맺고 동유럽 지역 분할에 합의하였고, 9월 1일 나치독일의 폴란드 침공으로 2차 세계대전이 시작되었다. 9월 17일 폴란드에 대한 공격을 개시한 소련은 큰 저항을 받지 않고 동부 지역을 점령하였다. 10월 점령 당국은 갈리시아 지방 선거를 치러 새 의회를 구성했고, 이 의회는 갈리시아를 우크라이나소비에트공화국에 합병시키는 안을 통과시켰다. 소련은 같은 방식으로 에스토니아, 라트비아, 리투아니아를 통합시켰고, 루마니아를 위협하여 북부 부코비나도 병합했다. 소련 당국은 갈리시아, 볼히냐, 북부 부코비나, 베사라비아의 병합을 '대우크라이나 민족의 역사적 대통합(historic reunification of the great Ukrainian people)'이라고 선전했다. 재통합지역에는 폴란드 문화의 잔재를 말소하기 위한 '우크라이나화' 정책이 추진되었다. 이중언어 학교는 우크라이나어 학교로 전환되고 르비프대학도 저명한 우크라이나 극작가 이반 프란코의 이름을 따서 개명되었다. 점령 당국은 폴란드 자본가들이 소유한 대규모 농장을 몰수하여 대부분을 집단농장이나 국영농장으로 재편하였다. 그리스 가톨릭교회가 소유한 토지는 몰수되었고, 학교에서의 종교 교육도 철폐되었다. 협동조합은 재편되거나 해산되었다. 소련 당국의 탄압을 피해 대부분의 정치 지도자들은 독일 점령 지역으로 이주해 갔는데, 현지에 남아 있던 민족주의자, 자본가, 관리들 대부분은 체포되었다. 1940년 소련 점령 폴란드 지역에 대규모 검거 선풍이 불면서 약 110만-120만 명의 주민들이 체포되어 시베리아, 북극지역, 중앙아시아 지역으로 추방되었는데, 이 중 약 20%가 우크라이나인이었다.


## 7.5 2차 대전 기간 중의 우크라이나

1941년 6월 22일 나치독일은 소련과 맺은 상호불가침조약을 깨고 소

2차대전 중의 키예프

런을 전격적으로 침공했다. 전쟁에 대한 대비를 하지 못한 소련군은 개
전 초기 제대로 된 반격 한 번 하지 못하고 독일군에 연전연패했다. 대
숙청으로 유능한 장군들과 장교들이 대거 처형당하면서 경험 없는 장
교들이 전투를 지휘하고, 무기를 제대로 지급받지 못한 신병들로 구성
된 소련군은 독일군의 공격을 효과적으로 방어할 수 없었다. 독일군은
상트페테르부르그, 모스크바, 우크라이나 3개 방면을 주공으로 200개
사단을 투입하였다. 우크라이나를 침공한 남부 방면군은 루마니아 2개
군단, 슬로바키아, 헝가리 병단의 지원을 받았다. 6월 30일 르비프가 독
일군에 점령되었고, 7월 9일에는 키예프 서부 지역인 지토미르가 함락
되었다. 키예프 공격을 앞두고 주력군이 약 두 달간 전열을 정비하는
동안 키예프남부 지역과 드네프로페트롭스크, 키로보그라도 등 동부
지역을 점령했다. 9월 초 키예프에 대한 공격을 시작한 독일군은 9월

19일 키예프를 점령했다. 키예프 방어진에서 소련군은 엄청난 희생자를 내어 61만 명이 전사하고, 66만 명이 독일군의 포로가 되었다. 10월 16일 오데사가 독일군에 점령당하고, 10월 25일 하르키프가 함락되면서 우크라이나 거의 전 지역이 독일군의 수중에 들어갔다. 크림반도의 세바스토폴 요새의 소련군은 결사적으로 방어전을 벌였지만, 1942년 7월 요새는 결국 독일군에게 함락되었다. 레닌드라드가 독일군의 봉쇄 속에서도 영웅적으로 저항하고, 모스크바로 진격한 독일군도 모스크바 서쪽에서 더 이상 진격하지 못하고 공방전을 벌인 반면, 우크라이나 전 지역이 빠른 시간 안에 독일군에 점령되면서 우크라이나 출신 병사들의 희생이 컸다. 1941년 말까지 전 전선에서 독일군에게 잡힌 소련군 포로 360만 명 중 130만 명이 우크라이나인 병사였다. 소련군도 후퇴하면서 3년 이상 형을 받은 죄수와 정치범을 처형하였고, 사상이 의심되는 민간인도 처형하여 적게는 1만 5천 명에서 최대 4만 명이 소련군에 의해 처형된 것으로 추산된다. 소련군은 약 850개의 공장 시설을 후방으로 이전시켰고, 이전이 어려운 시설은 소위 '초토화 작전(scorched earth)'으로 철저하게 파괴시켰다. 키예프에서는 주요 건물에 장치해 놓은 지뢰와 폭약이 폭발하면서 대규모 화재가 발생했고, 드니프로 수력발전소 폭파로 자포로지아시에 강물이 범람해 많은 피해가 발생했다.

우크라이나를 점령한 독일군은 갈리시아는 폴란드의 통합정부(General government) 관할로 만들고, 동부 우크라이나는 독일의 식민지 관할기관인 제국정부(Reichkommissariat)가 관할했다. 하르키프 등 전선 지역은 독일군이 직접 관할하는 군사지역이 되었다. 루마니아는 부코비나를 되찾고, 오데사 등 남서부 지역을 점령했다. 우크라이나의 일부 민족주의자들은 독일이 승리하면 우크라이나 국가 창설이 가능할 것이라는 희망을 가졌지만, 이는 나치독일 정권의 속성을 제대로 파악하지 못한 순진한 생각이었다. 일부 주민들은 나치독일군이 1차 대전 때 우크라이나를 점령하여 헤트만 정부를 세운 독일군과 크게 다르지 않을 것으로 착각했다. 히틀러의 인종이론에 의하면 슬라브족은 '하위민족(subhuman)'으로서 지배민족인 아리안족의 노예가 되어야 했고, 우크라이나는 독일의 농업식민지와 독일인의 휴식을 위한 '전원국가(Lebensraum)'가 되어야 했다. 독일군 점령 당국은 약탈, 주민노예화와 인종말살 정책을 바로 시행했다. 1941년 9월 약 33,000명의 유대인이 키예프 서부 지역 바비 야르(Babi Yar)에 소집되어 처형되었다. 다른 도시에서는 유대인들을 게토 지역에 일단 모여 살게 한 후, 단계적으로 이들을 강제수용소로 보내 처형했다. 독일군 점령 기간 동안 약 140

**바비 야르 기념비**

만-150만 명의 우크라이나 거주 유대인들이 희생된 것으로 추산된다. 점령 당국은 약 230만 명의 우크라이나인을 소위 '동방노동자(Ostarbeiter)'로 독일과 후방 지역으로 보내 무기 공장과 산업시설에 부역시켰다. 우크라이나는 식량공급 기지가 되어야 하므로 대도시가 필요 없다고 본 점령당국은 대도시에 식량공급을 중단하여 많은 주민이 기아에 시달렸고, 대거 농촌으로 이주하였다. 독일군의 잔혹한 정책에 반항하는 주민들은 체포하여 처형하였다. 바비 야르에서는 3만 명 이상의 유대인 외에 약 10만 명의 포로와 민간인이 처형되어 매장되었다.

서부 우크라이나에서는 르비프가 점령되자 반데라가 이끄는 OUN-B 그룹이 우크라이나국가 독립을 선언했다. 그러나 독일군은 반데라를 체포하고 독립선언 포기를 종용하였고, 이를 거부한 반데라와 다른 간부들을 독일 수용소로 보내 수감하였다. 독일군의 압제가 심화되자 민족주의 진영은 '우크라이나저항군(UPA/Ukrainska povstanka armiia)'을 조직하여 무장 투쟁을 벌였다. 한때 4만 명의 병력을 보유한 UPA는 독일군, 소련군 파르티잔, 폴란드 파르티잔, 소련 정규군 등 국외 세력을 대상으로 전투를 벌였다.

1943년 1월 볼고그라드(스탈린그라드) 전투 승리로 전세를 역전한 소련군은 서쪽으로 진격하여 1943년 8월 하르키프를 탈환하고 드니프로강 좌안에 이르렀다. 독일군과의 치열한 전투 끝에 11월 6일 키예프를 재탈환하였고, 1944년 2월 코르순 전투의 승리로 독일군에게 잃었던 지역을 거의 회복했다. 7월에는 동부 갈리시아를 점령하고 10월에 카르파티아 산맥까지 진입한 소련군은 모든 우크라이나 땅을 해방했다고 선언했다.

전 국토가 독일군에 점령되었다가 다시 소련군에 의해 탈환된 우크라이나의 인적, 물적 손실은 엄청나게 컸다. 소련 전체로 보면 약 1100만 명의 소련군이 전사하고 700만 명의 민간인이 희생되었다. 우크라이나 출신 병사는 약 140만 명이 전사하거나 적군의 포로가 되었고, 민간인 410만 명이 희생되었다. 우크라이나 출신 전사자 비율은 소수민

2차대전 승리를 기념하는 조국어머니동상

족 중 가장 높았다. 소련군과 독일군은 후퇴하면서 차례로 초토화 작전을 펼쳐 산업 시설의 대부분을 파괴하고, 농촌 지역도 황폐화시켰다. 양측 간 치열한 공방전이 벌어진 키예프는 시가지 85%이상이 파괴되었고, 하르키프도 70% 이상의 건물과 주택이 파괴되었다.[47] 독일군에 포로로 잡혔거나 동방노동자로 징용된 노동자들 대부분이 소련으로 귀환하였으나 이들 중 상당수는 독일군에 협력한 죄로 시베리아 등으로 추방되었다. 연합군 점령 지역에 있던 약 16만-20만 명의 우크라이나인들은 미국, 캐나다, 오스트레일리아, 영국 등으로 이주하였다.[48]

서부 우크라이나를 점령한 소련군을 상대로 '저항군(UPA)'은 게릴라전을 펼쳤다. 1944년 겨울부터 소련군은 서부 우크라이나의 농촌, 산악지역에 대대적인 수색잔전을 펼쳐 저항군을 소탕했다. 1944년-1945년 소련군은 9만 명 이상의 저항군을 사살하고, 약 9만6천 명을 포로로 잡았다. 2차 대전의 승전국이 된 소련은 서부 우크라이나를 장악하여 1939년-1940년의 영토를 회복하였다. 여기에 루마니아로부터는 북부 부코비나를 얻고, 체코슬로바키아로부터는 트란스카르파치아 지역을 획득했다. 소련은 폴란드의 국경을 약 200km 서쪽으로 이동시켜 서

47  Magosci, pp. 638-639, 《우크라이나 현대사》 162쪽에서 재인용.
48  같은 책, p. 167.

부 갈리시아를 완전히 장악하고, 폴란드는 대신 독일 동부 지역의 영토를 차지하게 하였다. 우크라이나와 폴란드 간의 주민 교환으로 약 81만 명의 폴란드인이 서부 우크라이나를 떠나 폴란드로 이주했고, 유럽 지역에서 우크라이나로는 약 48만 명의 우크라이나인이 이주해 왔다. 이렇게 해서 근현대 역사상 처음으로 우크라이나인이 사는 거의 전 지역이 소비에트우크라이나공화국에 포함되게 되었다. 역사적으로 45만 km² 내외의 영토를 차지하고 있던 우크라이나는 영토가 약 1/3이 늘어나서 60만km² 넘는 영토를 가지고 독립하게 되었다. 1953년 크림반도가 러시아공화국에서 우크라이나공화국으로 이전되었을 때 우크라이나는 역사상 가장 큰 영토를 보유하게 되었다. 스탈린 정권 시기 많은 희생을 치르고 2차 대전으로 큰 인명 손실을 본 우크라이나공화국은 역설적이게도 스탈린 정권에 의해 가장 넓은 땅을 차지하게 되었다. 폴란드 왕국과 오스트리아-헝가리 제국에서 폴란드인과 우크라이나인의 갈등과 반목이 끊이지 않았던 갈리시아는 우크라이나인이 주민의 대부분을 차지하는 지역이 되었다.

서부 우크라이나 지역 주민들의 충성을 확신할 수 없었던 소련 당국은 1944년-1950년 약 20만 명의 주민을 시베리아로 강제 이주시켰다. 1949년부터는 농업집단화 작업을 시작하여 1951년 이를 완수하였다. 소련 정권은 산업 기반이 거의 없던 서부 우크라이나의 공업화에 박차를 가해 종전 후 10년 동안 산업 생산은 네 배나 증가하였다. 강제적인 언어 동화나 러시아인의 집단 이주는 자제하여 민족주의를 자극하지 않기 위해 노력했다. 서부 우크라이나는 소련 내에서 가장 소비에트화가 진행되지 않은 지역으로 남았고, 그 결과 우크라이나 독립 후 민족주의 요람의 역할을 하고 있다. 루마니아로부터 획득한 북부 부코비나는 체르놉치(Chernovtsi)주가 되었고, 베사라비아 지역은 작은 면적에도 불구하고 몰다비아연방공화국으로 지위를 승격시켜 소연방의 일원으로 만들었다. 체코슬로바키아로부터 얻은 트랜스카르파치아도 우크라이나공화국의 한 주가 되었다.

동부 우크라이나에서도 전쟁으로 파괴된 경제와 산업시설 재건이 활발히 진행되었다. 1945년 우크라이나의 공업 생산은 전쟁 전의 26%, 농업 생산은 40%에 머물렀다. 4차 5개년계획(1946년-1950년)의 성공적 수행으로 1950년 공업생산은 전쟁 전 수준을 회복하였고, 5차 5개년계획이 끝난 1955년의 공업생산은 전쟁 전의 두 배로 늘어났다. 그러나 농업 생산은 1955년에도 전쟁 전의 수준을 회복하지 못했다. 전쟁의 피해를 복구하는 과정에서 다시 한 번 기아가 발생해서 1946년-1947년 약 110만 명의 주민이 '영양장애(dystrophy)' 판정을 받았고, 10만 명 이상의 영유아가 사망했다.

## 7.6 전후 복구와 흐루시초프 시대

1953년 3월 스탈린이 사망하자 흐루시초프는 베리야 등의 정적을 제압하고 권좌에 올랐다. 1954년 페레야슬라브 300주년을 기념하여 크림반도를 '우크라이나에 대한 러시아국민의 신뢰의 표시'로 우크라이나공화국에 포함시키는 조치가 취해졌다. 원래 크림반도는 러시아연방공화국 내 자치공화국이었으나, 1945년 주(州)로 지위가 낮아졌다. 약 44,000km²의 면적과 인구 26만 명의 인구를 가진 크림반도가 우크라이나에 추가됨으로써 우크라이나는 역사상 가장 큰 면적을 갖게 되었다. 크림반도는 전력, 식수, 농수 등을 우크라이나에서 공급받고 있었고, 경제적으로도 우크라이나 의존성이 커서 흐루시초프의 이러한 조치는 행정적 편의도 고려한 조치였다. 그러나 소련의 해체 가능성을 상상하지 않았던 이 결정으로 크림반도는 우크라이나 독립 이후 양국의 분쟁의 씨앗이 되었고, 2014년 러시아의 크림 합병으로 소위 '우크라이나 사태'가 발생했다. 1954년 이후 크림 경제의 우크라이나 의존도는 더욱 심화되었고, 우크라이나인들이 크림으로 이주하였지만, 러시아인들이 크림주민의 다수를 차지하였다. 크림반도의 사회, 문화적 우크라이나화는 일어나지 않았고, 2차 대전 퇴역군인들이 대거 크림에 정착하면서 오히려 러시아적 성격과 애국주의가 강화되었다. 1956년 흐루시초프의 스탈린 격하 연설로 정치, 사회, 문화 분야에서 '해빙'이 시작되었다. 스탈린 집권기인 1929년-1953년 사이 우크라이나에서는 약 96만 명이 정치범으로 몰려 처형되거나 추방되었는데, 1953년부터 시작된 정치인 복권 운동으로 1961년까지 약 29만 명의 정치범이 석방되어 복권되었다.[49] 서부 우크라이나에서 추방된 저항군과 주민 약 6만 명도 고향으로 귀환하였다. 우크라이나 지도부도 우크라이나인들이 장악하기 시작했다. 1954년 우크라이나 정치국원과 공산당의 서기는 전원 우크라이나 출신이 맡았다. 1950년대 후반과 1960년대 당과 행정의 요직 3/4은 우크라이나 출신이 차지했다. 흐루시초프의 권력 투쟁을 후원한 우크라이나 출신 정치인들은 비약적인 정치적 출세를 하였다. 흐루시초프의 후임으로 우크라이나 당 제1서기를 맡고 있던 키리첸코는 1957

---

49  같은 책, p. 171.

년 당중앙위원회 서기로 승진하였고, 피드호리니(러시아 명 포드고르니 Nikolai Podgorny)는 그 후임을 맡았다가 1964년에는 소련의 형식적 국가수반인 소연방 간부회의 의장이 되었다. 흐루시초프 집권 시절 우크라이나는 소련 정치 엘리트 배출의 요람이었고, 경제 부문에서도 여러 호의적인 조치의 혜택을 받았다. 스탈린의 공업화 정책으로 인해 성장이 이루어지지 않았던 농업 부문도 1950년대 후반부터 발전하기 시작했다. 정부가 곡물, 감자, 육류 가격을 5배 이상 올려 수매를 하면서 농민들이 받는 혜택이 커졌고, 이는 농업 생산의 증가로 이어졌다. 1950년대 후반부터 우크라이나 농업은 연평균 8% 이상 성장하기 시작했다. 그러나 1960년-1963년 가뭄이 이어져 소련은 2차 대전 이후 처음으로 서방국가로부터 곡물을 수입하였다.

1964년 흐루시초프가 실각하면서 브레즈네프(당 서기장), 포드고르니(간부회의 의장), 코쉬긴(Aleksei Kosygin, 내각 수상)이 이끄는 소위 '3두체제(troika)'가 시작되었다. 1970년대 초가 되면서 브레즈네프는 사실상 권력을 장악하고 단독 지도자가 되었는데, 그도 우크라이나 드네프로페트롭스크에서 태어나고 '38그룹'의 일원으로 현지에서 당경력을 쌓은 우크라이나 출신이었다. 경제 전문가인 코쉬긴은 1965년 하르키프에서 소위 '리베르만 방식'을 실험한 후 이를 다른 지역에도 적용했다. 경제학자 리베르만(Yeysei Lieberman)이 제안한 개혁 조치는 총생산량 대신 판매와 이익을 목표지표로 삼는 개혁 조치였다. 이 조치의 도입으로 공업 부문의 생산량은 일시 증가하였지만, 중앙통제적 관리 시스템을 유지하는 상태에서 취해진 이 조치는 지속적 성과를 낼 수 없었고 1970년 리베르만 방식은 폐기되었다.

## 7.7 셸레스트 시대와 1970년대

포드고르니가 모스크바로 진출하자 셸레스트(Petro Shelest)가 1963
년 우크라이나 당 제1서기가 되었다. 카리스마가 강하고 우크라이나 민
족주의자인 그는 1972년 쉬체르비츠키로 교체될 때까지 소위 '셸레스
트 시대'를 이끌었다. 우크라이나어를 능숙하게 구사하는 그는 모든 연
설을 우크라이나어로 하였고, 당에도 우크라이나 출신자들을 대거 기
용했다. 우크라이나 공산당원 수는 1958년 110만 명에서 1972년 250만
명으로 늘어났는데, 당원 중 우크라이나인 비율은 65%까지 올랐다. 소
련 지도부가 소위 '안정화'로 대표되는 보수적 정책을 추구하면서 1960
년대 말부터 우크라이나의 경제도 정체 현상을 보이기 시작했다. 육체
노동과 낡은 산업시설에 의존한 생산 방식은 생산성 증가를 가져오지
못했고, 농업도 집단농장 체제의 비효율성으로 인해 정체 상태를 벗어

셸레스트                              쉬체르비츠키

나지 못했다. 1980년대 미국의 농민들의 1인당 경작 면적이 105헥타르인데 반해 우크라이나 농민들은 평균 5.8헥타르의 농지를 경작했다. 그나마 생산된 농산물도 40%가 운송과 저장 과정에서 손실되었다. 개인이 경작하는 텃밭의 생산성은 아주 높아서 전체 농경지의 3%에 불과한 개인 텃밭에서 전체 농산물의 1/3이 생산되었다.[50] 중앙통제 경제 폐혜로 1970년대 우크라이나 경제의 침체는 가속화되었다. 7차 5개년 계획기간(1966년-1970년) 6.7%였던 성장률은 8차 기간(1971-1975년) 5.6%, 9차 기간(1976-1980년) 3.4%로 계속 하락하였다. 1960년대부터 1985년 사이 우크라이나의 산업생산 증가율은 15개 공화국 중 13위에 머물렀다. 산업화로 인한 도시화도 가속화되었다. 1959년 37%에 머물렀던 도시 거주 인구 비율은 1979년 47%로 늘어났다. 1970년대 초 우크라이나에서 인구 백만 명이 넘는 도시는 키예프 하나였으나, 1970년대 말이 되면서 하르키프, 드네프로페트롭스크, 오데사, 도네츠크도 인구 백만 명이 넘게 되었다.

언어와 교육 분야에서는 러시아화 정책이 속도를 냈다. 1959년 모든 학교에서 러시아어 교육이 의무화되고, 우크라이나어는 선택 과목이 되었다. 학부모는 우크라이나어 학교와 러시아어 학교를 선택해서 자녀를 입학시킬 수 있게 하였는데, 소련 체제에서의 입신출세를 생각하는 학부모들은 러시아어 학교를 선택하는 비율이 높았다. 1958년 30% 였던 러시아어 학교 선택 학생 비율은 1970년대 말에는 50%로 늘어났다. 언론 분야에서의 우크라이나어 사용도 계속 감소하여 1970년대 우크라이나어 간행물 비율은 49%에서 19%로 감소하였고, 우크라이나어

---

50 《우크라이나의 역사》, p. 196.

서적 출판 비율도 49%에서 24%로 감소하였다.[51]

문화 분야에서의 해빙 무드로 소위 '60년대 세대' 작가들이들이 등장
했고, 지하 출판물도 늘어났다. 1975년 35개국이 참가한 '헬싱키선언'
에 소련도 서명하면서 소련 내 반체제 그룹이 형성되기 시작했다. 모
스크바에서는 사하로프(Andrei Sakharov) 박사가 주축이 된 헬싱키선
언 모니터 그룹이 결성되었고, 1976년 11월 우크라이나에서도 루덴코
(Mykola Rudenko), 초르노빌(Viacheslav Chornovyl)이 주도하는 모
니터 그룹이 출범했다. 이 그룹에는 독립정교회 인사, 유대교와 침례교
지도자들도 가담했다.

1960년대와 1970년대 우크라이나 경제와 주민들의 생활 여건은 크게
개선되지 않았지만, 20세기 전반기 제정러시아 붕괴, 1차대전과 내전,
스탈린의 탄압, 2차 대전 등 끊이지 않은 참화를 겪은 주민들은 오랜만
에 지속되는 평화와 안정의 시기에 대체로 만족했고, 소련 체제에 순응
해 나갔다.


## 7.8 페레스트로이카와 소련의 해체

1982년 브레즈네프가 사망하면서 소위 '브레즈네프 시대'가 막을 내
렸다. 짧게 권좌를 지켰던 안드로포프와 체르넨코의 뒤를 이어 1985
년 3월 54세의 고르바초프가 당 서기장이 되었다. 소련 체제의 정체 상
태와 문제점을 멘토인 안드로포프에게 배운 고르바초프는 소련 체제의
효율성을 높이기 위한 개혁 정책을 추진했다. 그러나 고르바초프의 개

---

51  같은 책, p. 197.

혁 정책은 불과 5년 만에 소련의 해체라는 아무도 예상하지 못한 종착점으로 귀결되었다. '페레스트로이카(체제 개혁)'와 '글라스노스치(정보 공개)' 및 정치 과정의 민주화를 슬로건으로 내세운 그는 지배 엘리트의 교체와 체제 개혁을 동시에 추구했다. 그러나 민족문제에 대한 깊은 고려나 정책 없이 중앙의 통제를 풀고 개혁에 나선 것은 큰 실수였다. 그는 민족문제의 폭발성을 인식하지 못하였다. 결국 체제 개혁이 사회 불안을 가중시키고, 공산당, 비밀경찰 같은 통치기구(institutions)를 하나씩 무력화시키면서 소련의 지배질서가 무너지고, 각 연방공화국들이 자치독립을 요구하게 되었다.[52] 그의 개혁은 체제의 효율성을 높인다는 목표에서 벗어나 소련 체제의 근간을 흔드는 수준으로까지 발전되었고, 고르바초프는 최종적으로 소련을 어디로 이끌고 갈 것인가에 대한 뚜렷한 지향점을 가지고 있지 못하면서 상황에 따른 즉흥적인 개혁 조치를 남발하다가 결국 소련 체제의 붕괴를 가져왔다.[53]

고르바초프의 개혁 조치 이후에도 우크라이나의 경제는 큰 변화를 보이지 않았다. 공업 생산은 1% 미만, 농업 생산은 3% 정도 성장했지만, 구조개혁보다는 근로규율의 강화를 통해 달성된 성과였다. 고르바초프가 경제활성화를 위해 도입한 협동기업(cooperative)은 우크라이나에 24,000개나 생겨났지만 주로 상업과 서비스업에 집중되었다. 1986년 4월 26일 키예프 북쪽 130km에 위치한 체르노빌 원자력 발전소 4번 원자로가 실험 통제 실패로 폭발하는 사고가 일어났다. 20세기 최악의 환경 재앙이 된 이 사고는 즉각 공표되지 않다가, 비정상적으로 높아진 방사능 수치를 이상하게 여긴 스웨덴 당국의 항의를 받고나

---

52 《우크라이나 현대사》, p. 188-189.
53 《우크라이나의 역사》, p. 201.

체르노빌 원전 사고

서야 사고 발생 사실을 공표했다. 키예프에서는 5월 1일 노동절 축하 시가행진 예행연습도 그대로 진행되었지만, 당 간부 아동들은 학교에 출석하지 않고 시골지역으로 피신했다. 키예프의 버스를 징발하여 사고 지점 30km 이내 135,900명의 주민을 소개시켰지만 이미 많은 주민이 방사능에 노출되었다. 사고 수습 과정에 투입된 소방대원과 주민 등 4,000명이 사망한 것으로 발표되었지만, 그린피스(Greenpeace) 같은 환경기구는 희생자의 수가 10만 명에 이른다고 주장했다. 방사능 노출에 의한 암 발생과 장기적 후유증을 정확히 측정할 수 없으므로 정확한 피해자 수자를 산정하는 것은 불가능하다. 그러나 사고 이후 우크라이나와 벨라루스에는 소아암이 급격히 늘어나고, 장애 아동의 출생이 급격히 늘어났다. 우크라이나 출신 알렉시예비치는 체르노빌 사고 수습 과정에서 희생된 사람들의 가족들을 인터뷰하여 소설화한〈체르노빌의 목소리〉로 2014년 노벨문학상을 받았다.

고르바초프의 개혁, 개방 정책을 활용하여 문학, 예술 분야뿐만 아니라 정치, 사회 분야의 자유화 물결이 일어났다. 우크라이나 작가동맹 기관지 '문학 우크라이나(Literaturna Ukraina)'가 문학 분야에서 주도적 역할을 하였고, 작가들과 지식인들은 우크라이나어 사용 확대를 요구했다. 우크라이나어 사용을 옹호하는 '타라스 셰브첸코 우크라이나어 협회(Taras Shevhenko Ukrainian Language Society)'에는 1989년 15만 명이 회원으로 가입했다. 환경 분야에서는 '녹색세계(Green World)'가 체르노빌 사고 처리와 환경보호 운동에 앞장섰다. 정치, 사회 분야에서는 발트 3국에 결성된 '시민전선(Popular Front)'을 모델로 한 루흐(Rukh, 우크라이나어로 '운동, 움직임'이라는 뜻)가 결성되었다. 1989년 9월 '루흐' 창립총회에는 민족주의자, 환경운동가, 소수민족 운동가뿐만 아니라 동남부의 러시아어를 사용하는 민주주의자들도 참여했다. 1989년 7월 돈바스 지역의 광부 46만 명이 파업을 벌였지만 시민운동 그룹과 광부들 사이의 연대는 형성되지 못해 폴란드의 '자유노조(Solidarity)' 같은 정치적 단체로는 발전하지 못했다.[54] 우크라이나 당 지도부에도 변화가 생겼다. 1989년 쉬체르비츠키가 당 제1서기직에서 물러나고 후임으로 이바췌코(Volodymyr Ivashko)가 임명되었다. 그가 1990년 모스크바로 이동하면서 후임으로 후덴코(Stanislav Hudenko)가 임명되고, 크라프추크(Leonid Kravchuk)는 최고회의 의장직을 맡았다. 모스크바에서 인민대표회의가 결성되면서 공산당은 급격히 세력을 잃기 시작했고, 1990년 우크라이나에서만 29만 명의 당원이 탈퇴했

---

54  같은 책, p. 202-203.

다. 1991년 여름 고르바초프는 새 연방조약안을 만들어 소연방의 해체를 막으려고 했다. 그러나 8월 19일 보수파가 크림반도에서 휴양 중인 고르바초프를 연금하고 쿠데타를 일으켰다. 그러나 쿠데타 세력은 3일 만에 와해되고 8월 22일 고르바초프가 모스크바로 귀환했다. 이때까지 공식으로 국가 독립 의사를 내세우지 않았던 우크라이

크라프추크대통령

나 최고회의는 8월 24일 찬성 346표, 반대 1표, 기권 3표의 압도적 표수로 우크라이나 독립을 선언했다. 이 날은 우크라이나 독립일로 공식적으로 기념된다. 1991년 12월 1일 우크라이나의 독립 여부을 묻는 주민투표가 실시되어 90.3%의 투표자가 독립에 찬성했다. 러시아인이 주민의 약 60%를 차지하는 크림에서도 54.1%의 투표자가 독립에 찬성했다. 독립찬반 투표와 병행해서 치러진 대통령 선거에서 크라프추크가 61.5%를 얻어 우크라이나 초대 대봉령에 당신되었디. 12월 8일 러시아공화국, 벨라루스, 우크라이나의 지도자가 벨라루스의 벨로베즈스카야 숲의 별장에 모여 소련의 해체를 선언하고 대신 '독립국가연합(CIS/Commonwealth of Indepenent States)'의 출범을 선언하며 소연방은 사실상 해체되었고, 12월 31일 고르바초프가 소련의 종식을 선언하고 크렘림에 게양된 소련국기가 하양되면서 소련은 역사 속으로 사라지

고, 우크라이나는 독립국가로 새롭게 출발하게 되었다.

소비에트 정권 하에서 우크라이나는 많은 희생을 치렀지만, 2차 대전의 승리 결과 우크라이나인이 거주하는 거의 모든 지역을 영토로 확보하였고, 단일 정권 밑에서 우크라이나인이 통합적으로 거주하며 민족적 일체성을 키워갔다. 그러나 독립이 자체적 노력이나 투쟁에 의해 쟁취된 것이 아니라, 소연방의 해체에 의한 반사적 이익으로 얻어진 것이라 독립을 어렵게 쟁취한 국민들이 갖는 민족적 자부심이 형성되지 않았고, 애국심과 사명감으로 무장한 지배 엘리트도 나타나지 않았다. 이러한 결과로 '민족국가건설(nation-building)' 과정에서 부딪치는 외부 세력의 영향력과 간섭에 국민들이 단결하여 대항하는 모습을 보이기보다는 국론이 자주 분열되는 양상을 보였다. 우크라이나가 독립 이후 25년 이상 기간 동안 겪은 수많은 어려움은 어떻게 보면 독립을 타율적으로 쉽게 얻은 결과로 인해 치르는 대가로 볼 수도 있다.[55]

---

55 《우크라이나 현대사》, p. 200-201.

# 3부 우크라이나의 종교, 민속, 국민성

# 8장 우크라이나의 종교

## 8.1 우크라이나의 종교 현황

독립 후 우크라이나의 종교 상황을 보면, 국민의 약 60%가 종교를 가지고 있으며, 전체적으로 정교회 신자가 절대 다수를 차지하지만, 국교는 따로 정해져 있지 않다. 2009년 조사를 보면 종교를 신봉하는 사람 중 51.4%는 정교회, 28.4%는 개신교, 11.3%는 그리스 가톨릭, 3.6%는 이슬람, 2.7%는 로마 가톨릭, 0.8%는 유대교 교인이고, 1.8%는 기타 종교를 가지고 있는 것으로 드러났다. 정교회 신자 중 67.8%는 모스크바 총주교 관할 우크라이나 정교회(Ukrainian Orthodox Church of Moscow See)에 소속되어 있고, 24%는 키예프 총주교 관할 우크라이나 정교회(Ukrainian Orthodox Church of Kyiv See)에 소속되어 있으며, 7%는 우크라이나 독립 정교회(Ukrainian Autocephalous Orthodox Church)에, 나머지 1.2%는 기타 정교회 교구에 속한 것으로 나타났다.

## 8.2 정교회

### 8.2.1 볼로디미르 대공의 기독교 수용

988년 키예프 루스의 볼로디미르 대공(965-1015년)은 비잔틴으로부터 정교회를 도입하여 국교로 삼았다. 키예프 루스의 팽창기를 이끈 볼로디미르는 자신이 정복한 부족들을 연합하여 중앙집권을 강화하고 정치, 문화의 통합성을 강화하기 위해 선진 종교의 도입을 추진했다. 그는 이슬람, 가톨릭, 유대교, 정교를 신봉하는 지역에 사신을 보내 각 종교의 특성을 살핀 후 정교회를 받아들이기로 결심했다. 《지나간 시대의 이야기(The Tale of Bygone Years)》에 의하면 콘스탄티노플 대성당의 예배를 보고 온 사신은 다음과 같이 보고를 했다고 한다.

> "그리스인들은 우리를 자신들의 신을 예배하는 곳으로 데려갔습니다. 우리는 우리가 지상에 있는 것인지 천당에 있는 것인지를 모를 정도였습니다. 지상에는 그런 영광과 그런 아름다움이 있을 수 없습니다.... 우리는 신이 그 사람들 사이에 존재하는 것을 알았고, 그들의 예배는 다른 민족들의 예배보다 아름다웠습니다."

정교회를 국교로 받아들이기로 한 볼로디미르는 직접 크림반도의 헤르소네수스로 내려가 비잔틴에서 오는 십자가를 받고 세례를 받았다고 전해진다. 그가 세례를 받은 장소가 키예프 남쪽의 바실키프라는 이야기도 전해온다. 볼로디미르는 원시신앙 신상을 모두 제거하여 드니프로강에 떠내려 보내고, 키예프 주민 모두가 드니프로강에서 세례를 받

게 했다고 한다. 키예프 공국의 기독교 수용은 기독교 전파 역사상 가
장 단기간 내에 국가지도자의 결단에 의해 국민 전체를 기독교화한 사
례로 꼽히기도 한다. 전설에 의하면 서기 55년 경 예수의 12사도 중 한
사람인 안드레이가 드니프로강을 거슬러 올라와 키예프의 언덕에 오른
후 '이 언덕에 하나님의 은총이 빛나고 있으니 여기에 큰 도시가 세워
질 것'이라고 예언한 것이 실현된 것으로 볼 수도 있다. 그러나 기독교
의 수용은 앞서 얘기한 중앙집권화 강화와 부족 통합뿐만 아니라, 비잔
틴과의 교역을 통한 경제력 강화와 정권 기반 강화, 동부 스텝 지역에서
계속 출몰하며 키예프를 위협하는 유목민족들을 대항하기 위한 든든한
원군을 확보한다는 실리적 이유도 크게 작용했다. 정교의 수용으로 비
잔틴의 건축기술과 회화 등이 키예프에 전해지고, 약 1세기 전 모라비
아 지역 선교를 위해 파견된 키릴과 메포디이 형제가 만든 글라골 문자
와 불가리아 지역에서 만들어진 키릴 문자로 쓰인 교회 서적들이 도입
되면서 키예프공국의 문예부흥에 크게 기여했다.

### 8.2.2 정교회의 교리와 전례

기독교가 공식적으로 동방정교회와 로마가톨릭교회(서방교회)로 나
누어진 것은 1054년이다. 그러나 4세기부터 시작된 삼위일체론을 둘러
싼 논쟁, 5-7세기의 그리스도의 본질에 대한 논쟁, 8-9세기의 이콘에 대
한 논쟁 등으로 갈등이 있어 왔다. 그러나 전문적 신학자가 아닌 입장
에서는 정교회와 가톨릭의 교리 상의 차이를 크게 느끼기 어렵다. 정교
회는 이콘에 묘사된 삼위일체 하나님과 성인들에 대한 숭배를 중시한
다. 초대 교회의 전통에 따라 기혼 성직자와 독신 성직자 모두를 인정

하지만 서품 후에 결혼이나 재혼은 인정하지 않고, 주교는 독신 사제 중에 선출된다. 정교회는 교황의 수위권과 무오류성을 인정하지 않는다. 정교회는 '거룩한 전례'라고 불리는 전례(Litergy)를 특히 중시한다. 콘스탄티노플을 찾아간 사신들이 교리나 도덕적 가르침보다 '예배의 아름다움'에 감탄한 것이 정교를 수용한 이유가 된 것에서 알 수 있는 것처럼 정교회는 교리와 신앙 훈련보다는 전례를 중시한다.

### 8.2.3 우크라이나 역사와 정교회

1240년부터 약 200년에 걸친 몽골의 지배로 인해 키예프 지역은 황폐화되고 사제들은 새로운 공국들이 형성되는 북쪽 지역으로 이주해 가면서 키예프는 정교회 중심지로서의 위상을 상실했다. 몽골 세력 쇠퇴 이후 리투아니아가 우크라이나를 지배하면서 1458년 키예프에 정교회 자치구가 설치되기는 하였지만 주교임명권을 폴란드왕이나 대공들이 수행하여 교회의 권위가 금권과 권력에 종속되는 상황이 벌어졌다. 1453년 콘스탄티노플이 오스만터키에 점령되자 키예프는 그나마 있던 교회 후원 세력을 잃게 되었고, 남슬라브 지역에 남아 있던 사제들과 교회 서적 등 정교회 문화유산은 모스크바 등 북쪽 지역으로 옮겨가게 되었다. 1569년 루블린 연합으로 폴란드와 리투아니아 국가연합이 형성되고, 폴란드가 인근 체코나 독일 지역에서와 달리 개신교가 자리를 잡지 못하고 가톨릭 국가가 되면서 우크라이나 지역도 가톨릭의 영향력이 강화되었다. 우크라이나 지도층은 가톨릭으로 개종하였고, 정교회는 주로 농민과 코자크들이 신봉하게 되었다. 이 시기에 정교회 신앙 유지에 큰 역할을 한 것은 형제회였다. 특히 르비프 형제회는 출판과 교육 사업을 활발히 펼쳐서 정교회 신앙의 보루 역할을 했다. 형제회 전통은 키예프로 전파되어 키예프의 신학교 설립과 동굴수도원의 출판 활동으로 이어졌다. 사하이다치니 등 코자크 지도자들은 정교회 보호에 힘을 쏟았다. 터키와의 전투에서 부상하여 사망한 사하이다치니는 자신의 전 재산을 르비프 형제회와 키예프 형제회에 기부하도록 유언을 남겼다. 그러나 1596년 브레스트 교회연합이 성립되면서 종교적 갈등은 더욱 심화되었다. 고위 성직자와 폴란드의 지원을 받는 지도층들은 교회 연합에 찬성한 반면, 일반 신도들 뿐만 아니라 대부분의 일선 성직자들은 교회 연합에 반대했다. 결국 우크라이나에는 가톨릭, 정교회 외에 연합교회(Uniate Church)가 새로운 종파로 등장했다. 1648년 폴란드 지주들의 압제와 전횡에 대항하여 대규모 봉기를 일으킨 흐멜니츠키도 뚜렷한 정치적 목표는 내세우지 못한 반면 정교회 수호를 최우선 과제로 내세웠다. 크림타타르와의 동맹 와해로 위기를 느낀 그가 단견으로 러시아와 페레야슬라브 협약을 맺었을 때도 러시아가 정교회 수장 국가로서 우크라이나를 보호할 것으로 믿었기 때문이다. 스웨덴과의 동맹으로 러시아 지배에서 벗어나고자 했던 마제파도 정교회의 큰 후원자였다. 그는 교회 건축과 교육에 많은 재원을 희사했다. 그는 동굴수도원을 증축하고 수도원 주위의 돌담을 축성했으면 성 니콜라이 교회를 건축하고 페레야슬라브에 예수승천 교회를 건립했다. 그는 군사적 지도자로서는 실패하여 우크라이나 코자크국가의 상실을 가져왔지만 우크라이나 주민들 사이에 우크라이나 정교회와 문화의 불후의 후원자로 기억되고 있다. 18세기 말 코자크가 완전히 해체되고 우크라이나가 러시아와 오스트리아 제국 관할 영역으로 양분되면서 우크라이나 정교회는 더 이상 독자성을 유지하지 못했다. 러시아령 동부 우크라이나에서는 정교회가 러시아 총주교청의 관할을 받게 되었지만, 서부 우크라이나에서는 연합교회 사제들이 우크라이나 언어와 문화 유지에 중요한 역할을 담당했다. 레비츠키(Mykhailo Levytsky) 주교와 모힐니츠키(Ivan Mohylnytsky)는 주민들이 폴란드어로 된 자료만을 접한다면 완전히 가톨릭화할 것으로 염려하여 우크라이나어로 된 기도서와 신앙입문서 출판을 시도했다. 19세기 초 르비프신학교 출신인 갈리시아 3인방(사쉬케비치, 바힐례비치, 홀로바츠키)는 우크라이나 주민들을 위한 구어체에 바탕을 둔 문어 개발과 출판 활동에 힘을 쏟았다.

1917년 10월 혁명으로 볼셰비키가 권력을 잡자 티혼 총대주교가 관할하는 러시아 정교회는 볼셰비키 정권의 탄압을 받는 상황에 처했다. 공산 정권은 러시아 정교회의 권위에 도전하는 지역 교회의 설립을 일시적으로 허용했다. 1922년 10월 약 60여명의 성직자를 포함하여 500여명이 참석한 가운데 열린 우크라이나 교회회의는 립킵스키(Vasyl Lipkivsky)를 대주교로 선출하고 우크라이나 독립정교회(Ukrainian Autocephalous Orghodox Church, UAOC)를 출범시켰다. 우크라이나 독립정교회는 1924년까지 빠르게 교세를 확장하여

사쉬케비치

30명의 주교, 1,500명의 사제, 1,100개의 교구를 확보했다. 그러나 민족주의 성향이 강한 우크라이나 독립정교회의 빠른 성장에 위협을 느낀 소련 당국은 독립정교회의 와해 작업을 시작했다. 1922년 티혼의 러시아 정교회에 대항하는 개혁교회(Renovasionist church)를 설립한 소련당국은 우크라이나에 소위 '생명교회(Zhyva tserkva)'로 불리는 우크라이나 정교회의(Ukrainian Orthodox Synodal church)를 설립하여 독립정교회의 영향력을 감소시키려고 했다. 결국 립킵스키 대주교는 경질되고 독립정교회는 생명교회와 통합되었다. 2차 대전으로 서부우크라이나를 다시 차지한 소련 당국은 연합교회가 서부우크라이나의 민족주의의 구심점 역할을 하고 있다고 보고 1946년 연합교회를 불법화하였다. 그러나 연합교회 신자들은 비밀리에 신앙생활을 유지해오다가 1980년대 교회 부흥 운동에 큰 기여를 하였다. 종교 활동이 공식적으로 금지된 소련 시대에 우크라이나 인구 절반 이상이 신자였고, 약 1/4이 신앙생활을 유지한 것으로 추정된다. 이 중 52%가 정교회 신자이고, 20%가 연합교회(그리스가톨릭 교회), 20%가 개신교 신자인 것으로 나타났다.

우크라이나 독립 후 초대 대통령 크라프추크는 정교회를 국가·사회 통합의 구심점으로 삼는다는 계획을 세우고 정교회 교회들을 통합하는 기구로 키예프 총대주교 산하 우크라이나 정교회(Ukrainian Orthodox Church - Kiev Patriarchy, UOC KP)를 만들었다. 이 교회는 모스크바 총대주교청의 관할을 거부하고 자치권(autocephaly)를 요구하였지만, 우크라이나 정교회의 2/3를 관할하고 있던 모스크바 총대주교청은 이를 거부하였다. 모스크바 총대주교청은 새로운 교회에 대항하는 모스크바 총대주교 산하 우크라이나 정교회(Ukrainina Orthodox Church, Moscow‑Patriarchy, UOC MP)를 만들었다. 우크라이나 정교회의 수장인 필라레트(Philaret)는 우크라이나 사제들과 신도들의 지지를 얻는데 실패하여 새로운 교회는 교세를 크게 확장하지 못했다. 이러한 상황에서 정교회 전통과 민족주의 성향이 강한 서부 교회들은 양 교회의 권위를 인정하지 않고 기존의 우크라이나 독립정교회(Ukrainian Autocephalous Church, UAOC)를 중심으로 뭉쳤다. 교세는 작지만 서부 지역에 집중되어 있던 기존의 우크라이나 그리스-가톨릭교회(Ukrainina Greek Catholic Church, UGCC)는 계속 독자적인 활동을 해나갔다. 결국 정교회 통합을 통한 사회 통합을 이루려던 크라프추크 대통령의 의도는 정반대의 결과를 낳아 4개 정교회 정파가 난립하는 상황을 만들었다.[56]

2014년 3월 크림 합병과 동부 지역 교전 발발 이후 정교회 교파 간의 대립은 격화되었고, 2018년 12월 15일 키에프 총대주교 산하 우크라이나정교회(UOC KP)와 우크라이나 독립정교회(UAOC), 그리고 모스크바 총주교청 관할 정교회(UOC MP)의 일부 교회는 통합 공의회(unification council)에서 통합을 결정하고 우크라이나 정교회(The Orthodox Church of Ukraine Православна церква України)를 만들고, 모스크바 총주교청과의 관계를 끊고, 콘스탄티노플 총대주교청에 자치권(autocephaly)을 신청했다. 새로운 우크라이나 정교회의 수장으로 페레야슬라브-흐멜니츠키 대주교청의 대주교(Metropolitan)였던 에피파니우스(Epiphanius)가 선출되어, 그는 키에프와 전 우크

---

56 《우크라이나의 이해》, 103-105.

라이나의 대주교(the Metropolitan of Kiev and all Ukraine)직을 맡게 되었다. 2019년 1월 5일 에피파니우스는 콘스탄티노플을 방문하여 총대주교 바돌로메오 1세로부터 독립교회 인장(tomos - decree of autocephaly)을 받았다. 이로써 코자크 시대인 1686년 이래 모스크바 총대주교청 관할 하에 있던 우크라이나 정교회는 콘스탄티노플 총대주교청의 인정을 받아 독립 교회의 지위를 확보하였으며, 약 1억5천 만 명의 신도를 보유하고 있던 모스크바 총대주교청은 신도의 1/5을 잃게 되었다.

## 8.3 개신교

현재 우크라이나에는 인구의 2-3%에 해당하는 60만-80만 명이 개신교 신앙을 가진 것으로 조사되었다. 우크라이나에 최초로 개신교가 들어온 것은 1530-40년대이다. 1536년 볼린 지역에 재침례파(Anabaptists) 공동체가 생긴 것이 효시였다. 개신교 종파는 볼히냐, 포돌랴 등 서부 지역에 활발히 전파되고 키예프 지역과 남부 우크라이나 지역에도 전파되었다. 17-18세기 루테란교회, 침례교 등이 전파되었으나 19세기 우크라이나 전역이 러시아에 복속되면서 정교회에 밀려 개신교는 경건주의와 신비주의 경향을 띠게 되었다. 20세기 초 잠시 개신교의 부흥기가 있었으나 볼셰비키 정권의 수립으로 개신교는 더 이상 선교활동을 없었지만 지하교회는 존재했던 것으로 추정된다. 1980년대부터 지하교회 활동이 활발해지고, 침례교가 가장 적극적으로 교세를 확장했다. 우크라이나가 독립되면서 개신교는 정교회, 가톨릭과 대등한 지위를 누리며 선교 활동을 했다. 그러나 정교회 전통이 강한 우크라이나에서 개신교는 크게 확장되지는 못했다. 현재 교파별 개신교 교인의 분포를 보면 복음침례교파(Evangelical Baptists)가 8.9%(약 14만 명), 성령감림절파(오순절파, Pentecostals)가 5.6%, 제7일재림파(Seventh-day Adventists)가 3.7%를 차지하고, 이단으로 분류되는 여호와의 증인(Jehovah's Witnesses)도 3.8%를 차지하는 것으로 나타났다. 미국으로 이주한 우크라이나 출신 개신교 신도들이 우크라이나의 개신교 활동에 큰 재정지원을 하고 있다. 2007년 올림픽 경기장에서 빌리 그레이험 목사의 아들 프랭클린 그레이험(Franklin Graham)이 인도한 전도 집회에는 약 4만 명의 신도들이 모이기도 하였다. 2000년대 초반에는 나이지리아 출신 아달라야(Adalaja) 선교사가 창시한 '하나님의 대사관 교회(Embassy of God Church)'가 빠르게 교세를 확장했으나 현재는 교세가 축소되고 있다. 우크라이나의 성서공회(the Bible Society)도 우크라이나 개신교 전파에 큰 역할을 하고 있다. 1815년 최초로 설립된 우크라이나 성서공회는 성경과 설교집, 찬송 등의 우크라이나어 번역과 보급에 힘을 썼다. 소련 시대에 활동을 정지했다가 1991년 다시 활동을 시작했고, 매년 20만권 이상의 우크라이어 성경전서와 신약성경을 보급하고 있다.

## 8.4 가톨릭과 연합교회

리투아니아-폴란드 지배 이후 정교회와 갈등을 빚어가며 교세를 확장하려던 가톨릭은 우크라이나 상류층만 가톨릭으로 개종시키는데 성공했고, 대부분의 농민들과 코자크들은 가톨릭에 거세게 저항했다. 1596년 브레스트 공의회에서 연합교회(그리스가톨릭 교회)가 탄생하면서 연합교회는 서부 지역에 뿌리를 내리고, 서부 우크라이나의 문예 부흥을 이끌었다. 20세기 초까지 세력을 확장하던 연합교회는 소련 정권의 탄압으로 거의 와해되었고, 1946년에는 공식적으로 불법화되었다. 우크라이나 독립 후에도 연합교회는 다시 교세를 회복하지 못하고 현재는 약 1만 명 미만의 교인만 있는 것으로 추정된다. 2007년 교황 요한 바오르 2세가 키예프와 르비프를 방문하자 가톨릭 신자들과 그리스 가톨릭 신자들은 함께 교황을 환영했다. 2007년 통계에는 현재 793개의 가톨릭 성당과 527명의 사제, 656명의 수도사와 수녀가 있는 것으로 조사되었다. 가톨릭 자선단체인 카리타스 스페스(Caritas Spes)는 지금까지 체르노빌 원전 사고 부상자와 고아를 중심으로 약 12,000명의 어린이들에게 구호를 베푼 것으로 알려졌다.


## 8.5 유대교 전통

우크라이나 지역에 유대인들이 대거 유입된 시기는 폴란드-리투아니아 지배 시기이다. 유대인들에게 포용직 정책을 편 폴란드로 서유럽에서 많은 유대인들이 유입되었다. 이 유대인 중 일부가 우크라이나 우안 지역, 특히 포돌랴(Podolia) 지역에 많이 거주하였다. 토지를 소유할 수 없었던 유대인들은 슐라흐타(szlachta)로 불린 폴란드 대지주들의 관리인 역할을 맡거나 폴란드 영주에게서 농지를 임대받아 유럽 곡물 수출 지역으로 부상하던 우크라이나 서부 지역에서 상업적 농장 경영에 나섰다. 1616년 폴란드가 관할하는 우크라이나 영토 중 절반 정도가 유대인 농장 경영자나 관리자의 손에 들어가 있었다. 상업적 이익을 최우선으로 한 유대인들의 농장 경영은 종종 가혹한 세납이나 노역 부과로 우크라이나 농민(농노)들의 원성을 샀고, 이들은 폴란드 영주보다 유대인들을 더 미워하게 되었다. 16세기 말부터 시작된 농민 봉기는 폴란드의 지배에 대항하여 일어난 것이지만 현지에서 농장을 관리하는 유대인들이 공격 대상이 되는 경우가 많았다. 1648년 흐멜니츠키의 봉기 때 폴란드 영주들은 거의 본국으로 쫓겨났고, 수많은 유대인들이 학살을 당했다. 1648년부터 1656년 사이 적게도 수 만 명에서 많게는 수십 만 명의 유대인들의 농민 반란에 희생된 것으로 추정된다. 우크라이나의 유대인 역사에서 이 학살을 '1차 유대인 비극(the first Ukrainian catasrophe)'으로 칭한다.[57] 수시로 일어나는 농민 봉기로 생명의 위협을 받은 많은 유대인들은 하시디즘(Hasidism)이라는 신비주의적 종교운동에 의탁하기 시작했다. 하시디즘을 창시한 사람은 이스라엘 벤 엘리에젤(1700?-1760년)이다, 그는 일반에게는 '성스러운 이름의 주인(Master of the Divine Name)'이라는 뜻의 바알 셈 토프(Baal Shem Tov)로 알려져 있다. 선행과 치유 능력으로 유명해진 그는 랍비의 가르침을 통하지 않고 직접 신으로부터 계시를 받아 현재의 삶에 적용하는 법을 가르쳐 불안한 생활을 이어가는 우크라이나를 비롯한 동유럽 지역의 유대인들의 관심을 받았다. 유대인 학살의 중심지였고, 랍비 나흐만(Nachman)의 시신이 묻힌 우만(Uman) 지역은 하시디즘을 신봉하는 유대인들에게 성지로 인식되어 현재까지 유대인들의 순례가 이어진

---

57 *Culture and Customs of Ukraine* p. 36.

다.

1734년 폴란드 국왕 결위와 귀족들의 투쟁을 틈타 일어난 하이다마키 봉기는 1740년대와 1750년대까지 이어졌다. 무리하게 연합교회 세력을 확장하려는 폴란드의 시도도 하이다마키 봉기를 강화시키는 요인이 되었고, 1768년에는 콜리 반란이라고 불리는 대규모 하이다마키 봉기가 일어나 많은 수의 유대인이 학살되었다. 유대인들은 콜리 학살을 '2차 유대인 비극'이라고 부른다. 어릴 때 콜리 봉기에 참여한 할아버지로부터 이야기를 들은 타라스 셰브첸코는 그의 대표작 중 하나인 장시 '하이다마키'를 썼다.

러시아, 프러시아, 오스트리아에 의해 분할 점령되며 지도에서 사라진 폴란드에 거주하는 유대인들의 운명은 더욱 가혹해졌다. 유대인들을 정교회의 적으로 보는 러시아는 반유대 정책을 강화했다. 1791년 예카체리나 여제는 '유대인 거주제한령(Pale of Settlement)'을 내려 유대인들이 대도시에 거주하지 못하고, 중소도시와 시골지역에만 거주하게 했고, 종사할 수 있는 생업에도 제한을 두었고, 이 조치는 제정러시아가 무너진 1917년까지 시행되었다. 러시아제국 내에는 총 520만 명의 유대인이 거주했고, 그 중 2백만 명이 우크라이나 지역에 살았다. 이들은 도시 인구의 30% 이상을 차지하며 양조장, 제제소, 담배공장, 제당공장 등을 운영하거나 상인과 장인으로 부를 쌓았다. 유대인들의 밀접한 네트워크와 이들이 쌓은 부는 지역 주민들이 반감을 사서 1881년, 1903-1905년 유대인 학살이 일어났다. 이 시기 우크라이나에서 태어난 유대인 중 가장 유명한 인물은 이스라엘 수상(1969년-1774년)을 역임한 골다 메이어(Golda Meir)(우크라이나 이름 - 골다 마보비치(Голда Ма бович))이다. 1898년 키예프에서 태어난 그녀는 1908년 미국으로 이민 갔고, 1921년 팔레스타인 땅에 정착한 후 이스라엘 건국을 위해 일했다. 지금도 키예프 시 중심부에는 그녀가 태어나 살던 집이 남아 있다. 볼셰비키 혁명 기간과 내전 기간 동안 백군 편에 섰던 유대인을 포함한 수많은 유대인이 미주지역 등으로 이민을 떠났다. 1919-1920년 내전 기간 동안 약 3만5천-5만 명의 유대인이 학살된 것으로 추산된다. 1941년 우크라이나를 점령한 독일군은 키예프 외곽 바빈 야르에 유대인들을 집결시킨 후 집단 학살을 감행해서 이틀 사이 3만 명 이상의 유대인을 학살했다. 독일 점령 기간 중 수십 만 명의 유대인이 폴란드 등의 수용소로 끌려가 학살되거나 동방노동자라는 이름으로 전시 산업 시설에 끌려갔다. 2차 대전 후 독일군 점령 지역에 있던 우크라이나 출신 유대인 중 많은 수가 귀국하지 않고 미국이나 캐나다로 이민을 떠났다. 유센코 대통령의 부인인 카테리나 유센코의 부모도 동방노동자로 만나 미국으로 이민을 간 경우이다. 20세기 초 270만 명에 이렀던 우크라이나 내 유대인 수자는 80만 명으로 줄어들었다.

우크라이나 독립 후 유대인들은 종교, 문화적 부흥기를 만났다. 이스라엘과 미국의 유대인 사회의 재정 지원으로 시나고그와 유대교 학교, 유대인 문화센터 등이 건립되었고, 1993년에는 솔로몬 국제대학이 키예프에 세워졌다. 우크라이나 전국적으로 79개의 시나고그가 세워졌다. 하시디즘의 성지인 우만 지역은 매년 유대교 신년인 9월에 수많은 서방 유대인들이 찾는 순례지가 되었다. 그러나 독립 후 경제 혼란 속에 많은 수의 유대인들이 이스라엘과 미국, 캐나다 등지로 떠났다. 소련 시절 경제 관료와 공장관리인 등으로 능력을 발휘했던 유대인들이 대거 떠나면서 우크라이나의 인재 풀은 더욱 줄어들게 되었다. 2014년 봄 크림반도의 러시아 합병에 이어 동부지역에 전투가 발발하면서 많은 수의 유대인들이 다시 우크라이나를 떠나고 있다. 우크라이나 사태 이전 매년 2-3천 명이던 유대인 이민자는 2014년 6천 명을 넘어섰고, 2015년에는 7천 5백여 명의 유대인이 우크라이나를 떠났다. 20세기 초 우크라이나 유대인들이 겪은 지난한 운명은 음악 영화 '지붕 위의 바이올린(Fiddler on the Roof)'의 소재가 되었다. 2차 대전 중 폴란드에서 처형당할 위기에 처한 할아버지를 구해준 여인을 찾아 우크라이나를 방문한 유대인 청년을 주인공으로 우크라이나의 유대인 역사를 해석한 소설 《모든 것이 밝혀졌다(Everything is illuminated)》(저자 조나단 샤프란 Jonathan Shafran, 2002년)는 우리말로도 번역되었고, 2005년 영화로 만들어져 세계 여러 도시에서 상연되었다.

### o 카라임족과 크림차크족

우크라이나 지역에 남아 있는 유대인 또는 유대교 신봉자 중 카라임족(Karaites)과 크림차크족(Krymchaks)을 언급할 필요가 있다. 카라임족은 성서 이외에는 권위를 인정하지 않고 탈무드를 추종하지 않는(non-Talmudic) 유대교 신봉 종족이다. 인종적으로는 터키계에 속하는데, 유대교를 신봉한 하자르(Khazar) 공국의 후손들이다. 8세기에 부족이 형성되어 9세기에 추프트-칼레(Chufut-Kaleh)를 중심으로 한 크림반도에 정착했고, 리투아니아 지역에서는 트라카이(Trakai)와 빌니우스 인근에 정착한 후, 일부가 그곳으로부터 우크라이나 서부 지역으로 이동하여 루츠크(Lutsk)와 할리치(Halych)에 정착했다. 1863년 제정러시아의 공식 소수민족으로 인정된 카라임족은 터키어군의 킵차크계열 언어를 사용하면서 부족 내 밀접한 관계를 유지하며 생활했다. 그러나 카라임족의 수는 계속 줄어들어 1926년 통계에 8,324명이었던 카라임 인이 1979년 인구센서스에는 3,341명만 남은 것으로 기록되었고, 이 중 2/3가 크림반도에 거주했다. 현재는 우크라이나 전체에 약 1,200명만 남아 있고, 이 중 800여 명은 크림반도에 거주한다.[58]

카라임족과 마찬가지로 하자르 공국의 후손으로 여겨지는 크림차크 족은 탈무드 유대교와 정교회를 신봉한다. 1974년 약 2,400명의 크림 차크인들이 우크라이나에 거주하는 것으로 조사되었고, 이들 대부분이 크림반도에 거주했다. 1990년 이들 중 일부는 이스라엘로 이주한 것으 로 여겨진다. 2001년 우크라이나 인구센서스에서는 406명의 크림차크 인들이 우크라이나에 남아있는 것으로 나타냈다.

## 8.7 이슬람

우크라이나 내 이슬람 신봉자들은 몽골 지배 후 우크라이나와 인근 지역에 남아 정착한 터키계 유목민족의 후손들이다. 몽골 이전에 우크 라이나 지역에 있던 터키계 민족은 하자르족이다. 8세기에 전성기를 맞 은 하자르족은 카스피해 서북부를 중심으로 드니프로강까지 영역을 확 대했다. 964-5년 키예프공국의 스뱌토슬라브 이고례비치 공은 세력이 약화된 하자르공국을 점령했다. 주로 교역에 의지하여 공국을 유지하 며 중앙아시아 지역에서 오는 유목민족을 막는 방파제 역할을 하던 하

---

58  *Encyclopedia of Ukraine.*

자르공국이 무너지면서 키예프공국은 연속적으로 동쪽으로부터 오는 유목민족의 침입을 받게 되었다.

1240년 몽골군과 타타르족이 키예프를 점령하면서 우크라이나 대부분 지역은 몽골의 지배하에 들어가게 되었다. 볼가강 하류 사라이(Saray)에 근거를 둔 금칸국(Golden Horde)이 우크라이나와 스텝 지역을 관리했는데, 15세기 금칸국이 약화되면서 몇 개의 소규모 칸국으로 나뉘었고, 그 중 하나가 크림칸국이었다. 크림타타르(Crimean Tatars)라고 불리는 타타르족 외에 16세기에 볼가강과 우랄 지역에 근거지를 두고 있던 노가이-타타르(Nogay-Tatars)가 우크라이나 남부 스텝 지역으로 진출했다. 역사적으로 타브리다(Tavrida) 지역으로 불리는 크림반도와 우크라이나 남부 지역을 장악한 두 타타르족은 코자크가 발흥하고 성장하면서 이들과 충돌하기 시작했다. 오스만 터키의 봉신국(vassal) 지위를 유지한 크림타타르는 때로는 코자크와 동맹을 맺고 폴란드에 대항했고, 때로는 폴란드에 회유되어 코자크와 전투를 치렀다. 1783년 예카체리나 여제가 크림반도를 점령하여 러시아제국에 합병시키면서 크림타타르의 세력은 급격히 축소되었다. 러시아제국의 종교적, 경제적 압제를 피해 많은 수의 크림타타르가 터키로 이주하였다. 제정러시아 붕괴 후 크림타타르족은 일시적으로 자치를 선언했으나, 곧 내전에 휩싸였다. 내전 기간 동안 우크라이나 남부 지역과 크림반도에서는 백군과 적군의 치열한 공방전이 벌어졌고, 1920년 12월 백군의 마지막 부대가 크림반도에서 배를 타고 프랑스로 망명하면서 크림반도는 완전히 볼셰비키 손에 들어가게 되었다. 1926년 크림타타르 인구는 176,000명으로 조사되었는데, 크림 북부지역과 인근 산악지역에 거주하는 북 크림타타르(125,000명)와 남부 해안과 남부 산악지역에 거주하는 남 크림타타르(54,000명)로 나뉜다. 북 크림타타르는 몽골-타타르의 후손으로 스텝의 다른 아시아계 유목민족과 혼합된 종족이고, 남 크림타타르는 크림반도 남부해안에 거주하던 그리스계, 고트족, 우크라이나 주민들과 혼합이 되었다.

크림타타르는 2차 대전 중인 1944년 독일점령군에 협조하였다는 죄목으로 약 20만 명의 주민이 우즈베키스탄과 시베리아로 강제 이주되었다. 우크라이나 독립 후 난민의 지위를 인정받아 이 중 절반 이상이 크림반도로 귀환하였다. 크림타타르인들은 크림반도가 자신들의 땅이라며 우크라이나 정부의 농지 사유화에 대한 선제 조치로 농지와 들판에 움막 같은 집을 지어놓고 땅 소유권을 주장하였으나, 2014년 3월 러시아의 크림 병합 후 대부분 원거주지로 이주되었다. 현재 크림 인구의 약 12%에 해당하는 25만 명의 크림타타르가 크림반도에 거주하고 있고, 크림 병합 이후 크림타타르 지도자들은 우크라이나에 머물고 있다. 크림타타르족은 크림 병합 이전 우크라이나 인구의 0.5%를 차지하며, 몰도바인, 벨라루스인, 불가리아인과 비슷한 수자를 가진 소수민족으로 나타났다.

금칸국의 장군이었던 노가이의 이름을 딴 노가이 타타르는 전술한대로 16세기에 우크라이나 남부 지역으로 들어와 정착한 후 크림칸국의 봉신족(vassals) 지위를 유지했다. 우크라이나 남부 지역이 러시아 수중에 들어간 18세기 말 약 12만 명의 노가이(Nogai) 타타르는 원 거주지에 가까운 쿠반강과 돈강 사이의 스텝지역으로 강제이주되었으나 곧 아조프 해 연안으로 귀환하여 정착하였다. 크림 전쟁 이후 약 18만 명의 노가이 타타르는 오스만 터키의 영역인 남부 베사라비아 지역으로 이주하였다. 1989년 소련 인구센서스에는 약 75,000명의 노가이 타타르가 소련에 거주하는 것으로 조사되었으나, 2001년 우크라이나 인구센서스에서는 385명의 노가이 타타르만 조사되었다.

# 9장 우크라이나의 민속

## 9.1 명절과 축일

우크라이나의 명절과 축일은 전통 사회와 정교회 전통으로부터 유래한 것과 20세기와 소련 시대를 거치면서 나타난 국경일, 우크라이나 독립 이후 만들어진 축일로 나눌 수 있다.

### 9.1.1 주요 명절

〈전통 명절과 축일〉

새해 - 1월 1일

정교회 크리스마스 - 1월 7일

주현절(또는 공현절)(Epiphany) - 1월 19일

테티아나의 날 또는 학생의 날 - 1월 25일

발렌타인 데이 - 2월 14일

마슬레니차 - 2월 말

사순절 - 3월-4월 초

부활절 - 4월-5월 초

성삼위일체의 날 또는 녹색 일요일 - 5월 말-6월 초

이반 쿠팔로 - 7월 6-7일

코자크의 날 - 10월 14일

성니콜라이의 날 - 12월 19일


〈소련 시대의 경축일〉

우크라이나 연합의 날 - 1월 22일

남성의 날 - 2월 23일

여성의 날 - 3월 8일

만우절 - 4월 1일

노동절 - 5월 1-2일

승전기념일 - 5월 9일

어머니의 날 - 5월 13일

전쟁희생자 애도일 - 6월 22일

우크라이나 해방 기념일 - 10월 27일


〈독립 후 축일과 국경일〉

체르노빌 사고 기념일 - 4월 26일

유럽의 날 - 5월 세 번째 주말

문화인의 날(Cultural Workers and Folk Artists' Day) - 5월 27일

　　(2011년 대통령령으로 기념 시작)

키예프의 날 - 5월의 마지막 일요일

제헌절 - 6월 28일

졸업의 날 - 6월의 마지막 일요일

가족의 날 - 7월 8일(2011년 '기념일과 직업 경축일에 관한 대통령령'
으로 공식 기념일이 됨)

해군의 날 - 7월 마지막 일요일(원래 세바스토폴 흑해함대 해군을 기
리는 날이었으나, 2011년 친러파인 야누코비치 대통령이 국가 공
식 기념일로 정함)

지식의 날 또는 개학일 - 9월 1일

독립 기념일 - 8월 24일

바빈 야르 희생자 추모일 - 9월 27일

스승의 날 - 10월 7일(1994년부터 기념 시작)

조국수호자의 날(Defenders' Day) - 10월 14일

명예와 자유의 날(Dignity and Freedom Day) - 11월 21일(2014년 대
통령령에 의해 기념)

오렌지 혁명 기념일 - 11월 24일

대기근 희생자 기념일 - 11월 넷째 토요일

국군의 날 - 12월 6일(1993년부터 기념)


## 9.1.2 세시 풍습과 종교 축일

### o 새해

우크라이나인들은 새해가 다가오면 집안에 장식트리를 만들고 그 아
래 선물을 준비한다. 아이들은 디드 모로즈(Did Moroz)라고 불리는 할

아버지가 밤중에 선물을 가져온다고 믿는다. 새해를 알리는 종이 울리면 불꽃놀이를 하고 샴페인을 마시며 새해를 축하한다. 우크라이나인들이 사용하는 구력(율리우스력)과 신력(그레고리력) 사이에 13일의 차이가 있어 이전에는 1월 1일부터 13일까지 연속 휴일이었던 적이 있다. 그러나 시장경제 체제가 도입되고 나서 정교회 크리스마스까지인 1월 7일까지만 휴일로 지키거나 이보다 더 짧게 신년 연휴를 잡는 경향이 커지고 있다.

### o 정교회 크리스마스

구력의 크리스마스인 1월 7일부터 신년이 시작되는 13일까지 크리스마스 주간이 된다. 이 기간 동안 사람들은 친구들과 함께 이웃을 돌며 '콜랴드키(koliadky)' 또는 '쉬체드리브키(shchedrivsky)'라고 불리는 크리스마스 캐롤을 부르고, 음식이나 음료를 대접받는다. 또한 서로 덕담과 소원이 담긴 노래를 부르고 이에 답례를 하면 소원하는 것이 이루어진다고 믿는다. 새해 전날은 '말란카(Malanka)'라고 불리며 남녀가 서로 역할을 바꾼 연극을 하며 새해의 풍요와 번성을 기원한다.

### o 주현절(공현절)

예수가 세례 요한으로부터 세례를 받고 공생애를 시작한 날을 기리는 주현절에도 많은 민속의식이 행해진다. 추위를 무릅쓰고 얼음을 깨고 강물에 들어가면 1년 내내 병에 걸리지 않고 지낸다는 믿음으로 남자들은 얼음물에 들어가기도 한다. 유셴코는 대통령 시절 발로하(Baloha) 비서실장과 함께 이 관습을 실행한 적이 있다.

### o 마슬레니차

음식절제가 시작되는 사순절이 시작되기 전 마지막으로 큰 잔치를 하며 영향을 보충한다. 호두, 꿀, 양귀비 등 다양한 내용물을 넣은 팬케이크인 블린(blin)을 굽고 영양이 풍부한 여러 음식을 해먹는다.

o **사순절**

신앙심이 깊지 않더라도 정교회를 신봉하는 사람은 부활절 전 40일 동안 육류와 지방질 음식을 자제하며 예수의 고난을 기린다.

o **부활절**

교회력에 따라 4월 말과 5월 초 부활절을 지키며 부활절 빵을 준비한다. 각 가정에서는 원형 기둥으로 만든 부활절 빵을 부활절 아침에 교회로 가져가서 사제로부터 성수로 축복을 받는다. 달걀을 색물감으로 장식한 '피산카(pisanka)'를 준비하는데, 우크라이나에서 피산카는 민속 예술의 중요한 부분이 되었고, 서부 지역의 콜로이마에는 거대한 달걀 모양으로 건축된 피산카바물관이 있다. 부활절 아침 사람들은 이웃

피산카 박물관

을 찾아가 '예수님이 부활하셨습니다!(Khrystos voskres)'라고 축복하면 상대는 '진정으로 부활하셨습니다!(Voistinu voskres)'라고 답하며 서로 입을 맞추고 선물을 교환한다.

**o 이반 쿠팔로**

전통 사회에서는 봄밀 추수의 시작을 알리는 축제였지만, 기독교가 수용된 이후에는 세례 요한을 기리는 축일로 기념된다. '쿠팔로'는 조상신 또는 어머니를 뜻하는 단어에서 유래했고, 여기에 요한의 슬라브어 이름인 이반이 추가되었다. 전통 농경 사회에는 쿠팔로가 호밀이 자라는 것을 도와주는 신으로 받들어졌고, 후스틴(Hustin) 연대기에는 '숲에서 겨울을 보내고 들판에서 여름을 보내는 쿠팔로를 부르는 의례'라고 기록되었다. 죽은 신을 상징하는 짚으로 만든 인형을 세워두고 그 주위를 돌며 합창을 하고 춤을 춘 후, 쿠팔로 인형을 태워 땅에 묻는다. 모닥불을 피워놓고 그 위를 뛰어넘는 의식도 있는데, 장래를 약속한 남녀가 손을 잡고 모닥불을 성공적으로 뛰어넘으면 잘 살게 된다는 미신도 있다. 화관을 강물에 띄워 보내거나 처녀들은 물과 반지 등을 이용한 여러 가지 점치기 의식 등을 한다.

**o 성 니콜라스의 날**

산타클로스의 이름이 유래된 성니콜라스는 키예프공국 시절부터 추앙받던 성인으로 집안에 문제가 발생하며 가장 먼저 도움을 주는 수호 성인으로 알려져 있다. 아이들은 성니콜라스가 선행을 하는 아이에게 선물을 가져다준다고 믿고 있으며, 현재에는 성니콜라스에게 아이들에게 선물을 주는 관습이 정착되어 있다.

## 9.2 민속 풍습

### 9.2.1 탄생과 관련된 풍습

기독교가 도입되기 전 우크라이나인들은 아기의 탄생은 돌아가신 선조가 다시 가족의 품으로 돌아오는 것으로 생각했다. 죽은 뒤 곡식의 낟알이나 풀이 된 조상을 후손이 먹으면 아이를 잉태하게 되어 다시 탄생한다고 보고, 이를 축하하는 여러 의례가 행해졌다. 출산이 임박하면 산파를 부르는데, 산파는 30번의 절을 하고 집에 들어와 기도문을 외우며 출산 의례를 진행한다. 남편을 비롯한 남자들은 출산을 볼 수 없고, 다른 방에서 기다려야 했다. 아기가 탄생하면 아기의 발을 집의 대들보에 세 번 닿게 한 다음, 목욕을 시켰다. 목욕을 마친 아이는 양털포대기에 쌓아 집안의 가장 신성한 자리에 모셨다.[59]

기독교적 전통으로는 아기의 세례를 준비하는 과정이 가장 중요했다. 대모(kuma)와 대부(kum)이 아기의 세례를 준비한다. 아기는 외부 사람에게 보여주지 않다가 태어난 지 40일이 지나야 밖으로 데려나갈 수 있었다. 아기가 교회로 가면 먼저 정화의례를 받고서 교회에 들어가 비로소 세례를 받는다. 아이는 첫 돌에 머리 깎기 의례를 가졌다. 탄생의례는 전통적 의례와 기독교 의례가 혼합된 방식으로 보존되어 왔다.

### 9.2.2 결혼과 관련된 풍습

혼례의례는 가장 중요한 의례로 간주되어 치러졌으며 혼례전 의례와 혼례날 의례, 혼례 후 의례로 나누어진다. 먼저 혼례전 의례로는 보통

---

59   홍석우, 우크라이나의 민속, 《우크라이나의 이해》 2009, p. 112-13.

'스바티(svaty)'라고 불리는 중매쟁이가 신랑신부 양측을 연결하며 모든 준비과정을 맡는다. 중매쟁이는 먼저 예비신랑의 집을 찾아가 신랑 측의 재산과 생활수준을 살피면서 결혼약속에 대한 수행 여부를 가늠했다. 양측이 결혼에 동의하면 먼저 약혼식이 진행된다. 약혼식에서는 약혼자들을 달과 별에 비유하며 땅처럼 풍요롭고 물처럼 건강하라는 기원을 받는다. 예비신부 측 참여자들이 혼례노래를 부르는 동안, 연설, 의례용 수건으로 약혼자들을 묶는 의례, 약혼예물의 교환 순서로 약혼식이 진행된다. 신랑의 가장 친한 친구가 드루즈코(druzhko)를 맡고, 신부측의 대표가 스타로스타(starosta)를 맡아 약혼자들을 수건으로 묶은 뒤 잔치 상으로 인도한다.[60]

혼례 당일 의례로는 혼례와 피로연이 있다. 혼례는 결혼식 빵의 준비, 처녀들의 밤, 교회 결혼식, 신랑과 신부의 합석 순으로 진행된다. 결혼식은 주일에 치러지는데, 하루 전에 꽃이나 색종이, 작은 양초로 장식한 나뭇가지나 작은 나무를 준비하거나 결혼식 빵에 꽂는다. 결혼식 전날 예비신부는 친구들과 함께 들판으로 '바르니녹(barvinok)'이라 하는 상록수 가지를 모으로 가고, 이 가지로 화관을 만든다. 결혼식 빵은 밀가루 반죽으로 만드는데 솔방울이나 비둘기, 거위 같은 모습으로 만든다. 결혼식 빵에 들어가는 밀가루는 모든 친지들과 이웃들이 가져온 것을 쓴다. 결혼 전날 저녁 벌어지는 '처녀들의 밤(dibych-vechir)'은 결혼 전 축제의 분위기를 고조시키는 역할을 한다. 이 행사는 예비 신부와 친구들이 동네를 돌아다니며 이웃들을 결혼식에 초청한 뒤 집으로 돌아와 행해진다. 먼저 결혼식에 사용될 나무가 장식되며 신부의 머리를 푸는

---

60  같은 책. p. 114.

의례가 진행된다.

19세기부터 시행된 교회결혼식은 먼저 상류층이 시작하였고, 일반 대중들은 신부 측 집에서 결혼식을 진행했다. 신부가 결혼식을 위해 교회로 가기 전 오빠나 동생은 신부의 머리를 빗어주고 부모들은 '축복의 말(blahoslovennia)'로 딸에게 축복을 해준다. 집 밖에서는 신랑 측 일행과 신부 측 일행이 합류하여 교회로 향하는데 악사들이 일행을 따르며 축가를 연주한다. 신부 측 어머니는 교회로 향하는 일행에게 성수로 축성을 하고 곡식의 낱알들을 뿌린다. 교회결혼식이 끝나면 가장 중요한 전통 혼례의식인 신랑, 신부의 합석(posad molodykh) 의식이 진행된다. 이 의례는 신혼부부를 결혼을 하지 않은 사람과 구별시키고 신혼부부를 가족의 일원으로 받아들이는 의식이다. 이 의식 후 피로연이 베풀어지는데, 이에 앞서 신랑측에 의한 신부의 상징적 구매 의식과 신부를 대상으로 한 싸움의 의식이 벌어진다. 신랑과 그의 일행이 신부 집에 도착하기 전, 신부 측 마을의 젊은이들은 신랑 측의 길을 막고 몸값을 요구한다. 신랑이 몸값을 지불하면 얼마간 더 들어갈 수 있지만 다시 제제를 당하고 다시 몸값을 치루는 과정을 여러 차례 거친 후에야 신부 집으로 들어가서 신부 옆에 앉게 된다.

결혼식 피로연이 끝나면 신랑은 신부를 데리고 자기 집으로 간다. 신부는 노래와 음악이 연주되는 동안 부모와 친구들에게 작별을 고하고 시댁으로 출발한다. 이때 검은 닭이 포함된 혼수품을 담은 함이 함께 간다. 시부모는 빵과 소금을 준비하여 문 앞에서 신부를 맞는다. 신부는 시댁으로 들어가는 동안 침묵을 해야 하고, 검은 닭은 시댁의 부엌

난로 위에 놓는다.[61]

소련 시대에는 교회 결혼이 금지되고 신랑신부가 등기소에서 공무원의 주례 하에 간단한 결혼식을 행한 다음 결혼 등록에 서명하는 식으로 결혼식이 무미건조하게 바뀌었다. 혼례 후에는 차를 타고 시내 명소를 돌아다니며 사진을 찌고 저녁에 신랑신부 친구들과 연회를 하며 축하를 한다. 우크라이나 키예프에서는 드니프로강가의 키예프 루스 기원을 기리는 조형물에 신부 부케를 던지고 사진을 찍는 전통이 생겼으며, 교회결혼식이 부활하고 서구식 결혼 의례다 확산되고 있다.

### 9.2.3 장례와 관련된 풍습

기독교가 도래하기 전 우크라이나인들은 죽은 사람이 물이나 흙으로 돌아가거나, 곡식, 풀, 나무, 동물, 새 등으로 변해서 돌아온다고 믿었다. 이런 믿음에 따라 명절이 다가오면 들판에서 모은 지푸라기 묶음이나 낱알들이 조상의 상징으로 집안으로 들여와 모셔졌다. 창문을 열고 천을 깔아 놓아 조상이 집안으로 들어오기를 기다렸는데, 창가에 뿌려놓은 곡식 낱알에 새의 발자국이 찍혀 있으면 돌아가신 조상이 왔다 간 것으로 믿었다. 장례관습에는 망자로부터 살아있는 사람을 보호하는 의식도 있다. 원치 않는 망자의 방문을 막기 위해서 망자의 묘지의 사방에 돌을 놓아 밖으로 나오지 못하게 하기도 했다. 장례는 늘 슬프게만 받아들여지지는 않았고, 죽은 사람이 임 떠나신 조상들의 행렬에 참여한다고 믿어 축제적인 행사로 이어졌으며 마을과 공동체가 다같이 참여하는 큰 행사로 치러졌다. 특히 죽은 사람이 마을을 위해 좋은 일

---

61  같은 책. p. 117-18.

을 많이 하거나, 존경받는 지주나 관리의 경우 마을 사람들이 죽은 자의 관을 메고 마을을 도는 행사가 치러졌다. 교회장례식에서는 망자의 얼굴이 노출된 뚜껑이 열린 관이 교회에 안치되면 문상객들이 줄을 지어 들어와 작별의 의식을 치렀고, 사람들에 의해 관이 운구될 때도 관 뚜껑을 연 채로 거리를 지나가고, 운구 행렬을 본 사람들은 가던 길을 멈추고 성호를 그으며 조의를 표했다.

# 10장 우크라이나의 국민성

한 국가의 국민성을 몇 마디 말로 단정적으로 정의하거나 서술하는 것은 위험한 일이다. 때로 국민성에 대한 부정적인 서술은 대상 국민에 대한 폄훼의 수단으로 사용되기도 한다. 그러나 한 나라에 오래 살거나 그 나라 국민들을 오래 접하다 보면 말로 설명하기는 어려워도 다른 나라와 구별되는 특징을 느낄 수 있다.

19세기 우크라이나의 저명한 민속학자, 역사학자인 미콜라 코스토마로프는 우크라이나인, 러시아인, 폴란드인의 특성과 기질을 비교한 흥미로운 글을 1861년 〈기초〉지에 실은 바 있다. 우크라이나 태생인 그는 키예프대학 교수를 역임하고, 우크라이나 민족운동 비밀 결사체인 키릴-메포디이회를 조직한 죄로 수형 생활을 한 후, 상트페테르부르그대학 역사학부장이 되었다. 이러한 인생 경험과 역사에 대한 깊은 지식을 갖춘 코스토마로프가 서술한 러시아인과 우크라이나인의 특성은 주의를 기울여 읽어 볼 가치가 있다.

# 코스토마로프의 우크라이나, 러시아, 폴란드 민족성 비교

(1861년 〈기초(Osnova)〉지에 실린 '두 개의 루스 민족(Dvie russkii narodnosti)'에서 발췌)

남루스인(Southern Rus', 우크라이나인)들은 개인주의, 대루스인(Great Rus', 러시아인)들은 집단주의가 특징적이다.... 정치 부문에서 남루스인들은 자신들의 생존에 필요한 정도만 통제하는 자유로운 사회체제를 스스로 만들어낼 능력이 있었다. 그러나 그들은 개인의 자유를 침해하지 않으면서도 강력함을 유지할 수 있었다. 대루스인들은 단단한 기초 위에 하나의 정신으로 충만한 집단적 구조를 건설하려고 노력했다. 남루스인들은 연방적 구조를 지향하는데 반해, 대루스인들은 전제제와 강력한 군주제를 지향한다.

대루스인들은 거대하고 창조적인 요소를 내포하고 있으며, 전체성과 통합적 의식, 실천적 이성의 지배가 특징이다. 대루스인들은 온갖 역경 속에서도 살아갈 수 있으며 행동이 가장 필요하고 여건이 가장 유리한 시간을 고를 줄 안다.

남루스인들은 이러한 자질을 가지고 있지 못하다. 이들의 자유분방한 즉흥성은 사회적 체제를 파괴하거나 민족적 노력을 온갖 방향으로 분산시키는 소용돌이로 귀결되었다. 두 민족에 대한 이러한 증언은 역사에 의해 증명되었다...

남루스인들과 폴란드인들의 관계는 매우 다르다. 언어적으로 남루스인은 폴란드인보다는 대루스인에 가깝지만, 민족적 특성에 있어서는 폴란드인에 더 가깝다.

물론 폴란드인들과 남루스인들을 구별하는 큰 간극이 있는 것은 사실이다. 폴란드인들과 남루스인들은 반대 방향으로 자라는 나뭇가지와 같다. 한 가지는 가지치기가 되어 '귀족'이라는 우아한 열매를 맺었고, 다른 가지는 농민이라는 열매를 맺었다. 이것을 좀 더 직설적으로 말하면 폴란드인들은 전제(專制)적인데 반해 남루스인들은 민주적 민족이다. 그러나 이러한 정의가 두 민족의 역사를 반영하는 것은 아니다. 폴란드의 전제제는 매우 민주적이고, 남루스인의 민주제는 매우 전제적이다. 폴란드의 귀족은 계급의 범위 내에 머물려고 하는데 반해, 우크라이나에서 주민들은 동등한 지위와 권리를 가지고 있다가 다른 사람들보다 훨씬 높이 올라가고 많은 것을 획득하는 개인들을 자주 만들어내었다. 그러나 이들은 자신들이 뿌리를 둔 민중에 의해 다시 흡수된다. 이곳저곳에서 벌어지는 이러한 투쟁은 다른 민족이 높게 가치를 두는 강력한 공동체를 건설할 수 있는 기회를 마련해 주는 사회적 구조를 자주 약화시킨다.

허승철《우크라이나의 역사》서울: 문예림, 2015년, 98-99.

Magosci, Paul Robert, *A History of Ukraine: The Land and Its Peoples*, 2nd edition (Toronto; University of Toronto Press, 2010) p. 20에서 재인용

외형적으로 보면 우크라이나인은 러시아인과 구별하기 힘들고, 현재도 많은 사람이 러시아어를 제1언어로 사용하므로 언뜻 보면 우크라이나인은 러시아인과 기질이나 성격이 별 차이가 없어 보인다. 양국 국민성 사이에 큰 차이가 없다는 이러한 인식이나 전제는 러시아 쪽에 특히 강한 것 같다. 그러나 오랜 시간 이들과 교우하다 보면 작아 보이지만 중요한 차이를 느낄 수 있다. 우선 우크라이나인들은 러시아인들보다 조용하고 여유로운 태도를 가지고 있다. 이것은 풍부한 물산과 따뜻한 기후에 영향을 받은 탓이 크다고 본다. 혹독한 기후와 자연 환경이 러시아인의 강인함과 무뚝뚝함, 환경에 대한 도전 정신을 만들어냈다면, 우크라이나인은 부드럽고 차분하며 운명에 순종적이다. 개인적 차원을 떠나 집단적 문화를 보면, 우크라이나인들은 절대 권력을 혐오하고 개인의 자유를 중시하는 반면, 애국심과 단결력이 약해 보인다. 이것은 독립 이후 정치문화에도 큰 영향을 미쳐서, 한 지도자의 장기 집권이나 권력 집중을 허용하지 않은 대신, 잦은 지도자 교체와 사회 혼란을 유발시켰다. 우크라이나와 러시아 등 동슬라브 지역에 오래 체류하거나 근무한 한국인들이 공통으로 지적하는 우크라이나인과 러시아인의 특징이 있다. 이들의 장점인 끈기와 진지함은 예술, 문학, 자연과학 등에서 큰 성과를 내는데 큰 기여를 했지만, 행정 능력, 장사, 교역 등의 자질은 뛰어나지 않다는 것이다. 현지의 공공기관이나 공무원을 상대해 보면 간단하고 단순하게 처리할 수 있는 일을 상당히 복잡하게 만들고, 이것이 권위적 관료주의와 결합되면 상대를 거의 경악하게 만든다. 제조업, 교역에 능란한 중국인이나 유대인, 아르메니아인, 조지아인 등에 비하면 동슬라브족의 상업 능력은 높게 평가하게 되지 않는다.

아래는 우크라이나인의 특성과 러시아인의 특성을 비교한 표이다. 국민성을 너무 단순화시켜 표현한 것은 아닌가 하는 우려가 있기는 하지만, 코스토마로프가 서술한 양국 국민성 차이도 상당히 포함되어 있어서 여기에 소개한다.

〈우크라이나인과 러시아인 특성 비교〉

| 우크라이나인 | 러시아인 |
|---|---|
| 개인주의 | 집단주의 |
| 민주주의 | 권위주의 |
| 자유주의 | 평등주의 |
| 진보주의 | 보수주의 |
| 즉흥적 | 합리적 |
| 낙관주의 | 염세주의 |
| 온건주의 | 극단주의 |
| 새로운 것에 대한 의심 | 개방성, 남을 잘 믿음 |
| 개인적 자발성 | 특출한 행동 자제, "남들과 같이" |
| 인내, 겸손, 절약 | 충동성, 체계성 부족, 낭비성 |
| 소극적, 온순 | 대범함, 자부심 |
| 자유 중시, 방종 | 지도자에 대한 충성, 헌신 |
| 사회적 숙명주의 | 사회적 적극성 |
| 관용성 | 엄격, 비관용 |
| 유연성, 교묘함 | 고집, 직선적 |
| 공통적 특성: 인내심, 숙명주의 | |

〈출처: http://www.navigator.lg.ua/arts.php?mode=r&art=r0073〉

엘친 대통령 시기 가스프롬 회장과 총리를 역임하고 저자와 같은 시기에 우크라이나 주재 러시아대사를 역임한 빅토르 체르노미르딘 (Viktor Chernomyrdin)은 우크라이나인들의 기질을 다음과 같이 묘사했다.

"관습적인 우크라이나의 전통은 진실되게, 아름답게, 깨끗하게 사는 것이다. 당신은 우크라이나를 여행해 본 적이 있는가? 모든 농가는 흰색으로 칠해져 있고, 모든 울타리는 정확하게 만들어졌고, 지붕은 모두 깔끔하게 수리되어 있다. 그러나 러시아 시골을 한 번 가라. 신흥 부자의 별장 말고, 궁벽한 시골로 가 보라. 거기 울타리는 어떤 상태인가? 마당은 마치 폭격을 맞은 것 같고, 길거리는 비가 오면 지나다닐 수 없다. (중략) 우리 러시아 사람들은 단합을 잘하고, 넓게 생각하고, 집단적이고, 국가를 우선시한다. 우리는 울타리나 길거리나, 지붕은 신경 쓰지 않는다. 그러나 우크라이나 사람들은 자신의 초가집을 소중히 여기고, 정성스럽게 자신만의 세계를 만든다." [62]

---

[62] http://rutube.ru/tracks/3288825.html?v=7521c64e05d33e8f20acc32e96c992c3.

# 4부 우크라이나의 문학과 언어

# 11장 우크라이나의 문학

## 11.1 고대의 문학 (11-15세기)

키예프 루스 지역의 문학의 토대가 형성된 것은 볼로디미르 대공의 기독교 수용 이후이다. 그 이전에는 민간전승으로 전해진 구비문학만이 있었다. 17세기부터 문자로 기록되고, 19세기에 본격적으로 정리된 구비문학은 그 정확한 기원과 내용을 추적하기가 어려운 것이 당연하다. 농사, 축제, 결혼식, 장례식 등 고대 생활의 중요한 의례에 특히 장례식에 불리던 애곡(Plach)은 후에 키예프연대기와 갈리시아-볼히냐 연대기에도 여러 번 등장한다. 민간 구비 문학의 일부 내용은 후에 루살카(Rusalka, Rusaliji)나 쿠팔로(Kupalo, Kupaliji) 등의 민간 축제와 기독교 문학에 그 흔적이 일부 남아 있다.

9세기 후반 비잔틴 정교의 기독교 문화가 키릴과 메포디아 형제의 선교를 통해 모라비아 지역에 전파되고, 이후 판노니아를 거쳐 불가리아에서 키릴 문자의 창제와 성서 번역 작업이 활발히 이루어졌다. 9세기 말 키예프 루스는 남동 슬라브 지역과 비잔틴으로부터 기독교 문명과 함께 기독교 문학을 수용하였다. 최초의 기독교 문학 장르의 대표적인 것은 설교문과 성자전이다. 최초의 키예프대주교 최초의 키예프 대주교였던 일라리온의 '법과 은혜에 대한' 설교가 가장 오래된 설교문 중 하나이다. 그는 신약과 구약을 대비하고, 볼로디미르 대공과 그 후손들을 축복했다. 키예프 동굴수도원의 창시자인 성 테오도시우스도 성서를 바탕으로 수도사들의 생활에 대한 자신의 견해를 담은 설교문을 썼다. 단순한 문장과 경구, 운율적 언어로 쓰인 이 글들은 기독교 신앙과 야로슬라브 현재 시대의 키예프 루스 국가를 찬양했다. 1056-57년에 흐리호리(Hryhory) 주교가 자신의 후원자인 오스트로미르 공을 위해 편찬한 〈오스트로미르 복음서(Ostromir's Gospel)〉도 야로슬라브 현제 시대의 키예프 루스와 이웃 동유럽 국가들 사이의 정치적, 문화적 관계를 반영하고 있다. 기독교 문학에 또다른 중요한 장르는 성자전이었다. 수도사 네스토르(Nestor)는 〈이야기(Skazanie)〉를 써서 성 테오도시우스의 생애를 기록했고, 그는 볼로디미르 대공 사후 벌어진 왕자들의 권력 투쟁에서 맏아들인 스뱌토폴크에 의해 죽임을 당한 보리스와 글렙의 이야기를 기록한 〈읽을거리(Chtenie)〉도 남겼다. 또한 비잔틴 성자전도 번역되어 널리 읽혔는데, 그 대표적인 것이 자신의 재산을 모두 가난한 사람들에게 나누어주고 걸인으로 생을 마친 로마귀족의 이야기를 다룬 〈하나님의 사람, 성 알렉시우스〉였다. '키예프동굴수도원의 파테리콘(Patericon of the Kyivan Cave Monastry)'은 동굴수도원의 두 수도사 간의 서신을 모은 것인데, 미적 감각이 뛰어난 비세속적 문체로 쓰여진 이 글은 당시의 수도원과 민간 생활에 대한 생생한 정보를 담고 있는 문학적 가치가 뛰어난 걸작이다.

## 연대기

연대기는 세 시기로 나눌 수 있다. 원초 연대기(1113년 경), 키예프 연대기(1118-1190년), 갈리시아-볼히냐(13세기 초-1292년) 연대기는 주요한 역사적 기록뿐만 아니라, 다양한 이야기, 전설, 전기, 비잔틴 연대기에서 차용한 이야기 등이 수록되어 있어 문학적 가치가 높다. 《지나간 시대의 이야기(The Tale of Bygone Years)》라고도 알려진《원초 연대기(The Primary Chronicle)》는 동슬라브인들의 역사를 기록한 가장 오래된 역사서로서 후에 쓰인 키예프 연대기와 갈리시아-볼히냐 연대기의 모델이 되었다. 《원초 연대기》의 원본은 분실되어 저자를 알 수가 없고, 14세기에 필사된 로렌스 필사본(Laurentian Codex)이 현존하는 가장 오래된 필사본이다. 고대교회슬라브어와 당시의 구어체가 혼합된 언어로 기술되었다. 연대기는 국내 자료 뿐 아니라, 서슬라브와 남슬라브 문학, 비잔틴 연대기, 스칸디나비아 영웅담, 그리스 종교서적, 루스-비잔틴 조약문 등 국외 자료도 폭넓게 이용했다.

《이호르 원정기(Slovo o polku Ihorevi)》는 키예프 루스 시대의

**키예프 연대기**

가장 뛰어난 문학작품으로 꼽을 수 있다. 위작의 논란이 있기도 하고, 이 작품의 저자를 밝히려는 노력은 실패로 돌아갔지만, 신앙심과 애국심이 투철한 갈리시아 출신의 귀족(boyar)으로 추정된다. 이 작품의 주인공인 노보호르드-시베르스키(Novhorod-Siversky)의 이호르 스뱌토폴크 공은 폴로비치족과의 전쟁을 위해 출정하였으나, 주변 공후들의 지원을 받지 못한 채 비극적 패배를 당한다. 풍부한 상징과 초자연적 힘을 그린 문체가 뛰어나서 당대 최고의 작품으로 꼽힌다.

## 11.2 리투아니아 시대의 문학

리투아니아가 우크라이나 대부분의 영역을 장악하고, 후에 리투아니아-폴란드 국가연합이 형성되면서 우크라이나 문학은 이제까지의 비잔틴 영향에서 벗어나 서유럽의 영향을 받게 된다. 언어적으로도 서슬라브어 영향을 많이 받으면서 우크라이나어는 러시아어와의 차별성이 생기기 시작했다. 종교적으로는 가톨릭의 영향이 강해지면서 연합교회(Uniate Church)가 탄생하고, 정교회의 입지가 축소되었다. 서유럽에서는 르네상스와 종교개혁(Reformation)이 진행되고 있었지만 우크라이나는 이에 직접적 영향을 받지 않았다. 이 시기에 키예프 루스 시대의 이야기들과 성경이 구어체로 번역되었다. 이 시기 가장 의미가 큰 출판물은 1581년 출간된 오스트로흐 성서(Ostroh Bible)이다. 이 시기에 문필과 출판 활동에 업적을 남긴 사람으로는 오스트로즈키(Vasyl Ostrozsky), 헤라심 스모트리츠키(Herasym Smotrytsky), 포티(Adam Ipatii Potii) 주교가 대표적이다. 이 시기의 시에는 폴란드시의 영향이

나타나기 시작하고, 규칙적인 시구가 특징이다. 대표적 예로는 림샤(Andrii Rymsha)의 〈연대기〉로 규칙적인 13음절 구조로 작시하였다. 민중 속에서는 민요와 시가 결합된 '두미(dumy)'가 나타나서 대표적 민중 문학으로 자리잡기 시작했다. 19세기 초 우크라이나 민족 문화에 대한 각성이 일어났을 때 여러 학자가 '두미'를 수집하여 발간했고, 코자크와 민족적 주제의 작품에 광범위하게 이용되었다.

## 11.3 바로크 시기

우크라이나 코자크 국가가 해체되고, 좌안과 우안이 각각 러시아와 폴란드의 지배에 들어간 17-18세기에 우크라이나에서는 화려한 문체를 특징으로 하는 바로크 문학의 시대가 열렸다. 먼저 교회 설교와 신학 강론에서 우화와 예화, 유머, 인용 등이 풍부하게 담긴 새로운 스타일이 유행했다. 16세기의 대표적인 바로크 문학으로는 수사와 유머가 뛰어난 코피스텐스키(Zacharias Kopystenky)의 '팔리노디아(Palinodiia)'를 꼽을 수 있다. 바로크식의 설교문을 남긴 대표적 인물로는 멜레티우스 스모트리츠키(Meletius Smotrsyky)와 모힐라 아카데미를 세운 페트로 모힐라(Petro Mohyla)를 들 수 있다. 교회의 종교적 서정시들을 모은 시집《보호흘라스니크(Bohohlasnyk, '신을 찬양함'이라는 뜻)》가 출간되기도 하였다.

바로크 시대에는 전통적 신학적 주제를 벗어나 세속적 주제를 소재로 한 시문학이 발달했다. 감상적 주제뿐만 아니라 민족적, 정치적 주제도 다루었다. 이 시기의 대표적 작가로는 흐리호리 스코보로다

(Hrihory Skovoroda)를 꼽을 수 있다. 그는 30편의 시모음집인《성스러운 노래의 정원(Sad Bozhestvennykh Pisen)》과 30편의 우화를 모은 《하르키프 우화(Basni Kharkovskiia)》를 남겼다. 스코보로다는 '행복'의 의미를 집중적으로 다루었으며 풍부한 상징을 이용하여 글을 썼다. 그의 시와 우화 중 일부는 우크라이나 민요가 되어 후대에 계승되었다. 바로크 시기의 대표적 역사적 서술로는 사모비데츠(Samovydets)와 벨리츠코(Samiilo Velychko)가 각각 쓴 〈코자크 연대기(Cossack Chronicle)〉를 들 수 있다. 이 작품들은 코자크 시대를 다룬 19세기 낭만주의 시인인 셰브첸코와 쿨리쉬에게 큰 영향을 끼쳤다.

이 시기에 우크라이나 고유의 희곡과 연극도 폴란드와 라틴 전통의 영향 아래 발아하기 시작했다. 1616년 베린다(Pamva Berynda)가 쓴 그리스도의 탄생을 다룬 작품이 최초의 희곡으로 알려져 있다. 초기의 연극은 막 뒤에서 합창단이 찬송을 부르거나 무대의 등장인물과 대화를 나누며 연기가 진행되는 형식을 취했고, 17세기 후반부터 근대적 연극이 발달하기 시작했다. 이 시기 대표적 희곡 작가로는 투프탈로(Dymytrii Tuptalo)를 꼽을 수 있고, 코니스키(Heorhy Konysky)와 도브할렙스키(Metrofan Dovhalevsky)가 작품을 남겼으며, 프로코프비치(Feofan Prokopovych)가 쓴 〈볼로디미르(Volodymyr)〉가 세속극의 대표작으로 꼽힌다.

## 11.4 고전주의 시기

18세기에 들어서면서 우크라이나 문학에는 고전주의 시기가 시작되었다. 1709년 러시아의 폴타바 전투 승리로 좌안(左岸) 우크라이나는 빠른 속도로 독립을 잃고 러시아에 복속되었다. 이 시기의 우크라이나 문학은 폴란드 지배 하의 우안(右岸)과 카르파치아 지역에서 발달했지만, 폴란드화의 영향을 피할 수는 없었다. 고전주의 시기는 상문체(high style)를 이용하고 고전적 작시법을 적용한 작품이 나왔지만 상문체만으로는 세속적, 민중적 주제를 표현하는 것이 어렵기 때문에 종종 고문체와 하문체(low style)를 혼합한 문체가 사용되었다.

이 시기를 대표하는 작가로는 이반 코틀랴렙스키(Ivan Kotliarevsky, 1769-1838년)를 꼽을 수 있다. 그는 우크라이나 근대문학의 개척자로 꼽힌다. 라틴문학 고전인 베르길리우스의 《아에네이드(Aeneid)》를 코자크에 적용한 《에네이다(Eneida)》는 구어에 바탕을 둔 현대 우크라이나어를 적용한 최초의 작품으로 평가된다. 신학생, 유랑시인, 도적, 술주정뱅이 등 다양한 등장인물이 벌이는 코믹한 상황을 구어체로 묘사한 이 작품은 당시의 주 사회적 관심이었던 러시아 압제 하의 우크라이나의 비극적 상황을 통렬하게 묘사하고 있다. 그는 우크라이나인의 일상 생활의 세세한 부분까지 묘사함으로써 이 작품은 '우크라이나 민속학 백과사전'으로 불리기도 한다. 《에네이다》는 스타일에서 바로크 시기 문학과 유사하다. 동일어구의 반복, 동의어를 통한 유희, 천당과 지옥에 대한 묘사 등은 바로크적인 전통과 연관된다. 코틀랴렙스키는 《나탈카-폴타브카(Natalka-Poltavka)》, 《마법사 모스칼(Moskal-Charivnyk)》을 썼다. 희극적 사회 묘사는 호홀(Vasyl Hohol)의 《로만과 파라스카(Roman ta Paraska)》와 《개 또는 양(Dog·or Sheep)》으로 이어졌다.

고전주의 시기에는 송시(Oda)가 유행했다. 코틀랴렙스키가 쓴 러시아의 쿠라킨 공에게 바친 〈러시아의 작은 영웅-장군〉이 대표적인 예이다. 훌라크-아르테몹스키(Petro Hulak-Artemovsky)는 시에서는 코틀랴렙스키를 뛰어 넘는 대표적 고전주의 시인으로 꼽힌다. 그의 대표작은 〈하라시코의 노래〉이다. 그의 발라드풍 시 〈어부(Rybalka)〉와 〈트바르돕스키(Tvardovs'kyi)〉는 낭만주의적 성향을 이미 나타내는데, 괴테와 폴란드의 대표 시인 아담 미츠케비치(Adam Mickiewicz)에게서 주제와 형식을 빌려왔다. 그는 바로크와 고전주의 시인들의 시를 러시아어의 '상문체'로 번역하기도 하였다. 그의 대표적 우화(fable) 〈지주와 개(Pan i sobaka)〉는 농노를 폭압적으로 다루는 지주를 냉혹하게 풍자하고 있다.

고전주의 시기 가장 뛰어난 산문 작가는 크비트카-오스노뱌넨코(Hrohory Kvitka-Osnovianenko, 1778-1843년)이다. 그는 간결한 문체로 농민들의 생활상을 묘사했으면 루소의 계몽주의의 영향을 받아 인간의 선한 본성을 강조하였다. 그의 대표작은 〈군인의 초상〉, 〈파르힘의 아침식사〉, 〈거짓말쟁이의 조력자〉 등이다. 또한 전설에서 모티브를 차용한 〈망자의 부활〉, 〈코노톱의 마녀〉 등도 남겼다. 활발한 산문 저작 활동을 한 크비트카-오스노뱌넨코는 '우크라이나 산문 문학의 아버지'라는 명칭을 얻었다.

## 11.4 19세기 초 서부 우크라이나의 문학

17세기 말 이후 폴란드의 지배로 들어갔다가 폴란드의 3차 분할 후 오스트리아-헝가리제국의 일부가 된 서부 우크라이나에서는 러시아 지배를 받는 동부 우크라이나보다 문화적 동화 압박이 비교적 덜 했다. 안드리이 바친스키(Andrii Bachinski) 주교가 이끈 르비프신학교가 문예부흥의 중심지가 되었다. 1784년에 설립된 르비프대학에서는 일부 과목 수업이 우크라이나어로 진행되었고, 대학 입학을 준비하는 예비학교인 리세움(lyseum)이 별도로 설립되어 교육에서도 부흥 운동이 일어났다. 18세기 초 루테니아 3인방(Ruthenian Triad/Ruska Tritsia)이라고 불리는 젊은 작가 세 명이 나타나 활발한 저술과 함께 문예부흥을 이끌었다. 르비프 신학교 출신인 샤쉬케비치(Markiian Shashkevich), 홀로바츠키(Yakiv Holovatsky), 바힐례비치(Ivan Vahylevych)는 우크라이나 역사와 문화에 대한 연구와 출판을 통해 우크라이나 민족주의를 고양하며 갈리시아, 부코비나, 트랜스카르파치아 지역의 소위 루신(Ruthenian/Rusyn, 우크라이나인의 현지 명칭)을 단결시키고 통합하는데 힘을 쏟았다. 이미 낭만주의 경향을 보인 3인방은 별칭도 고대슬라브어에서 따왔고(각각 루슬란(Ruslan), 달리보르(Dalibor), 야로슬라브(Yaroslav)), 우크라이나의 전승 문학 자료를 수집하며 작품 활동을 했다. 이들의 대표작은 1836년에 출간된 문학선집《드니스트르의 인어(Rusalka Dnistrova)》이다. 이 작품은 고답적 문체를 버리고 우크라이나어 구어로 쓰였다. 이 작품은 합스부르그제국 내에서 구어에 바탕을 둔 우크라이나 문학 발전의 물꼬를 텄다. 이 책에서 갈리시아 여러 지역에서 수집된 민요가 실렸고, 바실례비치가 이를 해설하는 글을 달았다. 3인이 쓴 산문과 세르비아 민속시, 15세기의 서정, 영웅서사시가 샤스케비치의 해설과 함께 실렸다. 홀로바츠키는 성 바실 수도원의 필사본과 우크라이나 혼례노래에 대한 해설을 썼다. 샤슈케비치는 책의 서문에서 우크라이나 구어와 구전 문학 전통의 아름다움을 강조하고, 당대 동부 우크라이나 지역의 주요 작품들을 소개했다.

## 11.5 낭만주의 시기

19세기 전반 꽃핀 낭만주의 문학은 우크라이나 민족 문학과 민족어의 확립에 크게 기여했다. 낭만주의 작가와 지식인들은 우크라이나의 역사, 민속, 농촌 전통에 매료되어 역사를 연구하고, 민요와 민속자료를 수집했다. 하르키프의 지식인과 문인들이 새로운 사조의 문을 열었고, 곧이어 키예프와 갈리치아에서도 낭만주의 시대가 시작되었다. 하르키프 대학 교수였던 홀라크-아르템스키는 경이로운 시들을 썼고, 외국문학 작품을 우크라이나어로 번역했다. 하르키프 시민들의 큰 존경을 받은 흐리호리 크비트카는 소오페라와 민중 주인공이 잘 그려진 최초의 소설들을 썼다. 유명한 언어학자인 스레즈넵스키(Ismail Sreznevsky)는 시로 된 역사서인 우크라이나 역사민요집을 발간했다. 젊은 하르키프대학 졸업생 코스토마로프(Mykola Kostomarov, 1817-1885년)는 역사학자로서 이름을 날렸다.

키예프에서는 막시모비치(Mykhailo Maksymovych, 1804-1873년)가 낭만주의 사조를 이끌었다. 식물학, 동물학에서 일가견을 가지고 있었지만 언어와 민속 연구에 집중한 그는 1827년 우크라이나의 민요를 수집한 《소러시아 민요집》을 발간했다. 1834년 설립된 블라디미르대학(현 키예프대학교)의 총장을 역임하며 문학사와 민속학 연구를 이끌었다.

# 니콜라이 고골과 우크라이나 문학

니콜라이 고골(Nikolai Gogol, 1809-1852년)은 우크라이나 폴타바주의 코자크 마을 소로친치(Sorochyntsi)에서 태어났지만, 러시아의 수도 페테르부르그에서 러시아어로 글을 써서 러시아 문학사에 중요한 작가로 꼽힌다. 그러나 그의 작품 세계는 우크라이나 민담, 역사, 문화와 개인적 경험에 바탕을 둔 〈우크라이나 산문〉과 인간 본성, 사회 풍자가 주제가 된 〈페테르부르그 산문〉 시기로 나눌 수 있다. 고골의 부모는 모두 우크라이나 좌안의 코자크 후예로 러시아어와 우크라이나어를 모두 구사하였고, 아버지는 아마추어 극작가이자 시인이었다. 1820년부터 1828년까지 니진(Nizhyn)의 김나지움에서 수학한 고골은 학생 시절 〈도적들〉, 〈타타르 발굽 아래의 러시아〉 등의 산문과 〈니진에 대해서는 할 말이 없다 혹은 바보에게 법은 필요없다〉라는 제목의 희곡을 쓴 것으로 알려졌지만, 작품 텍스트는 남아 있지 않다. 1828년 페테르부르그로 올라 온 고골은 장편시 〈간스 큐헬가르첸(Hans Küchelgarten)〉을 출간하였으나 혹독한 비평을 받고 실망하여 잠시 외국 여행 길에 올랐고, 다시 페테르부르그로 돌아와서는 내무성, 출판국, 궁내성 등에서 하급 관리로 일했다. 1830년 당시 문단의 거장 주콥스키와 바랴틴스키를 만나 이들의 주선으로 〈조국 통보〉지에 "이반 쿠팔라 전야"를 발표하여 좋은 평가를 받았다. 1831년 모스크바에서 푸쉬킨을 만나 후원을 받게 된 고골은 〈소로친지의 장날〉, 〈이반 쿠팔라 전야〉, 〈오월의 밤 혹은 여자 익사자〉,

〈분실된 서류〉로 구성된 《지간카 근교 농가의 밤》 1부를 출간하고, 1832년 〈크리스마스 전야〉, 〈무서운 복수〉, 〈이반 표도로비치 쉬포니카와 그의 숙모〉, 〈마법에 걸린 땅〉으로 구성된 2부를 발표하여 단번에 문학적 명성을 얻었다. 1835년에는 두 번째 작품집인 《미르고로드》를 발표했는데, 여기에는 〈옛 기질의 지주〉, 〈비이〉, 〈타라스 불바〉, 〈이반 이바노비치와 이반 니키포로비치가 싸운 이야기〉가 수록되었다. 이 12편의 이야기가 고골의 소위 〈우크라이나 산문〉을 구성한다. 작품의 배경, 소재뿐만 아니라 등장 인물의 성격 등에서 당대의 러시아 작품들과 구별되는 우크라이나 특성을 드러낸 고골의 초기 작품을 보고, 당대의 문학비평가인 폴레보이(Nikolai Polevoy)나 나데즈진(Nikolai Nadezhdin) 등은 뛰어난 우크라이나 작가가 탄생했다고 평가했다. 고골의 초기 작품의 주제와 문체와 후의 일부 희곡은 당대의 우크라이나 산문작가와 희곡작가인 흐리호리 크비트카-오스노바넨코(Hryhory Kvitka-Osnovyanenko)나 바실리 나레즈니(Vasily Narezhny)의 경향과 유사한 면이 있다고 평가되었으나, 고골은 훨씬 수준 높은 기법과 풍자를 구사했다. 1835년 이전의 고골의 소위 〈우크라이나 산문〉은 러시아어로 쓰였어도 철저하게 우크라이나의 소재와 정신, 문화에 바탕을 두었기 때문에 우크라이나 문학사의 일부로 포함시켜야 할 것이다

**타라스 셰브첸코**

19세기 전반 낭만주의를 대표하는 시인은 우크라이나의 민족시인이자, 우크라이나 민족주의의 가장 큰 문화적 상징으로 꼽히는 타라스 셰

브첸코이다. 셰브첸코가 우크라
이나 문학과 우크라이나의 정체
성 확립에 어떠한 기여를 했는
지는 그의 업적을 평가한 다음
의 말에 잘 나타나있다.

셰브첸코의 그림

"타라스 셰브첸코는 타의 추
종이 불가능한 시적 아름다움을
표현한 문학적 천재일 뿐만 아니
라, 하나의 민족으로서 우크라이
나의 핵심을 결정적으로 표현한
민족적 예언자이다. 실제로 그
가 현대 우크라이나를 창조했다
고 말할 수도 있다. 왜냐하면 셰
브첸코가 없었다면 우크라이나
는 이전의 존재, 즉 소러시아에
머물렀을 것이기 때문이다"[63]

타라스 셰브첸코는 1814년 키
예프 남쪽 모린츠라는 시골 마
을에 농노의 아들로 태어났다.
어려서부터 제대로 교육을 받지

유랑시인들

---

63  성동기, 허승철, 《타라스 셰브첸코: 생애와 문학》, 문예림, 2018, 서문

타라스 세브첸코의 자화상

못하고 빈궁한 생활을 한 셰브첸코는 10세 전후하여 아버지와 어머니가 차례로 사망하며 더욱 어려운 환경에 빠졌다. 인근 지주 저택의 급사로 들어간 셰브첸코는 자신의 주인이 폴란드로 파견되자 그를 따라 바르샤바로 가서 잠시 생활했고, 1830년 바르샤바 봉기가 일어나자 주인의 저택이 있는 상트 페테르루브그로 돌아와 급사 생활을 계속하며 틈틈이 그림을 그리다가 미술적 재능을 인정받는다. 화가의 견습생으로 들어가 미술 습작을 하던 그는 그의 재능을 높게 평가한 당대 명망가들의 도움을 받아 농노 신분에서 해방된다. 미술아카데미에서 정식 미술교육을 시작한 그는 미술에서 재능을 발전시키며 그림을 그리다가 1839년부터 갑자기 잠재된 시적 재능을 발휘하며 〈카테리나〉, 〈포플라〉, 〈오스노뱌넨코에게〉, 〈이반 피드코바〉, 〈타라스의 밤〉을 연속으로 쓴다. 1840년 최초의 시집《유랑시인》을 발간하여 당대 문인들의 주목을 받았으나, 일부 비평가들은 농노들이나 쓰는 지역 방언인 우크라이나어로 쓴 그의 작품을 혹평한다. 1841년 장시 〈하이다마키〉를 발표하여 다시 큰 주목을 받은 후, 우크라이나로 내려가 여러 지역을 방문하며 코자크 시대의 문화유산을 조사한다. 1846년 키예프에서 코스토마로프 등 젊은 지식인을 만나 키릴-메포디이형제회에 가담한 셰브첸코는 1847년 이 비밀결사가 러시아 당국에 적발되면서 동료들과 같이 체포되어 상트 페테르부르그로 압송된 후 '노역병사'로 10년 간 중앙아시아 인근지역으로 유형되는 중형을 선고받는다. 유형 중에 힘든 시간을 견디며 아랄 해 탐사에 참여하였고, 글쓰는 것과 그림 그리는 것이 금지된 상황에서도 틈틈이 시작을 한다. 1858년 10년 형을 채우고 석방된 그는 상트페테르부르그로 돌아왔으나 유형 중 허약해진 건강으로 3년 뒤인 1861년 사망한다. 그의 유해는 드니프로강이 내려다보이는 카니프의 언덕에 묻혔다.

셰브첸코는 낭만주의 서정시 뿐 아니라 우크라이나 역사에서 소재를 찾은 역사시에서 큰 업적을 남겼으며 민족주의적 역사관과 범슬라브주의에 바탕을 둔 러시아전제정에 대한 저항을 표현하였다. 그는 인류애적 그리스도 정신에 바탕을 둔 유토피아적 슬라브족의 미래를 그렸다.

타라스 셰브첸코가 코자크 시대를 소재로 쓴 역사시의 한 예로 다음 작품을 들 수 있다.

> 헤트만이여, 오 헤트만이여,
> 당신들이 다시 일어설 수만 있다면
> 당신들이 건설하고, 당신들이 통치하던
> 치히린을 다시 일어나 본다먼
> 당신들은 이 황폐한 폐허에 파묻힌 코자크의 영화를
> 알아보지 못하고 슬프게 통곡할 것이다.[64]

범슬라브주의적 사랑과 단결을 노래한 시에서 그는 다음과 같이 밝

---

64  하디마다키, 《셰브첸코 전집》 I, p. 93.

은 미래를 보았다.

　　우크라이나는 일어나서
　　진리의 등대를 비출 것이고,
　　그러면 노예상태에 있던 아이들은
　　자유 속에 기도할 것이다.

　　오, 놀라운 일이다. 시체들이 일어나
　　눈을 뜬다.
　　형제가 서로 껴안고
　　조용한 사랑에 대해 이야기한다.
　　영원무궁토록!
　　그리고 모든 슬라브의 강들이
　　한 바다로 흘러들 것이다![65]

　셰브첸코는 슬라브인들이 다른 형제들과 마찬가지로 이 세상의 평화를 위한 사명을 가지고 있다고 믿었다.

　　그렇게 모든 슬라브인들이
　　좋은 형제와
　　진실의 태양의 아들들이 될 것이다.

---

65　이교도(Єретик), 같은 책, p. 261.

셰브첸코의 시는 시어와 리듬과 운율이 놀라운 조화를 이루며 그의 시를 낭송하는 것은 마치 노래를 부르는 것과 같은 느낌을 줄 정도로 뛰어난 음악성을 갖추고 있다. 그의 시는 뜨거운 열정과 휴머니즘이 넘쳐서 암울한 현실을 노래한 시나 혁명적 변혁을 노래한 시도 따뜻한 느낌을 준다. 그는 작품에서 구어체에 바탕을 둔 민중과 농민의 언어에 이전 시대의 문어체를 가미하여 농민과 지식인 모두 읽을 수 있는 국민적 문체를 사용하여 우크라이나 표준민족어(national standard language) 탄생에 이바지하였다.

셰브첸코의 후원자이자 친구였던 판텔레이몬 쿨리쉬(1819-1897년)도 낭만주의 문학의 주요 작가이다. 초기에는 셰브첸코를 모방한 시를 썼으나, 후에는 독자적인 문학 세계를 개척했다. 그의 시선집 《여명의 불빛(Dosvistsky)》, 《농장의 시(Khutorna Poeziia)》, 《종(Dzvin)》은 민요적 요소와 낭만주의적 상징주의가 잘 결합되어 있다. 그의 대표작은 소설 〈검은 의회(Chorna Rada)〉이다. 이 소설은 헤트만 브류홉스키 이전 시기에 다양한 이상과 이해관계를 가진 집단으로 이루어진 우크라이나 코자크 사회를 묘사하고 있으며, 낭만성보다는 역사와 사회에 대한 통찰이 돋보인다. 쿨리쉬는 〈시치에서 온 손님(Shichovi hosti)〉과 〈마르딘 하크(Martyn Hak)〉 같은 단편 소설도 썼다.

19세기 후반에 나타난 사실주의 사조도 여러 명의 뛰어난 작가를 배출했다. 여류 작가인 마르코 보브초크(Marko Vovchok, 1834-1907년)(원명 Maria Vilinska-Markovych)은 〈민담 이야기(Narodni opvidannia)〉로 일약 유명해졌고, 〈게으른 여자(Ledashchytsia)〉, 〈기숙사학교 여학생(Instytutka)〉, 〈카르멜류크(Karmeliuk)〉 같은 작품을

이반 프란코

남겼다. 그녀는 여성과 농노들의 운명과 생활을 민속적 관점에서 다루었다. 올렉산드르 코니스키(Oleksandr Konysky, 1836-1890년)도 농노들의 고난과 농노제의 문제점을 다루었고, 농민들을 교화시키려는 민중주의자 지식인들도 작품의 소재로 삼았다. 이반 레비츠키(Ivan Nechui-Levytsky, 1838-1918년)는 자본주의 경제와 함께 새로 나타난 노동자 계급의 삶을 처음으로 다루었다. 당대 최고의 산문 작가로 꼽히는 파나스 미르니이(Panas Myrnyi, 1849-1920년)는 대표작 〈낭비된 힘(Propashcha syla)〉에서 농노해방 후 전개된 새로운 상황에 좌절한 능력 있는 농민이 도적집단에 가담하는 과정을 서술하고 있다. 그는 현대적 소설 기법인 작중 인물의 심리적 동기를 잘 묘사하였다.

이반 프란코(Ivan Franko, 1856-1916년)는 최고의 산문 작가로 꼽힌다. 그는 장편, 단편, 풍자극, 시 등 다방면에서 광범위한 주제를 다루었으며, 사회 비평과 심리 묘사에도 뛰어났다. 그는 처음 낭만주의적 작품을 썼지만, 자연주의와 사실주의로 옮겨갔고, 인상주의와 모더니즘적인 작품도 썼다. 그는 극한 상황을 겪은 인간의 심리 묘사에 뛰어났는데, 톨스토이, 도스토예프스키, 투르게네프에게서 많은 기법을 차

용해 왔다. 그는 낭만주의 경향의 소설 〈페트리와 돕부쉬취추키(Petrii and Dovbushchuky)〉에서는 카르파치아 산맥의 도적 떼를 묘사하였다. 〈숲과 목초지(Lisy i pasovyska)〉, 〈선량한 돈벌이(Dobry Zarobok)〉, 〈달팽이(Slymak)〉, 〈석공(Muliar)〉은 해방된 농노들이 겪는 고난을 그렸고, 〈심연에서(Na dni)〉, 〈빛을 향하여(Do Svitla)〉

레사 우크라인카

는 감옥에서 겪는 개인의 경험을 생생하게 묘사했으며, 〈사회의 기초(Osnovy suspilnosti)〉, 〈교차로(Perekhresni stezhky)〉에서는 인텔리겐차와 지주들의 사회적, 개인적 갈등을 그렸다. 프란코는 시에서는 파격적 형식을 시험하였다. 그의 서정시는 〈나의 에메랄드(Mii Izmaragd)〉, 〈슬픔의 날들로부터(Iz dniv zhurby)〉로 발표되었고, 〈고지와 저지에서(Z vershyn I nysyn)〉는 자연주의적 시들을 담았다. 철학적 시들은 〈오래된 주제(Na stray temy)〉로 발표되었고, 그의 기념비적 시 〈모세(Moisei)〉에는 그의 이념적 신념이 잘 표현되어 있다. [66] 이반 프란코는 1916년 노벨문학상 후보로 지명되었으나, 아쉽게도 후보 지명 직후 사망하였다.

이반 프란코와 비슷한 시기에 뛰어난 시와 희곡 작품을 쓴 레샤 우크

66  Helbig, *Culture and Customs of Ukraine*, p. 136-137.

라인카(Lesia Ukrainka, 1871-1913년)(원명 Larysa Kosach)는 타라스 셰브첸코, 이반 프란코와 함께 우크라이나 문학의 3대 거장이자 최고의 여류 문인으로 꼽힌다. 열세 살 때 애국주의적 이름인 "레샤 우크라인카"란 필명으로 첫 작품을 발표한 그녀는 유럽에서 우크라이나 민족주의 활동을 이끌던 외삼촌 드라호마노프(Mykhailo Drahomanov)로부터 유럽주의에 강한 영향을 받았다. 지병인 폐병을 치료하기 위해 오랜기간 독일, 오스트리아, 이탈리아, 불가리아, 크림반도, 이집트, 코카서스 지역에서 생활한 덕분에 세계주의자적인 시각을 갖게 되었다. 그녀는 영어, 폴란드어, 불가리아어, 라틴어, 프랑스어, 이탈리아어, 독일어 등에 능통했다. 그녀는 사실주의를 벗어나 상징주의적 작품을 썼지만, 초기 시는 하이네의 영향을 강하게 받았다. 그녀의 초기 시들은 〈노래의 날개 위에(Na klylakh pisen)〉, 〈노예들의 노래(Nevilnichni pisni)〉에 수록되어 발표되었다. 그녀는 이후 희곡시들을 연이어 발표하였다. 〈카산드라(Kassandra)〉, 〈환희(Orhiia)〉, 〈폐허에서(Na ruinakh)〉, 〈바빌포 유폐(Vavylonsky polon)〉 등을 썼다. 그녀의 희곡 중 〈푸른 장미(Blakytna troianda)〉가 대표적 작품이고, 〈루핀과 프리실라(Rufin i Pristsilla)〉, 〈대귀족 부인(Boiaryna)〉, 〈숲의 노래(Lisova pisnia)〉 등도 유명하다. 그녀의 드라마에는 입센의 영향이 드러난다고 평가된다. 이국적인 주제를 다루고 있는 그녀의 드라마는 우크라이나에서는 큰 인기를 끌지 못하였다. 그녀의 시 〈말이여, 너는 왜 강철과 같지 않은가(Slovo, chomu ty ne tverdaia krytsia)〉, 〈가시의 분노(Zavzhdy ternovyi vinets)〉 등이 유명하다.[67]

---

# 셰브첸코와 고골의 우크라이나와 키예프 경관 찬미

셰브첸코는 키예프에서 멀지 않은 모린츠에서 태어났지만, 농노로 생활하면서 성인이 될 때까지 키예프를 방문하지 못했다. 농노신분에서 해방되고 화가와 시인으로 명성을 얻은 후인 1845년 2차 우크라이나 여행 때 키예프를 처음 방문한 그는 바로 키예프와 사랑에 빠졌다. 그가 사랑한 키예프의 경관은 그의 전기에 다음과 같이 묘사되어 있다. (성동기, 허승철, 《타라스 셰브첸코: 생애와 문학》, 문예림, 2018, 203-204.)

"셰브첸코는 키예프의 수많은 유적들을 바쁘게 스케치하며 5월과 6월을 보냈다. 그는 이 유서 깊은 도시와 사랑에 빠졌다. 그는 누구를 만나러 가는 대신 드니프로강의 높은 둑을 걸으며 노래를 부르면서 멋진 경치를 감상했다. 이런 때 그는 혼자 있기를 좋아했다. 그가 가장 좋아하는 장소도 따로 있었다. 그는 성미하일 수도원 뒤편의 계곡을 특히 좋아했다. 어느 날 아소첸스키는 셰브첸코가 그곳에 팔베개를 하고 땅에 누워있는 것을 부기도 했다.(중략) 그는 키예프 동굴수도원의 현관에서 보이는 전경을 아주 좋아했다. 그는 라브라(Lavra)에서 보이던 전경에 대해 이렇게 썼다. "오랫동안 그는 이 멋진 현관을 잊을 수가 없었다. 어느 날 아침 예배를 마친 후 그는 이 현관으로 나갔다. 아직 아침 해로 주위가 환히 빛나고 있었다. 그의 눈앞에는 체르니히프 전 지역의 전경과 폴타바 일부 지역이 파노라마처럼 펼쳐졌다.... 이 장엄한 전경은 하이든의 음악을 떠올리게 했다." 셰브첸코에게 강렬한 미적 감상은 언제나 숭고한 종교적 경험과 연관되어 나타난 것이 전형적이다.

'황금 돔이 빛나고, 정원과 포플러 나무로 화관이 쓰인 키예프'는 남은 일생 동안 셰브첸코의 가슴에 선명하게 남았다. 머나먼 아시아 땅에서의 유형 생활 중에도 '영원한 우크라이나의 도시'는 그의 상상 속에 늘 살아 떠올랐다.

> 마치 하늘에 매달린 듯
> 우리의 위대하고 성스러운 키예프가 펼쳐져 있구나.
> 그 성스러운 성당들이 마치 신에게
> 직접 이야기하듯 투명하게 빛나고 있다."

우크라이나 폴타바주에서 태어나 우크라이나를 배경으로 한 소설을 많이 쓴 고골은 자신의 대표작 《타라스 불바》에서 우크라이나의 스텝을 다음과 같이 묘사했다. (정명자, 《고골》, 건국대학교출판부, 1995년, 77-78쪽에서 인용).

"가면 갈수록 스텝은 더욱더 아름다워진다. 그 당시에는 저 흑해에 이르기까지 남러시아(우크라이나) 전부가, 현재의 노보러시아 지역의 그 광대한 땅 전부가 푸른빛을 띤 빛깔 그대로 전인미답의 처녀지였다. 야생식물의 끝없는 물결 위로는 한 번도 보습이 지나간 일이 없었고, 다만 숲속에 들어간 것처럼 잡초에 파묻힌 말들만이 그 위를 밟고 다녔을 뿐이었다. 자연계에서 이보다 더 아름다운 것은 없으리라. 대지의 표면은 모두 황록색의 바다이며, 그 위에는 가지각색의 꽃들이 수없이 솟아나 있다. 가늘고 키가 큰 풀줄기를 밀어 헤치면서 하늘빛, 남색, 보라색의 블로쉬카꽃이 만발해 있다. 황금빛 금작화의 피라미드처럼 생긴 꽃대도 우뚝 솟아 있다. 백색 개자리꽃은 양산 같은 모자를 쓰고 벌판에 아롱지고 있다. 어디서 어떻게 온 것인지 하나님밖에 알 수 없는 밀이삭들이 한쪽으로 모여 열매를 맺고 있다. (중략) 오, 스텝이여!어쩌면 그대는 이리도 아름다운 것이냐!?"

고골은 《지간카 근처 농가의 밤》에서 우크라이나의 밤을 다음과 같이 묘사했다. (《지간카 근처 농가의 밤》〈오월의 밤 또는 물에 빠져 죽은 처녀〉 중 2장 촌장)

"그대는 우크라이나의 밤을 아시는가? 아아, 모르시는구려! 그렇다면 여기를 좀 보시라, 하늘 한가운데 달이 고개를 내밀고, 거대한 하늘 지붕은 저 멀리, 지금까지 그 어느때보다도 더, 상상하지 못할만큼 거대하게 펼쳐져 있다. 달은 타오르듯 빛나며 고르게 숨쉬고, 땅은 은빛으로 물들어 있다. 그리고 맑은 공기는 상쾌하고 따스하며 나른함으로 가득 차 있다. 그 향기로운 바디는 마음을 설레게 한다. 저 아름다운 밤하늘! 매혹적인 밤! 불가사이와 의뭉함으로 충만한 숲은 미동도 없이 버티고 서서 거대한 그림자를 드리운다. 연못은 조용하고 적막하다. 그 물의 차가움과 어두움은 검푸른 벽같은 정원 안에 갇혀 있다. 야생 벚나무 처녀처럼은 차가운 물 속에 수줍게 뿌리를 내리고, 사랑스런 불한당인 밤바람이 불현 듯 다가와 뺨에 입맞춤할 때마다 화난 듯 이따금씩 이파리를 부스럭거린다. 온 마을이 잠에 빠져 있다. 하지만 머리 위로는 모든 것이 살아 숨쉬고 있다. 모든 것이 경이롭고 장엄하다. 영혼이 광대함과 경이로 가득 차오른다. 은빛 환영의 무리가 영혼의 아득한 밑바닥으로부터 조화롭게 솟아난다. 경이로운 밤, 경이로운 밤이다! 갑자기 모든 만물이 활기차게 약동한다. 수풀도, 연못도, 한밤 중 우크라이나 나이팅게일의 옥구슬 같은 노래가 갑작스레 온 사방에 울려 퍼지며 나그네로 하여금 달 역시 하늘 한 가운데서 노래를 듣고 있는 게 아닌가 하는 착각에 빠지게 된다. 오두막집들은 그 어느 때보다 희고 아름답게 달빛 아래서 빛난다. 나지막한 벽들은 어둠 속에서 더 눈부시게 도드라진다. 노래는 끝났다. 모든 것이 적막하다. 하나님을 경외하는 이들은 일찌감치 잠들어 있다."

우크라이나의 대표적 화가 세르기 바실코프스키의 〈우크라이나의 봄〉, 1883년

## 모더니즘

1890년대에는 유럽에서 교육받은 새로운 세대의 작가들이 등장했다. 이들은 현대적 시 작법을 도입하였고, 산문에서는 인간의 내면 묘사에 집중하였다. 우크라이나의 모더니즘 문학은 이반 프란코의 시집《시들은 꽃잎들(Ziviale lystia)》과 레샤 우크라인카의 심리극 〈푸른 장미〉, 올하 코빌랸스카(Olha

**코츄빈스키**

Kobylianska, 1865-1942년)의 소설《공주(Tsarivna)》(1896년)로 시작되었다고 볼 수 있다.

미하일로 코츄빈스키(Mykhailo Kotsiubynsky, 1864-1913년)는 사실주의 경향의 작품인 〈안드레이 솔로베이코(Andrii Soloveiko)〉, 〈사회적 선을 위해(Dlia zahalnoho dobra)〉로 문단에 등장하였으나, 곧 대표적인 인상주의 작가가 되었다. 그의 대표적 소설인《잊혀진 조상들의 그늘(Tini zabythkh predkhiv)》과《파타 모르가나(Fata Morgana)》는 작중 인물들의 시각을 통해 사건이 묘사되며, 인상이 서술을 대신한다. 코츄빈스키의 시 〈우크라이나는 아직 죽지 않았다〉는 우크라이나 국가의 가사로 채택되었다.

올하 코빌랸스카는 모더니즘의 대표적 여류 산문 작가이다. 오스트리아-헝가리 제국에 속한 부코비나 지역에서 태어나 독일어로 기초 교육을 받은 그녀는 독일의 영향, 특히 니체의 영향을 많이 받았다. 그녀의 초기 소설 《사람(Liudina)〉과 공주(Tsarivna)》는 여성주의적 경향이 강했다. 그녀의 대표작으로는 《땅(Zemlia)》과 《일요일 아침에 그녀는 약초를 딴다(V nediliu rano zillia kopala)》를 꼽을 수 있다.

러시아 혁명 이후 출범한 우크라이나공화국의 독립 유지를 위해 민족운동을 펼친 볼로디미르 빈니첸코(Vododymyr Vynnychenko, 1880-1951년)도 혁명 전 키예프대학 학생 시절에 활발한 창작 활동을 했다. 그는 심리적, 사회적 타락을 주제로 한 모더니즘 작품을 썼다, 노동자와 자본가의 세계를 다룬 그의 처녀작 《미와 힘(Krasa i syla)》은 그에게 문학적 명성을 안겨주었다. 그는 《자신에 대한 성실(Chesnist' z soboiu)》 같은 작품에서 탈도덕성과 개인주의를 다루었다.[68]

## 소련 시대

소련 정권이 공고화된 후 1920년대 실시된 민족화(korenizatsiia) 정책으로 우크라이나어 교육이 되살아나고 문화적 부흥도 잠시 일어났다. 이 시기 가장 유명한 시인은 파블로 티치나(Pavlo Tychyna, 1891-1967년)이다. 그의 대표 시집인 《태양이 비치는 클라리넷(Soniashni kliarnety)》은 우크라이나 상징주의를 대표한다. 미하일로 세멘코(Mykhailo Semenko, 1892-1938년)는 미래주의적 작품을 발표했다. 1920년대 잠시 꽃을 핀 신고전주의(neoclasscism)는 민중적이고 혁명적인 문화 경향에 반기를 들었다. 미콜라 제로프(Mykola Zerov, 1890-1937년)와 막심 릴스키(Maksim Rylsksy, 1895-1964년)가 이런 경향을

---

68 같은 책, 139-140.

대표했다. 1902년대 다양한 문학 실험을 허용한 자유주의적 시기가 끝나고 사회주의 리얼리즘이 거부할 수 없는 문학 사조가 되면서, 일부 작가들은 서방으로 망명했다. 스탈린의 대숙청기에 우크라이나 문인들도 희생을 치렀다. 게오르기 루츠키(Georgi Lutsky)는 스탈린 대숙청 때 254명의 우크라이나 작가 처형된 것으로 추정했다.

2차 대전이 끝나고 1950년대 중반 소위 "해빙 시기"가 시작되면서 문학 창작 활동에도 새로운 바람이 불었다. 역사적 주제에 집중한 올레스 혼차르(Oles Honchar, 1918-1995년)는 전쟁이 인간 심리에 미치는 영향을 묘사했다. 혼차르가 우크라이나작가협회회장으로 있던 1958년 발표된 소설 〈성당(Sobor)〉은 많은 논란을 불러일으켰다. 오래된 코자크 성당의 철거를 막으려는 마을 주민들의 투쟁을 그린 이 작품은 소련 문화 속에서 우크라이나의 과거와 코자크 전통의 보존의 중요성을 강조하였다. 이 작품은 후에 출판금지가 되었지만, 많은 독자들의 사랑을 받았다.[69] 유리 야놉스키(Yuri Yanovksky)는 《살아있는 물(Zhivaya voda)》에서 2차 대전 후 우크라이나의 실상을 그렸다. 소위 "60년대 세대(Shestydisiatnykhy)"로 불리는 해빙 시기의 대표적 작가와 시인으로는 바실 시모넨코(Vasil Symonenko, 1935-1963년), 이반 드라흐(Ivan Drach, 1936-2018년), 리나 코스텐코(Lina Kostenko, 1930-) 등을 들 수 있다.

## 우크라이나 독립 후

1991년 우크라이나 독립 이후 새로운 작가 그룹이 등장하였다. 80

---

69  허승철, 《우크라이나 현대사》, 175.

**리나 코스텐코**

년대 말부터 세태 풍자를 주제로 한 해학극(burlesk), 광대극(balagan), 익살극(bufonada)의 첫 글자를 딴 부-바-부(Bu-Ba-Bu) 그룹을 결성한 유리 안드루호비치(Yurii Andrukhovych, 1960-), 빅토르 네보라크(Viktor Neborak, 1961-), 올렉산드르 이바네츠(Oleksandr Ivanets, 1961-)의 작품이 1990년대 중반에 출판되었다. 1990년대 대표적 여류 시인으로는 옥사나 자부쥬코(Oksana Zabuzhko, 1960-)를 꼽을 수 있다. 러시아어로 글을 쓰지만, 키예프에서 작품 활동을 한 안드레이 쿠르코프(Andriy Kurkov, 1961-)의 《펭귄의 실종》과 《펭귄의 우울》은 한국어로 번역되어 출판되었고, 그는 2009년 한국을 방문하여 고려대 등에서 강연하였다.

# 12장 우크라이나의 언어

## 12.1 슬라브어족과 우크라이나어

우크라이나어는 슬라브어족의 동슬라브어군에 들어가는 언어이다. 일부 학자는 슬라브어족 대신 리투아니아어, 라트비아어, 고(古)프러시아어(Old Prussian)로 구성되는 발트어족을 한데 묶어 발트-슬라브어족을 한 어족으로 보기도 한다. 슬라브어족은 인도-유럽어를 크게 양분하는 켄툼(centum)어군과 사템(satəm)어군 중 켄툼어군에 들어간다.[70] [71] 우크라이나어와 같이 동슬라브어군에 들어가는 언어는 벨라루스어와 러시아어가 있다. 슬라브어족의 언어 중 정교회 지역에 속하는 언어는 키릴문자를 쓰고, 가톨릭이나 개신교 지역에 속해 있던 언어는 라틴문자를 쓴다.

---

[70] 허승철, "우크라이나의 이중 언어 상황과 언어의 정치학", 《러시아어문학 연구논집》 30집, 2009, 332-33.

[71] 인도유럽어 조어(proto-language)의 "k'/k'/ 소리가 /k/로 발음되면 켄툼어군, /s/로 발음되면 사템어군으로 분류한다. 로망스어군, 켈트어군, 헬레닉어군의 언어들이 켄툼어군에 들어가고, 슬라브어군, 발트어군, 인디어군, 이란어군에 속하는 언어들은 사템어군에 들어간다.

o 동슬라브어군 - **우크라이나어, 러시아어, 벨라루스어**

o 서슬라브어군 - 폴란드어, 체코어, 슬로박어, 소르비아어

o 남슬라브어군 - 슬로베니아어, 크로아티아어, **세르비아어,**

**마케도니아어, 불가리아어**

(키릴문자를 사용하는 언어 - 굵은 글자로 표시된 언어)


우크라이나는 우크라이나어와 러시아어가 같이 사용되는 사실상의 이중언어(bilingual) 국가이다. 우크라이나 헌법 10조에는 우크라이나어가 국가 공식 언어(state language, dzerzavna mova)로 규정되어 있어서 관공서와 공식 행사에는 우크라이나어가 쓰이고 있고, 학생들이 우크라이나어 학교에서 교육받는 비율이 높아 우크라이나 사용자가 점차 늘고 있다. 소련 시대 대부분의 기간 동안 러시아어로 교육이 이루어졌기 때문에 교육 받은 엘리트 계층은 러시아어를 주로 사용하였고, 우크라이나어는 농촌 지역에서 많이 쓰였다. 독립 후 우크라이나어가 국가 언어로 선포되고, 정부 업무, 학교 교육, 언론 등에서 우크라이나어가 쓰이면서 우크라이나어는 다시 '상층 언어(high variety)'로 자리를 잡았다. 2011년 공식 조사에 의하면 국민 중 47%는 우크라이나어를 제1언어로, 37%는 러시아어를 제1언어로 구사하고, 16%는 두 언어를 동시에 구사하는 것으로 나타났지만, 국민 80% 이상이 두 언어를 모두 구사하며 필요에 따라 '언어 전환(code-switching)'을 할 수 있다고 보면 된다. 우크라이나어와 러시아어의 문법적, 어휘적 유사성으로 인해 이중 언어 구사자들은 양 언어가 혼합된 '혼합 언어(mixed language)'인 소위 '수르지크(surzhyk)'를 폭넓게 쓰고 있다. 러시아어는 일상생활과

비즈니스에서 주로 쓰이고, 지역적으로는 동부 지역에서 많이 쓰인다. 언론 매체별로는 TV와 라디오에서는 우크라이나어가, 신문, 잡지에는 러시아어가 많이 쓰인다.[72]

우크라이나어와 러시아어의 지위는 2004년 오렌지 혁명 이후 예민한 정치적 이슈로 부각되었다. 친러 성향이 강한 동부와 남부 지역에서는 러시아어의 지위를 공식 언어의 지위로 끌어올리기 위한 시도가 여러 번 있었다. 야누코비치 정권 시기인 2012년 개정된 언어법에서는 우크라이나어를 유일한 국어로 인정하면서도, 2001년 인구 조사에서 각 지역의 인구 10%이상이 사용하는 언어를 지역 의회가 지역어로 인정하는 경우, 지역어의 지위를 얻을 수 있도록 했다. 이 법 개정으로 러시아어, 헝가리어, 루마니아어(몰도바어), 불가리아어, 가가우즈어, 크림타타르어의 6개 언어가 지역어로 인정되었다.[73] 야누코비치 정권 붕괴 이후 개정된 언어법도 폐지될 운명에 처했으나, 동부 지역의 강력한 반발로 법안 폐지가 이루어지지는 않았지만, 포로셴코 정부는 교육법과 방송, 미디어 관련 입법을 통해 러시아어의 지위를 이전 상태로 거의 돌려놓았다.

## 12.2 우크라이나어의 특징

동슬라브어족에 들어가는 우크라이나어는 러시아어와 벨라루스어와 상당한 유사성을 보이고, 문법적인 면에서도 두 언어와 큰 차이가 나지

---

72  허승철, 〈우크라이나의 이중 언어 상황과 언어의 정치학〉, 《러시아어문학 연구논집》 30집, 2009,  332-333.
73  법률 개정에 의거해 러시아어를 지역어로 인정한 주는 도네츠크, 자포로지아, 드니프로페트롭스크, 루한스크, 헤르손, 하르키프, 미콜라이브이다. 정영주, 〈우크라이나 포로셴코 정부의 언어정책: 법률을 중심으로〉, 《슬라브학보》 제32권 4호, 2017, 422-424.

않는 것처럼 보인다. 14세기부터의 폴란드-리투아니아 연합국가의 지배와 국토가 러시아와 오스트리아 제국에 의해 동서로 분열되어 지배당한 역사적 흔적 때문에 서슬라브어의 영향이 많이 남아 있고, 이런 면에서 러시아어와 나름대로 뚜렷한 차이를 보인다. 언어사적으로 보면 러시아어보다 고대교회슬라브어의 흔적을 많이 간직하고 있으며, 러시아어에서 일어난 문법의 표준화와 단순화현상이 덜 발달되었다(예: 어간과 어미 사이 구개음화 작용, 호격의 존재 등)

우크라이나어와 러시아어의 문법적, 어휘적 유사성을 보고 우크라이나어를 러시아어의 방언으로 보는 시각이 있지만, 우크라이나어는 러시아어로 구별되는 별개의 언어이다. 러시아어를 상당 수준으로 구사하는 한국인이 우크라이나에 가게 되면, 우크라이나어 방송이나 신문을 거의 해독하지 못할 정도로 두 언어의 차이는 분명히 있다. 우크라이나어의 문자, 음운, 문법 등에서의 주요 특징은 아래와 같다.


### o 문자

우크라이나어 문자는 러시아어와 마찬가지로 33자이지만 러시아어에 없는 [і], [ї]를 사용하고 [г]/ɣ/와 [ґ]/g/를 구별하여 사용한다. 경음부호 [ъ] 대신 [']를 쓴다.


### o 음운

- 어말에 무성음화가 없는 대신, 유성음화는 있다.
- в /v/는 어말이나 자음 앞에서 [w]로 발음된다.
예) кров [krow]

- 어두 모음 앞에 자음이 첨가되는 경우가 있다. [u], [o], [a], [i] 앞에
[v]나 [g]가   첨가된다.

예) вогонь (불, 등불), вуста (입)

- 전설 모음 /e/와 /i/ 앞에서 구개음화가 되지 않는다.

- 어말 어형 변화에 제1구개음화와 제2구개음화가 발생하여 자음교
체가 일어난다.

예) нога (발)(단수 주격) - нозі (복수 주격)

  рука (손)(단수 주격) - руці (복수 주격)


## o 문법

- 우크라이나어의 격은 7격이다. 러시아어의 6격외에 호격(呼格)이
있다.

예) Іване! 이반아!  Оксано! 옥사나야!

- 형용사형 어미는 남성은 장어미형을, 중성, 여성은 단어미형을 사용
한다.

- 동사 과거형은 남성은 -в(v), 여성은 -ла(la) -ло(lo) -лі(li)를 사용
한다.

- 남성 명사 생격에 -a 뿐만 아니라 -y가 많이 사용된다.

- 남성 명사 여격은 무생물체의 경우 -y가, 사람의 경우 -ові가 사용
된다.

- 미래 시제는 완료형 동사의 경우는 단순 비과거형(non-past)이지
만, 불완료상 동사의 미래형은 분석형과 합성형이 있다.

예) (분석형) я буду читати книгу. (합성형) я читатиму

книгу.

### ㅇ 수르지크(surzhyk)의 사용

우크라이나어와 러시아어의 비표준적 합성어인 수르지크가 광범위
하게 사용된다. 2003년 조사에 의하면 수르지크 사용자의 비율은
9.7%로 나왔지만, 키예프 등 중부, 중동부 지역을 가보면 일상 생활
여러 영역에서 수르지크가 넓게 사용되는 것을 볼 수 있다.[74]

〈우크라이나어와 러시아어 기본 표현 비교〉

|  | 우크라이나어 | 러시아어 |
|---|---|---|
| 예/아니오 | так/ні | да/нет |
| 있습니다/없습니다 | є/немає | есть/нет |
| 감사합니다 | Дякую | Спасибо |
| 만나서 반갑습니다 | Приємно познайомитися | Приятно познакомиться |
| 너는 몇 살이니? | Скільки тобі років? | Сколько тебе лет? |
| 나는 ...라고 생각합니다 | Я вважаю, що... | Я думаю, что... |
| 나는 그것이 좋습니다 (마음에 듭니다) | мені це подобається | мне это нравится |
| 기다리십시오 | будь ласка, зачекайте | Пожалуйста, подождите |

---

74  지역별 수르지크 사용 비율을 보면 서부지역-2.3%, 중부지역-14.6%, 동-중부지역(키예프 포함)-21.7%,
동부지역-9.6%, 남부지역 - 12.4%으로 나온다. 허승철, 〈수르직(Surzhyk) 연구 서설〉, 《러시아어문학연구논
집》 43집, 2013, 308.

### 〈우크라이나어와 러시아아 텍스트 비교 예시〉

| 우크라이나어 | 러시아어 |
|---|---|
| Президент Петро Порошенко на засіданні Національної інвестиційної ради закликав бізнес інвестувати в Україну. «Друзі, зараз, за ці чотири роки, народжується нова держава, нова Україна. І я запрошую вас стати батьками-засновниками нової держави. Коли буде ще така можливість. Важливо, щоб ми з вами ухвалили рішення про те, які впровадити зміни, щоби моє прохання інвестувати в Україну стало для вас пропозицією, від якої буде дуже важко відмовитись», - наголосив він. | Президент Петр Порошенко на заседании Национального инвестиционного совета призвал бизнес инвестировать в Украину. «Друзья, сейчас, за эти четыре года, рождается новое государство, новая Украина. И я приглашаю вас стать отцами-основателями нового государства. Когда будет еще такая возможность. Важно, чтобы мы с вами приняли решение о том, какие ввести изменения, чтобы моя просьба инвестировать в Украину стала для вас предложением, от которого будет очень трудно отказаться», - подчеркнул он. |

대통령실 사이트 (http://www.president.gov.ua. 2018. 5. 25)에 나온 이 문장의 영어 버전은 다음과 같다.

At the meeting of the National Investment Council, President Petro Poroshenko urged business to invest in Ukraine. "Friends, now, during these four years, a new state, a new Ukraine, is being born. And I invite you to become the founding fathers of the new state. When else will you have such an opportunity? It is important to decide what changes to implement so that my request to invest in Ukraine will become a proposal difficult to refuse," he said.

# 5부 우크라이나의 정치와 대외관계

# 13장 우크라이나의 정치

## 13.1 크라프추크 대통령 시기

공산당 지도자로 최고회의를 이끌던 크라프추크는 1991년 12월 치러진 대통령 선거에서 수월하게 대통령에 당선되었다. 발트 3국을 제외한 모든 공화국에서 소련 해체 당시 공산당 지도자가 신생독립국의 수반이 되었다. 구지배층이 계속 권력을 이어간 것은 공산당 지도자에 대한 국민들의 지지가 높아서가 아니라 이들을 대체할 정치 세력이 부상할 시간적 여유가 없었기 때문이다. 크라프추크는 공산당 서열은 2위였지만 독립 과정에서 주도적 역할을 한 최고회의 지도자였던 것이 행운으로 작용했다. 그는 공산당 지도자에서 민족 지도자로 재빠르게 탈바꿈했고, 연방 해체와 독립 과정에서 주도적 역할을 하며 국민적 지지를 확보했다. 그는 벨라루스 벨로베즈스카야 회의에도 우크라이나 대표로 참여하여 소연방 해체의 주역이 되었다.

크라프추크는 1918년-1920년 존속했던 우크라이나국민공화국 시절의 국기와 트리주브(Trizhub)라고 불리는 국가 문양을 국가 상징으로 채택하고, 19세기 민족주의 시인 추빈스키가 작사하고 베르비츠키가 작곡한 '우크라이나는 아직 죽지 않았다...'로 시작되는 국가를 채택했다. 1990년 구성된 최고회의가 의회 역할을 계속했고, 포킨(Vitold Fokin) 총리가 이끄는 내각도 그대로 활동했다. 그러나 구소련 시절 만들어진 헌법을 그대로 사용하고 의회와 내각을 새로 구성하지 않은 것은 독립 후 인적 교체와 개혁을 더디게 만드는 요인이 되었다. 헌법은 쿠치마 대통령 시기인 1996년에 가서야 개정이 된다.

1994년 3월과 4월(2차 선거)에 실시된 총선에서는 절대다수제 때문에 450석의 의석 중 338석만 채우는 이변이 일어났다. 이후 6번의 보충 선거를 치르고도 결국 20석의 의석은 끝내 채우지 못했다. 독립 후 정치적 혼란으로 군소정당이 난립해 338석 중 168석을 좌파 정당이 차지했다. 1993년 다시 합법화된 공산당은 84석을 얻었고, 사회당도 14석을 얻었다. 개혁적 민족주의를 표방한 루흐는 20석을 얻는데 그치고, 170명의 무소속 후보들이 당선되었다. 무소속으로 출마한 후보들은 기업가나 지방 유력가들이었고, 재력가가 다수 의회에 진출하여 우크라이나 정치의 고질적 병폐가 된 정경유착의 뿌리가 심어졌다. 공직자의 총선 출마가 허용되는 바람에 당선자의 29%가 현직 정부 관료들이었다. 이러한 선거법상의 허점으로 입법부와 행정부의 경계가 모호하게 되었다.

독립 후 극심한 경제 침체와 혼란으로 민심이 요동하고, 1993년 5월 동부 지역 광부들의 파업으로 사회적 위기가 고조되자 크라프추크 대통령은 자신의 5년 임기를 1년 앞당겨 대통령 선거를 실시한다고 발표했다. 1994년 6월 26일 치러진 1차 선거에서 크라프추크가 36%, 쿠치마 31%, 모로즈(사회당) 후보가 14%, 라노비가 9.4%를 득표했다. 7월 10일 치러진 결선투표에서는 쿠치마가 52%, 크라프추크가 45%를 득표하여 쿠치마가 대통령에 당선되었다. 1차 선거 승리에도 불구하고 현직 대통령인 크라프추크가 패배한 것은 의외로 받아들여졌지만, 1차 선거 결과에 고무되어 결선 투표 준비를 소홀히 한 것이 패인이 되었다. 쿠치마는 드네프로페트롭스크의 미사일 공장인 유즈마쉬(Yiuzmash) 사장을 역임하고 주지사가 된 후 총리로 발탁되어 개혁적 경제 정책으로 인기를 확보했다. 독립 후 처음 치러진 대통령 선거에서 크라프추크는 서부 지역에서, 쿠치마는 동부에서 몰표를 얻어 동-서 지역적 대립 양상이 나타났지만, 현직 대통령이 선거 결과를 순순히 받아들이고 물러남으로써 CIS 국가들 중에서는 드물게 평화적 정권 교체 전통의 기초를 놓았다.

## 13.2 쿠치마 대통령 시기

쿠치마는 독립 이후에도 개정되지 않고 사용되던 구소련시대의 헌법 개정 작업에 착수했다. 1977년 개정된 소위 '브레즈네프 헌법'을 바탕으로 1978년 소련의 각 연방공화국은 공화국 헌법을 제정했다. 우크라이나는 독립 후에 헌법 개정 없이 대통령과 총리직을 신설하여 준대통령제(semipresidentialism)에 해당하는 통치제제를 확립하였다. 1994년 11월 쿠치마는 헌법 개정의 전 단계로 '대통령 권한법'을 의회에 제출하였으나, 의회는 쿠치마와 오랜 줄다리기 끝에 법안 내용을 대폭 수정하

쿠치마 대통령

여 내용이 대폭 변경된 법안을 1995년 5월 통과시켰다. 자신의 개헌안
이 의회를 쉽게 통과하기 어렵다고 생각한 쿠치마는 개헌안을 국민투
표에 부치려고 하였으나, 의회의 반대로 제동이 걸렸다. 쿠치마는 의회
가 개헌을 막을 경우 국민투표에 부치겠다고 압박하여 6월 28일 개헌안
은 근소한 차이로 의회를 통과했다. 새 헌법에 의하면 대통령은 의회의
인준을 받아 총리를 임명하고, 각료와 주지사 임명권을 갖는다. 대통령
은 의회가 통과시킨 법률안을 거부할 수 있으며 경제 사안에 대해 대통
령령을 발할 수 있었다. 헌법에 우크라이나어가 유일한 공식 언어로 선
언되었다. 새 헌법에서 대통령의 권한은 강화되었지만, 의회의 대통령
견제도 강화되었다. 국가 주요 정책이 의회의 입법을 통해 확정되도록
만든 것은 정책 결정과 집행 과정에 큰 부담을 안겨 주었다. 의회민주
주의가 제대로 확립되지 않고 정파 간의 합종연횡이 끊임없이 일어나

는 상황에서 이러한 제도는 대통령과 정부의 활동을 견제하고 방해하는 수단으로 사용되기 시작했다.

1998년 독립 후 두 번째 총선이 치러졌다. 1994년 총선이 1인 소선거구제로 치러진 데 반해 이번 총선은 의석의 과반수는 정당비례대표제로, 나머지 과반수는 지역구 직접 선출 방식으로 치러졌다. 쿠치마 대통령이 이끄는 집권 세력이 중도 우파 계열을 차지했고, 좌파 성향 정당들이 야당을 형성했다. 민족주의 우파 쪽에는 '루흐(Ruch)'가 있었다. 선거결과는 중도 정당이 102석, 좌파 정당이 173석, 우파의 '루흐'가 59석을 차지한 것으로 나왔다. 1999년 대통령 선거에서 쿠치마와 경쟁할 만한 유력한 후보는 없었다. 쿠치마는 경제와 외교 부문에서 이룬 성과로 연임을 자신할 수 있었다. 그러나 쿠치마는 자신의 재선을 확실하게 만들기 위해 약한 상대와 결선 투표를 하는 구도를 만들어냈다. 쿠치마의 대선 경쟁자 중 가장 유력한 후보는 사회당의 모로즈와 공산당의 시모넨코였다. 그는 모로즈의 표를 분산시키기 위해 급진좌파정당 대표인 비트렌코를 후원했다. 동부 지역에 집중된 자원, 중공업 분야에서 이익을 취하고 있던 올리가르히들은 힘을 모아 쿠치마를 지원했다. 1차 선거 결과는 쿠치마 36.5%, 시모넨코 22.2%, 모로즈 11.3%, 비트렌코 11%로 나왔다. 쿠치마의 의도대로 좌파 진영의 표는 분산되고 시모넨코가 결선투표 상대가 되었다. 결선 투표에서는 쿠치마가 56.3%를 득표하여 37.8% 득표에 그친 시모넨코를 손쉽게 이겼다. 1999년 선거에서 민족주의 진영을 대표하여 출마할 예정이던 초르노빌은 선거운동을 마치고 돌아오다가 교통사고로 사망하였는데 타살의 혐의가 짙었다. 초르노빌의 사망으로 온건 민족주의 진영은 더 이상 큰 정치적 영향력을 발휘하지 못했고, 야누코비치 정권 시기부터 서부의 극우적 민족진영이 정치적 목소리를 내기 시작했다.

재선에 성공한 쿠치마는 자신을 밀어준 올리가르히에게 이권을 나누어주며 독재 성향을 보이기 시작했다. 그는 경제 개혁을 성공적으로 이끌어 대중적 인기가 높아진 유셴코(ViktorYushchenko) 총리를 해임하고, 에너지 담당 부총리 티모셴코(Yulia Tymoshenko)는 해임한 후 투옥시켰다. 2001년 총리직에서 해임된 유셴코는 바로 야당 지도자로 떠올랐다. 2002년 3월 치러진 세 번 째 총선에서는 우파 야당의 약진이 두드러졌다. 선거 결과는 집권, 친여 연합인 통합우크라이나당(United Ukraine)과 통합사회민주당이 148석, 우파 야당인 우리우크라이나(유셴코)와 티모셴코당이 134석, 공산당과 사회당의 좌파가 87석, 무소속 의원이 80석을 차지했다. 쿠치마 정권은 정적 탄압과 언론인 살해로 민심을 잃기 시작했다. 우크라이나에서는 독립 후 2009년까지 10명의 언론인이 피살되었는데, 피살 사건 모두가 쿠치마 집권기인 1995년부터 2004년 사이에 일어났다. 언론인 살해 사건 중 쿠치마 정권에 결정적으로 타격을 가한 것은 소위 '곤가제 사건'이었다. 집권 세력의 부패를 파헤치던 곤가제(Grigory Gongadze)가 2001년 9월 실종되고, 두 달 후 목이 없는 그의 시체가 키예프 외곽에서 발견되었다. 다른 정치적 암살 사건처럼 미제 사건으로 남을 것 같았던 이 사건은 곤가제의 '처리'를 지시한 쿠치마의 녹음 육성이 유출되면서 큰 파장을 불러일으켰다. 쿠치마 대통령의 경호원이었던 멜니첸코(Mykola Melnychenko)가 공개한 녹음테이프에는 쿠치마로 짐작되는 사람이 곤가제의 납치와 반대파에 대한 형사처벌을 지시하는 내용이 들어있었다. 국립은행장 헤트만, 루흐 지도자 초르노빌의 죽음에도 쿠치마가 개입되었다고 생각한 국민들은 이 사건 이후 '쿠치마 없는 우크라이나(Ukraine without Kuchma)'를 구호로 내걸고 격렬한 반정부 데모를 벌였다. 지지율이 곤두박질치기 시작한 쿠치마는 자신을 지지하는 동부 지역의 올리가르히와 더욱 밀착하며 집권 연장을 위한 여러 방안을 모색했다. 2002년 총선에서는 유센코의 '우리우크라이당(102석)'을 비롯한 야당 세력이 221석을 차지하여 148석을 얻은데 그친 친정부 여당 세력을 크게 앞질렀다.

## 13.3 오렌지 혁명과 유센코 대통령

우크라이나 헌법은 대통령의 1회 연임을 허용하고 있었다. 2기 재임 기간 동안 쿠치마는 정권 연장을 위한 여러 방안을 고려했다. 중앙아시아 국가들처럼 대통령의 3선 제한을 철폐하는 개헌도 생각해 보았으나, 국내외적으로 정치적 곤경에 처한 그는 의회나 국민의 저항을 뚫고 이 개헌안을 관철시킬 수 없었다. 특히 곤가제 사건 이후 지지도가 5% 내외에 머물고 있던 쿠치마는 집권 연장의 꿈을 접을 수 밖에 없었다. 그가 선택할 수 있는 최선의 방법은 꼭두각시 같은 후계자를 지명하여 대통령에 취임시킨 후 자신이 막후에서 수렴청정하며 국정을 좌지우지하는 것이었다. 이를 위해 쿠치마는 도네츠크주지사인 빅토르 야누코비치를 총리를 임명했다. 야누코비치 카드는 동부지역의 올리가르히들의 이해관계와도 부합되었다. 러시아도 친러 성향이 강한 야누코비치 카드에 동의하였다. 그러나 야누코비치는 어려서 고아가 되어 제대로 된 교육을 받지 못했고, 범죄 전과도 있어서 제대로 된 대통령감은 아니었

오렌지혁명 주인공들

다. 한때 노동당 당수인 세르히 티힙코가 후계자 물망에 올랐으나 티힙코는 차차기 주자로 낙점되고 야누코비치 선거를 돕는 역할을 맡기로 했다. 만일 티힙코가 대통령 후보로 지명되었다면 그는 유셴코와 정면대결을 벌여볼 만한 후보였다. 국립은행장과 경제장관을 지낸 경제전문가에다가 젊고 대중적 인기도 있었다. 우크라이나의 후계 구도는 러시아의 옐친 대통령이 수렴청정 생각은 전혀 하지 않고, 올리가르히에게 진 빚이 없는 푸틴을 후계자로 지명한 것과 극명하게 대비가 되었고, 양국의 앞날에 큰 명암의 차이를 가져왔다.

본 책의 저자는 쿠치마의 권력욕이 오렌지 혁명이 일어나게 된 근본 원인이라고 보고 다음과 같이 그 이유를 설명한다.

"1999년 말 러시아의 옐친 대통령이 정치적 권력에 대한 미련을 일절 남기지

**독극물 사건 전과 후의 유센코 모습**

않고 은퇴한 것과 달리 쿠치마는 대통령직을 물러난 뒤에도 대리청정을 하는 길을 모색했다. 옐친의 과감한 정치적 결단이 푸틴이라는 후임자의 국정 장악과 푸틴 정권의 정치적 안정에 결정적으로 기여한 반면, 쿠치마의 권력욕은 2004년 우크라이나 대통령 선거를 엉망으로 만들어 놓아 오렌지 혁명을 유발했을 뿐 아니라, 오렌지 혁명의 패배 세력에게는 정권 교체에 대한 항의와 불만을 가중시켜서, 이후 우크라이나 정국이 극도에 혼란에 빠지는 결과를 초래했다. 결국 오렌지 혁명은 야누코비치와 유센코 사이의 국민적 선택의 문제가 아니라 쿠치마의 권력욕과 현명하지 못한 후계 구도 설정에서부터 그 씨앗이 싹튼 것이라 볼 수 있다."[75]

결국 대중적 지지율이 떨어지는 야누코비치를 무리하게 대통령으로

---

75 《우크라이나 현대사》, p. 258-59.

만들려고 시도하다가 오렌지 혁명을 맞게 되었고, 야누코비치가 대통령이 된 후에는 그의 실정으로 인해 소위 '유로마이단 혁명'이 일어나면서 친러파의 입지가 크게 축소되었다. 합법적 선거에 의해 대통령 권력의 계승이 이루어지던 독립 초기의 정치적 상황은 야누코비치의 등장으로 큰 파고를 맞게 된다.

야당 진영에서는 티모센코와 손잡은 유센코가 폭넓은 대중적 지지를 바탕으로 세력을 키우고 있었다. 2004년이 되면서 야누코비치의 지지율은 15-20%에서 더 이상 오르지 않았고, 여러 여론 조사에서 유센코에게 밀리는 상태였다. 집권 세력은 관권 선거로 상황을 뒤집을 수 있다고 안이하게 생각하고 후보를 교체할 생각을 하지 않았다. 2004년 여름이 되면서 국민들 사이에는 집권 세력이 대규모 선거 부정을 통해 야누코비치를 당선 시킬 것이라는 우려가 확산되었다. 조지아의 '장미 혁명'에 빗대어 우크라이나에는 가로를 장식하고 있는 밤나무를 상징으로 '밤나무 혁명(chestnut revolution)'이 일어날 것이라는 말이 공공연히 돌았다.

9월 5일 정보부장 스메쉬코(Ihor Smeshko)가 초대한 만찬에 참석한 야당 후보 유센코가 독극물 중독 현상을 보여 급히 오스트리아로 후송되어 응급 치료를 받는 사건이 발생했다. 유센코는 음식물에 들어있던 인체에 치명적인 다이옥신에 중독된 것으로 밝혀졌는데, 그의 몸에서 검출된 다이옥신 양은 살아 있는 사람에게서 나온 것으로는 두 번째로 높았다. 독극물 후유증으로 얼굴이 완전히 망가진 유센코의 모습이 공개되자 국민들은 크게 격앙되었다. 이 사건의 전모는 아직까지 밝혀지지 않고 있는데, 야누코비치 진영의 음모라는 설부터, 우크라이나와 러시아 정보기관의 합작설, 심지어 자작극이라는 소문도 돌았다. 이 사건으로 유센코 지지자들의 결속은 한층 강화되었고, 중도성향 유권자들도 유센코 지지로 돌아섰다. 우크라이나 대선에 대한 국제적 관심도 높아지면서 유럽 여러 나라를 비롯한 세계 각국은 선거감시단을 파견하겠다는 의사를 밝혔다. 야누코비치 후보 진영에서도 연금 2배 인상 등의 선심 정책을 발표하며 지지도를 올리려고 노력하였지만 역부족이었다.

  10월 31일 치러진 1차 선거에서 유센코가 39.9%, 야누코비치가 39.3%를 얻어 유센코가 근소한 차이로 승리한 것으로 발표되었다. 출구조사 결과는 유센코 44-45%, 야누코비치 37~38%로 나타났기 때문에 1차 선거부터 대규모 부정이 저질러졌다는 의혹이 제기되었다. 후에 여러 증거로 밝혀진 바에 의하면 여당 측은 현장 부정선거 뿐만 아니라, 각 지역에서 올라오는 전산 선거 집계를 마음대로 조작하여 자신들이 원하는 선거 결과를 만들어냈다. 1차 선거에는 약 2,500명의 국제선거감시단이 선거 현장을 지켰고, 이제 국내외의 관심은 한 달 뒤의 결선투표로 쏠렸다. 11월 21일 치러진 결선투표의 출구조사 결과는 유센코 53%, 야누코비치가 44%로 나왔지만 11월 22일 선관위가 발표한 공식결과는 야누코비치 49.5%, 유센코 46.9%였다. 대규모 부정 선거가 있을 것으로 예상한 시민들은 투표 종료 후 시내 중심가인 흐레샤치크 거리와 마이단 광장에 모여들기 시작했다. 선거 현장에 나가있던 대규모 선거 감시단은 다양한 선거 부정행위를 보고했다. 부재자 투표, 재택투표 조작 등 전통적 부정 선거 방법 외에 대규모 전산 조작으로 투표율과 야누코비치 득표율이 크게 올랐다. 투표 전국 집계가 이루어지는 중앙선거관리위원회에서 수백 미터 떨어진 곳에 위치한 한 건물에 집계 조작팀이 자리를 잡고 선관위 광테이블에 접속하여 각 지역에서 올라오는 집계를 마음대로 조작했다. 추운 날씨에도 불구하고 선거 부정에 항의하는 시민들이 대규모로 모여들어 거리에는 약 2,500개의 텐트가 세워지고, 25일에는 시위대가 주요 공공건물을 포위하기 시작했다. 27일에는 시위대가 50만 명 이상으로 늘어났다, 그러나 대규모 인파에도 불구하고 시위는 평화적으로 진행되었다. 음주금지, 폭력금지, 경찰과 충돌 금지 3대 원칙이 세워지고, 마이단에 세워진 대형 무대에는 야당 정치인들과 유명 인사들이 차례로 올라와 부정 선거를 규탄하고 콘서트가 진행되었다. 정부는 시위 규모에 당황하여 아무런 조치를 취하지 못했고, 각국 기자들이 모여들어 과잉 진압도 불가능했다. 유센코 진영은 결선 투표 결과 무효를 확정하기 위해 대법원에 투개표 과정에 심리를 요청하고 12월 26일 재선거 실시를 요구했다. 야누코비치 진영은 도네츠크와 루간스크 2개 주의 재선거와 자신이 대통령에 취임하면 유센코를 총리를 임명하겠다는 타협안을 내놓았으나 받아들여지지 않았다. 우크라이나 대선이 국제적 관심거리가 되면서 국제적인 중재 노력도 진행되었다. 폴란드의 크바시니옙스키(Aleksander Kwaśniewski), 리투아니아의 아담쿠스(Valdas Adamkus) 대통령과 EU 국제문제 담당 집행위원 솔라나(Javier Solana)가 중재를 위해 키예프로 왔고, 러시아에서는 하원의장 그리즐로프(Boris Gryzlov)를 파견했다. 3차례 열린 중재회의에서 재선거를 하는 방안이 제시되었다. 야누코비치 진영은 중재회의에 참여하지 않으려고 했으나 쿠치마의 강권으로 회의에 참석하게 되었다. 언론에 공표되지는 않았지만 재선거 실시 조건으로 유센코가 집권하더라도 선거 부정에 대한 수사를 하거나 정치보복을 하지 않는 것이 쿠치마와 야누코비치 진영에서 제안되었고, 유센코는 깊은 생각 없이 이 조건을 수락한 것으로 보인다. 12월 6일 대법원은 2차 선거 무효를 선언하고 12월 26일 3차 선거를 실시할 것을 결정했다. 재선거가 결정되자 12월 8일 의회는 헌법개정안, 선거법 등을 졸속으로 통과시켰는데, 새 헌법안은 대통령의 권한을 축소하는 대신 총리와 의회의 권한을 강화하고, 총리는 의회 다수당이 선출하도록 정했다. 대통령은 외교, 국방장관, 국가안보회의장, 검찰총장만 직접 임명할 수 있고, 나머지 내각은 의회가 구성하도록 했다. 이 개헌안은 유센코가 대통령에 당선되는 것을 전제로 대통령 권한을 대폭 축소하고, 친러 세력이 의회 장악을 통해 정치적으로 부활할 수 있는 길을 열어놓았다. 12월 26일 3차 선거에서 52%를 득표한 유센코가 44%를 득표하는데 그친 야누코비치를 누르고 대통령에 당선되었다.

구소련권 국가에서 보기 드물게 시민들의 대규모 부정 선거 항의 시위로 선거 혁명을 이룬 오렌지 혁명은 우크라이나에 민주적 선거 전통을 세우고, 권력을 독점하여 집권 연장을 꾀하는 독재자의 출현을 막는 소중한 정치적 경험이자 자산이 되었다. 그러나 유센코 진영이 선거 당선에만 집중하여 선거부정에 대한 사법적 심판을 하지 않고 넘어간 것은 우크라이나 사법 질서와 사회정의 실현을 가로막는 결정이었고, 졸속 개헌을 방치한 것은 유센코 정권 5년 간 지속된 극도의 정치 혼란의 문을 열어놓은 중대한 실책이었다. 또한 오렌지 혁명 직후 바로 총선을 실시해서 부패한 정치인들을 정리하고 정치 세력의 재편을 꾀했어야 하는데, 1년 넘게 기다렸다가 총선을 실시하는 바람에 야누코비치 세력이 재부상할 수 있는 기회를 만들어주었다.

유센코는 티모센코를 총리로 임명했으나 정치적 야심이 큰 티모센코는 인기영합(populist) 정책을 남발하여 유센코와 갈등을 빚었다. 결국 유센코는 티모센코를 해임하고 경제 전문가인 예하누로프를 총리로 임명했다. 2006년 3월 치러진 총선에서 야누코비치가 이끄는 지역당(Party of Regions)이 186석을 차지하며 화려하게 부활했고, 티모센코가 이끄는 티모센코당(Byut)이 129석, 유센코의 우리우크라이나당이 81석을 차지해서 3당 체제가 만들어졌다. 친러 정당인 지역당이 압도적 제1당이 되고, 대통령이 이끄는 정당이 3위가 되어 유센코는 이후 임기말까지 정권을 끌고 나가는데 큰 어려움을 겪었다. 개혁 정당인 우리우크라이나당과 티모센코당이 힘을 합치면 의회 다수 세력이 될 수 있었지만, 차기 대권을 노리는 티모센코는 상황과 정책에 따라 오히려 지역당과 손을 잡는 모습을 보였다. 유센코 정권에게 결정적 타격을 가한 것은 의회 다수연정을 지역당에게 빼앗긴 것이었다. 원래는 오렌지 혁명에서 공동 전선을 편 우리우크라이나당, 티모센코당, 사회당이 연정을 구상할 것으로 예상되었으나, 사회당이 지역당과 손을 잡음으로써 의회다수 세력이 되고, 총리와 내각 구성권을 갖게 되었다. 사회당 당수인 모로즈는 국회의장직을 노리고 있었는데, 유센코 정권 수립에 공을 세운 포로센코가 국회의장직을 노리면서 갈등이 일어났다. 이러한 틈새를 노려 지역당은 모로즈에게 국회의장직을 보장하면서 연정세력으로 끌어들였다. 이 거래 막후에 거대한 재정적 지원도 있었다는 언론 보도도 나왔다. 오렌지 혁명에서 거의 정치에서 퇴출될 뻔한 야누코비치는 총리로 화려하게 부상하였고, 내각 구성에도 지역당 출신이 다수를 차지했다. 이후 4년 간 유셴코 대통령은 국가지도자로서 지도력을 제대로 발휘하지 못하고 야당 세력에 끌려 다니는 상황에 처하게 되었다. 우크라이나 독립 이후 최고의 경제 관료의 모습을 보이고, 필요할 때면 강한 개혁적 결단력도 보인 유셴코가 국가지도자로 능력을 발휘하지 못한 것은 독극물 중독으로 인한 판단력과 결단력 저하 때문이라는 견해도 많다.

총리와 내각을 반대파인 지역당에게 빼앗긴 유셴코 대통령은 궁여지책으로 각 정파를 소집하여 '대연정'에 준하는 〈국가통합선언〉을 공표하고, 야누코비치 내각에 우리 우크라이나당 소속 의원 6명이 장관으로 들어가도록 했다. 그러나 야누코비치와 지역당 정치인으로 채워진 내각이 내정 운영에서 주도권을 잡으면서 유셴코 대통령은 국정 장악력을 크게 잃게 되었다. 2006년 10월에는 우리우크라이나당 소속 6명의 장관이 내각에서 빠져나오면서 내각은 지역당 연정세력이 완전히 장악하게 되었다. 세력이 커진 야누코비치 총리는 대외관계 문제에도 적극 자기 의견을 내세우면서 대통령의 고유 영역으로 여겨지던 외교에까지 간섭을 하기 시작했다. 외교장관, 국방장관, 국가안보회의 의장 지명권만 갖고 있는 유셴코 대통령은 대통령 행정실과 국가안보회의를 통해 국정을 운영해 나갔다. 이런 상황은 한 국가 내에 두 개의 정부가 존재하는 것과 크게 다를 바 없었다. 야누코비치 총리와 지역당은 개헌 가능선이자 대통령 법안 거부선인 의석 2/3 확보를 선언하고 금품과 여러 수단을 동원하여 우리우크라이나당과 티모센코당 소속 의원들을 대상으로 '의원 빼내기' 공작을 벌였다. 2008년 3월말 우리우크라이나당 소속이었던 소위 키나크계 의원 12명이 지역당으로 당적을 바꾸자 유셴코는 이를 정당비례제 의회 구성 원칙을 훼손하는 사건으로 규정하고 의회 해산을 명령했다. 지역당이 의회 해산에 불복하면서 이 문제를 헌법재판소에 제소하였고, 양측의 정치적 대립은 최고조에 달했다. 물리적 충돌의 조짐까지 보였던 양측은 5월 말 유셴코와 야누코비치가 9월 조기 총선에 합의하면서 정치권은 위기 상황에서 벗어났다.

9월 30일 실시된 총선에서 지역당의 의석은 종전 186석에서 175석으로 줄어든 대신, 우리우크라이나당과 티모셴코당은 과반을 2석 넘는 227석을 확보함으로써 총리 지명과 내각구성권을 갖게 되었다. 12월 티모셴코가 다시 총리로 취임하고 소위 오렌지 혁명 세력이 내각을 구성하고, 지역당은 다시 야당이 되었다. 그러나 총리직에 복귀한 티모셴코는 2010년 대통령 선거를 의식하고 소위 '인기영합(populism)' 정책을 펴기 시작하며 다시 유셴코와 갈등을 빚었다. 티모셴코는 상황에 따라 지역당 편을 들며 유셴코를 견제하는 행동을 취해서, 정치권은 유셴코 정파, 티모셴코 정파, 야누코비치 세력이 서로 각축하는 3두 체제가 되었다. 티모셴코는 다음 대선에서 유셴코 대신 오렌지 세력의 대통령 후보가 되는 것을 목표로 했기 때문에 유셴코 대통령 견제에 큰 힘을 쏟았다. 유셴코와 티모셴코의 갈등은 2009년 러시아와의 가스가격 협상을 주도한 티모셴코가 대선에서 러시아의 지원을 바라고 우크라이나에 불리한 가스 협상을 진행하면서 절정에 달했다. 극도로 화가 난 유셴코는 티모셴코를 국가반역죄로 기소할 수도 있다고 언급했다. 대통령 선거 승리만을 목표로 한 티모셴코의 단견적 실수는 후에 야누코비치 정권에서 이 문제로 재판에 기소되어 수감생활을 하는 결과를 가져왔고, 야누코비치 정권 붕괴 후 대선에서 티모셴코가 유권자의 지지를 거의 받지 못하는 결과를 초래했다. 2008년 10월 시작된 미국발 세계금융위기는 우크라이나에 가장 먼저 큰 타격을 가해 우크라이나는 IMF에 약 160억 달러의 구제 금융을 신청하게 되었다. 또한 11월부터 우크라이나를 휩쓴 신종플루로 민심은 더욱 동요되었다. 결국 오렌지 세력의 분열과 무능, 우크라이나를 강타한 내우외환은 유권자들 상당수가 오렌지 세력에 등을 돌리게 만들었다. 야누코비치는 차기 주자로서 자신의 강점을 내세우기보다는 오렌지 세력에 실망을 느낀 유권자들이 대안으로 자신과 지역당을 선택하기를 기다리는 전략을 택했다.

2010년 1월 17일 치러진 대통령 1차 선거는 투표율이 2004년 선거 때보다 8%나 낮아져서 국민들의 정치적 무관심을 반영하였다. 1차 선거 결과는 야누코비치 35.3%, 티모센코 25%, 티힙코 13.05%, 야체뉴크 6.9%, 유센코 5.4%로 나왔다. 현직 대통령이 5.4%의 득표에 그쳤다는 것은 놀라운 결과이지만, 이는 권력자의 장기 집권을 허용하지 않는 우크라이나의 정치 문화를 다시 한 번 반영한 것이고, 유센코 정부가 정권 연장을 위해 행정력을 동원한 관권 선거를 하지 않았다는 반증이기도 했다. 1차 선거에서 누구도 과반 득표에 근접한 지지를 얻지 못했기 때문에, 한 달 뒤의 결선 투표에서는 3, 4위 후보의 표가 누구에게로 갈 것인가가 중요했다. 특히 13%나 득표한 티힙코가 야누코비치나 티모센코 중 누구를 지지할 것인가가 초미의 관심사였다. 그러나 티힙코가 결선 투표에서 어느 후보도 지지하지 않는다는 선언을 함으로써, 중도적 성향인 그를 지지했던 유권자들은 야누코비치와 티모센코 지지로 갈리게 되었다. 2월 7일 치러진 결선투표에서 야누코비치는 48.9%, 티모센코는 45.4%를 득표하여 우크라이나 대통령 선거 사상 가장 적은 표 차로 대통령 당선자가 결정되었다. 1차 선거 다수 득표자 2인만 경쟁하는 결선 투표에서 승리자의 득표율이 과반에 미치지 못하는 경우도 처음 있는 일이었다. 야누코비치는 마이단 광장에서 성대하게 취임식을 거행하는 대신 의회에서 조용히 대통령 취임 선서를 하고 직무를 시작하였다. 오렌지 혁명 세력의 분열과 국정 혼란에 염증을 느낀 유권자들이 그 대안으로 친러파인 야누코비치를 대통령으로 선출했지만, 도덕성과 정치적 자질이 떨어지고 올리가르히와 밀접한 관계가 있는 정치인을 대통령으로 선출한 것은 우크라이나 정치 발전을 후진시키는 일이었다고 평가할 수 있다. 결국 4년 뒤 야누코비치는 임기를 마치지 못하고 국외로 피신하는 대통령이 되었고, 크림 상실과 동부 교전 상황이 발발했다.

## 13.3 야누코비치 대통령의 친러 정권 붕괴와 크림 상실

앞에 언급한 바와 같이 결선 투표에서도 과반 득표를 하지 못하고 대통령에 취임한 야누코비치는 중도, 친서방 세력을 포용하며 정치적 위임(mandate)을 넓혀 나갔어야 하는데, 이와 반대로 정적 탄압 등의 권위주의적 노선을 택함으로써 자신의 입지를 좁혔다. 대통령에 취임한 지 불과 두 달 후인 2011년 4월 소위 하르키프 합의로 야누코비치 정권은 러시아가 공급하는 가스값을 1년 간 30% 할인받는 조건으로 2017년에 임차 계약이 끝나는 세바스토폴항의 흑해 함대 임차 기간을 25년 연장해 주는 결정을 내렸다. 이 조치는 야당의원들의 격렬한 반대 속에 국회 승인을 받았고, 친서방 유권자들의 강한 항의를 받았다. 2011년 4

월 정적이자 대통령 선거 경쟁자였던 티모센코를 배임과 횡령 혐의로 체포하여 기소하였고, 10월 법원 판결에서 티모센코는 징역 7년형에 피선거권 박탈 7년을 선고받았다. 이 조치는 대통령 후보자나 전임 대통령에 대한 정치 보복이 없던 우크라이나 정치 문화의 불문율을 깬 명확한 정적 탄압이었다. 취임 초기 40% 내외를 넘나들던 야누코비치의 국정 수행 지지율은 티모센코 투옥 후 10%대 초반으로 떨어졌고, 야누코비치가 권좌에서 물러날 때까지 지지율은 15%를 넘은 적이 없었다. 서방에서는 IMF를 통한 구제금융 지원을 중단하여 우크라이나의 경제는 큰 어려움을 겪기 시작했다. 2011년 5.2%였던 경제성장률은 2012년 0.2%, 2013년 0.4%로 떨어졌다. 세계금융위기의 직격탄을 맞은 2009년 -15% 가까운 경제 수축을 겪은 우크라이나는 위기 이전의 수준으로 경제 수준을 끌어올리지 못했다. 여기에 더해 야누코비치는 아들들을 내세워 재벌그룹을 만들고 축재를 시작했다. 야누코비치의 지지 세력인 동부의 올리가르히들의 이권을 침해하는 적극적 이권 개입은 올리가르히들의 등을 돌리게 하는 결정적인 실수였다. 이러한 상황에서 표면적으로는 EU와의 협력협정(Association Agreement) 의사를 내세우며 EU와 협상을 진행해 온 야누코비치 정부는 협정 체결 이틀 전인 2013년 11월 21일 협상 조인 포기 선언과 함께 러시아와의 경제 협력 프로그램을 제시했다. EU 협력협정 체결은 유럽 각국이 요구하는 티모센코의 석방과 국외 출국을 전제로 하는 것이었고, 동부 지역 올리가르히들이 강하게 반대하는 사안이기 때문에 야누코비치 정부는 여론을 의식하여 협상을 진행하는 제스처는 취했지만, 협력협정 체결 의사는 없었다고 보는 것이 맞다. 11월 21일 협력협정 체결 포기에 대해 수십 명의 키예프대학 학생들이 시작한 항의 시위는 마이단 광장의 일반 시민 시위로 확산되었다. 11월 30일 정부의 강경진압으로 시위는 더욱 격렬해졌고, 12월과 새해가 되면서 시위는 오렌지 혁명 시기를 연상시킬 정도로 확산되었다. 야누코비치는 정치적 양보나 타협 정책을 취하는 대신 2014년 1월 16일 소위 '시위 및 NGO금지법'을 발표하여 시위 불법화 및 강경 진압의 의사를 내세웠다. 1월 28일 경찰의 발포로 시위대 5명이 사망하면서 상황은 더 이상 수습할 수 없게 되었다. 우크라이나에서는 정치적 암살은 빈번하였어도, 공권력이 일반 시위대에 발포를 하여 인명 살상을 한 전례가 없었고, 이러한 사태가 발생하면 그 정권은 더 이상 존속하기가 힘든 위기에 빠지게 된다. 2월 20일 반정부파의 온건파 지휘부와 야누코비치 정권 사이에 2개월 조기 대선을 비롯한 정치 타협안이 어렵게 마련되었으나, 2월 21일 시위대에 대한 저격병들의 조준 사격으로 80여 명이 살상되는 사태가 벌어지자 야누코비치는 관저

2014년 초 반정부 시위

로 와서 주요 서류들을 수장시킨 다음 헬리콥터를 타고 하르키프로 피신하였다가 마리우폴을 거쳐 해상으로 러시아로 도망침으로써 야누코비치 정권은 종말을 고하게 되었다.

크림에서는 국적 미상의 군인들이 삼엄한 경계를 펴는 가운데 크림 러시아 합병 주민투표가 실시되어 합병안이 통과되고, 러시아 상원이 3월 18일 이를 승인함으로써 러시아는 크림을 자국의 영토로 선언하였다. 4월 7일 도네츠크 일부 지역 경찰서가 정체미상의 괴한들에게 점거당하고 분리독립 움직임이 시작되어 루간스크와 도네츠크 일부 지역이 교전지역이 되었다.

야누코비치 정권의 붕괴는 표면적으로는 EU 협력협정 체결 불발에 대한 항의 시위가 직접적 원인이 된 것으로 볼 수 있지만, 야누코비치 정권의 부패, 정적 탄압, 시위에 대한 강경 진압 등 여러 요인이 복합되어 정권 붕괴로 까지 이어진 것이고, 멀리 보면 개인적 자질이나 도덕성

시위 진압 장면

이 우크라이나를 이끌고 나가기 어려운 야누코비치를 친러 진영의 대표 주자로 내세운 쿠치마 후계 구도에 근본적 원인이 있다고 볼 수 있다.

본 책의 저자는 조셉 나이(Joseph Nye)의 국제 분쟁 원인 분석의 3단계론을 이용하여 야누코비치 정권의 붕괴 원인을 분석했다.[76] 1차 대전 발발 원인을 시간의 근접성을 기준으로 분석한 나이의 이론을 토대로 야누코비치 정권 붕괴 원인과 과정에 적용하면, 촉발 원인(precipitating cause)은 EU 협력체제 가입 보류 결정이지만 중간 원인(intermediate cause)은 야누코비치 정권의 실정과 부패이고, 근본 원인(deep cause)은 잘못 짜인 쿠치마 후계 구도와 러시아의 잘못된 친러 정권 대표 주자의 선택이라고 보았다.


## 13.4 포로셴코 정권과 2019년 대선

2014년 2월 23일 야누코비치가 아무런 정치적 후속 조치 없이 단신으로 러시아로 도망가자 우크라이나에는 권력 공백 상태가 발생했다. 라자로프 총리는 반정부 시위가 격화되던 2013년 12월 사임하고 국외로 나갔기 때문에 투르치노프(Oleksandr Turchynov) 국회의장이 대통령 권한 대행을 맡았다. 2014년 3월 18일 러시아가 크림 합병을 선언하고, 4월 8일 도네츠크주에서 친러 무장봉기가 일어나면서 우크라이나는 큰 위기를 맞았다. 의회는 야누코비치 대통령 탄핵을 의결하고, 5월 25일 새 대통령을 선출하기로 하였다. 2013년 12월부터 2014년 2월까

---

76 허승철, "우크라이나 야누코비치 정권 붕괴의 국내 정치 • 경제 요인 분석, 《러시아어문학 연구논집》 46집, 2014, 156-57.

지의 위기 기간 동안 야체뉴크, 클리츠코프 등 다른 정치인들은 야누코비치 정권과의 협상에 매달려 있었지만, 포로셴코(Petro Poroshenko)는 마이단에 쏟아져 나온 시민들과 무장 저항 세력을 돌보는 일에 힘쓰는 한편, 자신의 TV채널을 이용한 반정부 투쟁을 벌여서 국민적 지지를 크게 얻었다. 유셴코 정권에서 국가안보회의 의장과 외무 장관을 역임하고, 다시 정파를 바꿔 야누코비치 정권에서 경제개발 장관을 역임한 그는 그렇게 대중적 지지가 높은 정치인은 아니었다. 초코릿 공장과 자동차 조립 공장, TV방송국을 소유한 전형적인 올리가르히인 그는 2013년 마이단 봉기 이전 대통령직 경쟁자 중 10위권 정도에 머무르는 정치인이었다. 3년 반 이상의 수감 생활을 마치고 2014년 2월 말 하르키프 감옥에서 풀려난 티모셴코는 유력한 대통령 후보가 될 것으로 예상되었으나, 휠체어를 탄 채 키예프 마이단에서 행한 연설은 야유를 받았다. 많은 유권자들이 2009년 말 대권 욕심으로 러시아와의 가스협상을 불리하게 이끈 그녀의 실책을 용서하지 않고 있었고, 큰 맥락에서는 많은 기대 속에 출발한 오렌지 혁명 정권의 내분을 조장한 정치인으로 보고 있었다. 동부 지역 반군들이 도네츠크공화국과 루간스크공화국 설립을 선언하는 국가 위기 상황에서 치러진 5월 25일 선거에서 포로셴코는 54.7%를 득표하여 결선 투표 없이 단번에 대통령에 당선되었다. 2위를 차지한 티모셴코는 12.8%를 얻는데 그쳤다. 투표에 대한 국민적 관심도 높아 투표율은 60%를 넘어섰다.

대통령에 취임한 포로셴코는 친서방 노선을 바탕으로 하는 외교 노선을 천명하고, 국가적 통합성의 유지와 이를 위한 반국가 세력과의 투쟁을 선언했다. 그는 지방분권을 강화하는 개헌안을 제안해 친러 성향이 강한 동부 지역의 이탈을 막으려고 노력했다. 도네츠크와 루간스크 주는 치열한 교전 상태에 빠졌지만, 다행히 하르키프주는 반군의 준동을 막을 수 있었다. 콜로모이스키(Ihor Kolomoyskiy)나 타루타(Ihor Taruta) 같은 올리가르히들이 사비를 들여 동부 지역 분쟁이 확산되는 것을 막았다.

2014년 8월 25일 포로셴코 대통령은 의회 해산을 선언하고, 10월 26일 총선을 치를 것을 선언했다. 의회 해산의 근거로는 현 의회가 대표성이 약하고, 많은 인명 희생을 가져온 2014년 1월 소위 일련의 '독재법(Dictatorship laws)'을 통과시킨 것을 들었다. 10월 26일 총선 결과 포로셴코가 이끄는 페트로 포로셴코당(Petro Poroshenko Bloc)이 전체 450석 중 132석을 차지하여 제1당이 되었고, 인민전선(People's Front)당이 82석을 차지했다. 티모셴코의 조국당은 19석을 얻는데 그쳤고, 올렉 라쉬코가 이끄는 극우 정당도 22석을 차지했다. 기존의 정당 구조가 와해된 상태에서 무소속으로 출마한 후보도 96명이나 당선되었다. 크림과 동부 지역 유권자들이 참여하지 않은 상태에서 치러진 총선은 전체적으로 친서방·중도 정파가 75%, 친러 정파가 25%의 표를 얻었다. 유로마이단 이전 친서방, 친러 정파가 이전 백중세를 이루었던 것과 큰 차이를 보이는 이러한 지지 구도는 앞으로 상당 기간 지속될 가능성이 크다. 포로셴코는 2012년 소수민족 언어 지위 향상을 명분으로 러시아어의 지위를 크게 높인 언어법 개정을 원점으로 되돌리려고 하였지만, 동부 지역의 반대로 이를 관철하지 못하였고, 대신 교육법과 방송, 미디어 관련법의 입법을 통하여 국어로서의 우크라이나어의 지위를 다시 확고하게 만들었다.

부패가 만연했던 야누코비치 정권과의 차별성을 내세우며 출발한 포로셴코 정권은 집권 3년차부터 지지율이 급격히 떨어지기 시작하여 15-20%의 지지율을 유지했다. 우선 포로셴코 자신이 보유한 사업체를 백지명의신탁한다는 약속을 지키지 않았고, 그의 부호 순위는 10위권에서 5위로 올라갔다. 또한 소위 '파나마 페이퍼(Panama Paper)' 스캔들 때 포로셴코 소유로 추정되는 해외 은닉 재산이 드러나고, 측근의 무기 부품 수입 부정이 드러나면서 그는 정치적으로 큰 타격을 받았다.

기존 정치인들에 대한 실망이 광범위하게 퍼진 상태에서 치러진 2014년 대선은 우크라이나 독립 이후 처음 보는 의외의 상황을 연출했다. 2019년 3월 대선이 다가오면서 TV 프로그램 〈국민의 종(Sluga narodu〉에서 교사 출신으로 갑자기 대통령이 되어 부패한 정치인들을 척결하는 역을 맡은 코미디언 배우 젤렌스키(Volodymyr Zelensky)가 기성 정치인들을 누르고 지지율 1위를 유지했다. 젤렌스키의 인기는 거품이고 실제 대선이 실시되면 포로셴코와 티모셴코가 1, 2위를 차지해 결선 투표에서 대결하게 될 것이라는 관측도 있었다. 2019년 3월 31일 치러진 대통령 1차 선거에는 39명의 후보가 난립했는데, 볼로디미르 젤렌스키가 30.24%를 득표하여 1위를 차지했고, 현직 대통령 포로셴코가 15.95%, 티모셴코가 13.40%를 차지했고, 친러시아 후보인 보이코는 4위를 차지했다. 전체 투표율은 63.52%(1889만 명)이었다. 젤렌스키는 수천만 명이 볼 수 있도록 대형 스타디움에서 후보 토론회를 갖자고 제안하였고, 포로셴코가 이를 받아들여 4월 19일 키예프의 올림픽 스타디움에서 토론회가 열렸다. 4월 21일 실시된 결선 투표에서 젤렌스키는 73%를 득표하여 25%를 득표한 포로셴코를 거의 3배 이상 앞지르며

포로셴코와 젤렌스키

압승을 거두었다. 젤렌스키는 1차 선거에 비해 43%를 추가로 득표했지만, 포로셴코는 9% 추가 득표하는데 그쳤다. 우크라이나 대선 역사에서 젤렌스키는 가장 높은 득표로 대통령에 당선되었고, 2위와의 격차도 가장 컸다.

젤렌스키는 친서방 노선을 추구하며 부패 척결에 힘을 쏟는다는 공약을 내세웠지만, 구체적으로 자신의 대내외 정책을 밝힌 적은 없다. 정치, 행정 경험이 전무한 41세의 배우가 대통령에 당선된 것에 대해 우려를 표시하는 전문가들이 많다. 모힐라 대학교의 정치학 교수인 타라스 쿠지오(Taras Kuzio)는 현재 동부 지역에서 무력 충돌이 벌어지고 있는 우크라이나의 대통령은 단순한 행정수반이 아니라 군통수권자로서 전쟁을 수행해야 한다는 점을 지적하며 젤렌스키가 우크라이나의 위기를 헤쳐 나갈 능력이 있는지에 대해 의구심을 표했다. 또한 우크라이나 재벌 콜로모이스키(Igor Kolomoysky)가 자신이 소유한 TV에 그의 드라마를 방영하여 정치에 입문시키고 재정적으로 지원하고 있다는 점을 들어 젤렌스키가 콜로모이스키의 영향 하에 놓이게 되고, 이로 인해 재벌 정치를 척결하겠다는 의지로 대선에서 그를 지지한 유권자들의 기대와 정반대되는 결과가 나올 수도 있다고 우려했다. 젤렌스키는 우크라이나 최초의 유대계 대통령이 되는 기록도 세웠다. 전통적으로 우크라이나 유권자들 사이에 반유대인 감정이 크지만, 기존 정치인과 권력자에 대한 반감과 정권 교체 열망은 유대인 후보라는 문제도 덮어버렸다. 러시아의 〈노보에 브레먀(Novoe Vremia)〉지는 젤렌스키 정부의 앞날에 대한 세 가지 시나리오를 내놓았다. 젤렌스키가 관료주의를 극복하지 못하고 개혁에 실패하며 의회의 영향력에 좌우되는 약한 대통령이 될 것이라는 것이 첫 시나리오이고, 젤렌스키가 우크라이나가 처한 위기 상황을 전혀 해결하지 못하고 국가를 더욱 큰 혼란으로 이끌고, 동부지역의 무력 충돌이 격화될 것이라는 것이 두 번째 시나리오이다. 마지막 시나리오는 그가 콜로모이스키와 거리를 두고 개혁에 성공하여 서방의 지원으로 경제 재건을 이루고 국가를 위기에서 구출해낸다는 것이다. 우크라이나의 정치적 미래에 대해 우려가 크지만, 이번 대선을 통해 우크라이나 국민은 국가지도자가 권력을 독점하거나 부를 축적하는 경우 이를 좌시하지 않고 지도자를 권좌에서 끌어내리는 정치 심판 문화를 다시 한 번 보여주었다. 그러나 훌륭한 지도자 자질을 가진 후보를 선택하기보다 "덜 혐오하는 사람(lesser evil)"을 택해 투표하는 방식은 국가 발전에 도움이 될 수 없다고 본다. 초대 대통령 크라프추크, 오렌지 혁명의 주인공 유셴코에 이어 현직 대통령이 대선에서 다시 낙마하는 사태가 벌어졌으며, 현직 대통령이 대선에서 정치 신인에게 크게 패한 후 선거 결과를 인정하고 당선자에게 축하를 표하는 것은 구소련권 국가 중 우크라이나에서만 가능한 일일 것이다. 독립 이후 쿠치마 대통령만 재선에 성공했으나, 부패와 실정으로 집권 2기에 국민들로부터 많은 비난을 받았고, 결국 오렌지 혁명을 촉발시키며 야당에 권력을 내주었고, 정적 탄압과 축재로 비난받은 야누코비치는 2014년 2월 "유로마이단 혁명"으로 권좌에서 쫓겨났다. 이런 점은 우크라이나 정치 문화와 민주주의의 강점으로 평가할 수 있다.

# 14장 우크라이나의 대외 관계와 외교 정책

## 14.1 크라프추크 정권 시기의 대외 관계

1991년 12월 8일 벨라루스의 벨로베즈스카야 푸시차에 모인 러시아 연방공화국, 우크라이나연방공화국, 벨라루스연방공화국의 지도자 중 한 사람인 크라프추크 당시 우크라이나 최고회의 의장은 소연방 해체의 주인공 중 한 명으로 역사에 남게 되었다. 크라프추크 신임 우크라이나 대통령의 외교 목표 중 가장 시급한 것은 세계 여러나라로부터 독립을 인정받는 일이었다. 1992년 대부분의 국가가 우크라이나의 독립을 승인하였고, 한국도 이 해 2월 우크라이나와 외교 관계를 맺고 키예프에 대사관을 설치했다. UN은 창설 시부터 러시아, 벨라루스와 함께 회원국이었으므로 별도의 가입 절차를 밟을 필요가 없었다.

미국은 전격적인 소련의 붕괴 과정에서 새로 독립한 국가들의 과도한 민족주의 표출을 경계했다. 미소 냉전 시대 소련과의 대결 정책을 펼쳐 온 부시 행정부의 외교관계자들은 소련을 승계한 러시아의 옐친을 주 협상 파트너로 여겼다. 특히 180여기의 장거리 미사일 핵탄두와 막강한 군사력을 보유하고 국제무대에 나타난 우크라이나에 대한 경계심을 풀지 않았다. 소련 해체 직전인 1991년 8월 1일 키예프를 방문한 부시 대통령은 키예프 시민들 앞에서 "미국은 소련의 여러 공화국과 우호적 관계를 유지하되, 중앙의 독재를 지방의 독재가 대체하고, 인종적 혐오에 근거해 파멸적 민족주의를 조장하지는 않을 것"이라고 선언했다. 러시아와 우크라이나를 대립적 시각으로 바라보는 미국은 우크라이나의 국가 건설 과정에 필요한 충분한 지원을 하지 않았다.

우크라이나는 국제사회로부터 핵무기 포기 압력을 강하게 받았다. 소련 해체로 인해 막강한 핵전력을 떠맡은 우크라이나로서는 핵무기를 국가 방위의 수단인 자산으로 보기보다는 부담으로 여기는 시각이 강했다. 체르노빌 원전 사고로 인한 핵에 대한 부정적 국민들의 시각도 비핵화에 유리한 조건을 조성했다. 우크라이나는 핵 포기에 대한 경제적 보상과 안전 보장을 조건으로 내걸고 핵무기 폐기 협상을 시작했다. 소연방 해체 당시 구소련의 핵탄두 중 13%에 해당하는 1,410기가 우크라이나에 배치되어 있었고, 대륙간탄도미사일도 178기를 보유하고 있었다. 이 핵 전력은 미국, 러시아 다음 가는 세계 3위에 해당하는 것이었다. 우크라이나는 비핵화의 첫 걸음으로 1991년 10월 핵확산금지조약(NPT/Non-Proliferation Treaty)에 가입하고, 1992년 5월에는 핵무기제한협정(START-I)을 미국, 러시아, 우크라이나, 카자흐스탄, 벨라루스 5개국에 적용하는 리스본 의정서(Lisbon Protocol)에 서명했다. 1992년 미국 의회는 구소련권 국가들의 핵폐기를 촉진하고 핵과학자들의 재취업을 돕는 '넌-루가 프로그램(Nunn-Lugar Program)'을 통과시켰다. 핵무기 폐기 협상은 미국과 우크라이나, 러시아와 우크라이나 사이에 양자 협상으로 각각 진행되었으나, 러시아와 우크라이나 사이의 협상이 제대로 진행되지 않자, 3국 간 3자 협상이 이를 대신하게 되었다. 마침내 1994년 1월 미국, 러시아, 우크라이나 3자 협정이 체결되었다. 협정의 주요 내용은 우크라이나가 START-I 협정을 이행하고 핵확산금지조약에 가입하는 조건으로 미국, 러시아, 영국은 우크라이나의 주권과 영토 보장을 대가로 핵무기와 핵물질의 안전한 해체를 위한 경제적, 기술적 원조를 제공하고, 원자력 발전용 농축 우라늄은 러시아에 제공하며 이에 대한 재정 보상은 미국이 맡는 것으로 되어 있다. 같은 해 11월 우크라이나 의회는 이 협정을 비준하였고, 미국, 러시아, 영국은 우크라이나의 안전을 약속하는 메모렌덤에 서명하고, 프랑스와 중국도 별도로 우크라이나의 안전 보장 의사를 선언하였다. 결과적으로 조약적 효력을 갖지 않는 이러한 메모렌덤과 형식적 선언은 2014년 러시아의 크림 병합으로 인한 우크라이나의 주권과 영토 변경 사건에서 아무런 힘을 발휘하지 못하였다. 미국과 우크라이나는 핵무기 폐기에 대한 경제적 보상에 대한 협상을 진행하여 핵미사일 1기 당 100만 달러와 기타 보상을 포함한 2억 달러의 경제지원 프로그램을 제공받기로 합의하였다. 국내적으로는 핵무기 폐기에 대한 보상이 너무 적다는 비판이 일었지만, 갓 출범한 신생국인 우크라이나로서는 협상에 사용할 지렛대가 없었다. 1996년 6월 모든 전략핵무기가 러시아로 이전됨으로써 우크라이나는 사실상 비핵 국가가 되었고, 2000년 130기의 SS-19 대륙간탄도미사일이 해체됨으로써 핵폐기는 종결되었다. 우크라이나가 핵무기 보유 국가였다면 2014년 크림 병합을 속수무책으로 당하지 않았을 것이라는 일부의 분석도 있지만, 소련 시대 배치된 핵무기를 이어받은 우크라이나 입장에서는 당시 핵보유 국가들의 국제적 압력이 거셌고 핵무기 보유로 인한 기회비용이 너무 컸기 때문에 다른 선택을 할 수 없는 상황이었다. 북한의 핵폐기에 우크라이나 모델을 적용하자는 일부 학자의 주장은 양국의 핵무기 보유 배경이 너무 다른 점을 간과하는 것이다. 그러나 핵과학자들의 재취업 프로그램인 '넌-루가 프로그램'은 한국으로서도 참고할 점이 많아서 2007년부터 통일부는 우크라이나 핵과학자 처리 문제에 관심을 가지고 연구를 시작했다. 비핵화 과정에서 핵무기를 해외로 반출하고 일부는 운송수단을 해체하는 방식은 북한의 핵폐기에 참고할 수 있다고 본다.

우크라이나 독립 후 러시아와 우크라이나 사이에는 크림의 지위와 흑해함대 귀속 문제가 큰 외교적 이슈가 되었다. 1991년 1월 실시된 크림 주민 투표에서 크림은 우크라이나에 남고, 흑해함대 기지가 있는 세바스토폴은 소연방의 관할을 받는 특별시가 되는 안이 통과되었다.1991년 12월 1일 실시된 우크라이나의 독립을 묻는 주민투표에서 크림 주민의 54%가 독립을 지지하며 우크라이나의 소련 이탈을 용인했다. 러시아의 극우민족주의자들이 크림의 재합병을 요구하고, 크림에서도 적게나마 독립 움직임이 일어나자 1992년 6월 우크라이나 정부는 크림의 지위를 자치공화국으로 승격시키는 타협안을 제시하였고, 크림 의회는 이를 받아들여 우크라이나 잔류를 선언하였다. 1997년 우크라이나와 러시아 사이에 체결된 우호협력 조약(Treaty on Friendship and Partnership)에서 러시아는 크림의 우크라이나 귀속을 공식적으로 인정함으로써 크림 영토관할권 문제는 더 이상 양국의 외교 분쟁 사유가

되지 않았다.

혹해함대 문제는 크림의 영토관할권과 밀접하게 관련되어 있는 문제였다. 1992년 우크라이나 정부가 혹해함대의 관할권을 선언하자 함대 지휘관들은 이를 거부하고 러시아 해군의 지휘를 계속 받을 것임을 선언했다. 1992년 6월 크라프추크 대통령과 옐친 대통령은 혹해함대를 50대 50으로 나누는 안에 합의했다. 1993년 세바스토폴 해군기지를 러시아가 임차하는 합의가 이루어졌지만 러시아의회가 이를 인정하지 않아 무효가 되었다. 1997년 양국의 우호협력 조약에서 혹해함대를 50대 50으로 나누고, 러시아 해군이 2017년까지 20년 간 세바스토폴 해군기지를 임차하고 임차료를 지불하는 합의가 이루어졌다. 러시아 해군은 우크라이나로부터 다시 함정을 구입하는 형식을 취해 최종적으로는 82(러시아)대 18(우크라이나)의 비율로 혹해함대 함정의 배분이 마무리되었다.

1991년 12월 소련 해체에 즈음하여 출범한 독립국가연합(CIS, Commonwealth of Independent States)에는 8개국이 가담하고, 우크라이나, 벨라루스 등은 여기에 가입하지 않았지만 1993년까지 발트3국을 제외한 모든 신생공화국이 CIS에 가담하였다. 그러나 우크라이나 의회가 우크라이나의 CIS가입을 비준하지 않아 우크라이나는 CIS 행사에 옵저버 자격으로 참가하는 수준으로 CIS 관련 활동을 해왔다.


## 14.2 쿠치마 정권의 대외 관계

1994년 대통령에 오른 쿠치마는 크라프추크 시기의 고립적 비동맹(non-bloc) 외교 노선을 버리고, 적극적인 전방위외교(multivector policy)를 펼쳤다. 미국에서는 1993년 클린턴 행정부가 출범하면서 유라시아 대륙의 지정학적 중요성을 강조하는 올브라이트 국무장관 등 소위 '브레진스키 학파'가 미국 외교의 운전대를 잡았다. 브레진스키는 "독립적이고 안정적인 우크라이나의 존재는 러시아를 서방과 생산적인 관계를 유지할 수 있는 탈제국주의적이고, 나아가서는 민주적인 국가로 변형시킨다"며 우크라이나의 전략적 가치를 평가하고, "우크라이나가 없으면 러시아는 제국이 되지 못한다. 그러나 우크라이나를 복속시키면 러시아는 자동적으로 제국이 된다"라고 갈파하며 러시아를 견제하는 지렛대로서의 우크라이나의 역할을 강조했다. 1994년 11월 쿠치마는 우크라이나 대통령으로서는 처음으로 미국을 방문했고, 클린턴은 1995년 2월 답방으로 우크라이나를 방문했다. 두 대통령은 임기 2기인 1999년과 2000년 한 차례 더 교차 방문을 하고, 양국 간에서는 쿠치마 대통령과 고어 부통령이 이끄는 미-우크라이나 공동위원회가 설치되었다. 미국은 1994년부터 2000년까지 우크라이나에 약 20억 달러의 경제 원조를 제공했고, 우크라이나는 이스라엘, 이집트 다음으로 미국의 원조자금을 많이 받는 나라가 되었다. 이 자금은 쿠치마 대통령이 적극 추진한 우크라이나의 민영화와 경제발전에 큰 도움을 주었다.

전술한대로 1997년 우크라이나와 미국은 상호협력 조약을 맺어 크림문제, 흑해함대 문제 등을 매듭짓고, 아조프해와 케르치해협의 해상 경계도 확정지었다. 쿠치마는 전방위외교의 일환으로 유럽과의 관계 개선도 적극 추진하였고, 1995년 유럽연합과 '파트너쉽협력협정(Partnership and Cooperation Agreement)'을 체결하였다. 1996년 유럽의회에서 연설한 쿠치마 대통령은 유럽연합 가입이 우크라이나의 목표임을 공식으로 선언했다. 1995년 2월에는 구소련권 국가 중 처음으로 나토와 협력 맺고, 1997년에는 나토와 '특별동반자헌장(Charter on Distinctive Partnership)'을 체결했다. 1998년부터는 나토와 흑해에서 '해풍(Sea Bleeze)'이라는 공동 군사훈련을 시작했다. 유럽연합 가입 의사 천명과 나토 접근은 친서방정권인 유셴코 정권 때가 아니라 쿠치마 정권에서 이미 시작된 것을 간과하는 경우가 많다.

러시아가 CIS의 강화를 통해 근외지역(Near abroad)에 대한 영향력을 강화하는데 맞서 우크라이나는 흑해 주변 국가들과 GUAM을 조직했다. 조지아, 우크라이나, 아제르바이잔, 몰도바의 첫 글자를 딴 GUAM의 정식 명칭은 'GUAM-민주주의와 경제협력을 위한 기구(Organization for Democracy and Economic Cooperation)'이다. GUAM에는 후에 우즈베키스탄도 가입했다가 탈퇴했다. 1992년에 창설된 흑해경제협력기구(BSEC Organization of the Black Sea Economic Cooperation)에는 우크라이나를 비롯하여 불가리아, 루마니아, 터키 등 10개국이 참가했는데, 우크라이나는 BSEC활동에 적극 참여하고 있다.

러시아가 아직 혼란기를 극복하지 못한 상태에서 적극적 대외정책을 펴지 못하고, 미국이 우크라이나의 전략적 가치를 인정하여 적극적 지원을 하는 유리한 조건을 맞아 쿠치마 정권 1기의 대외 관계는 독립 이후 가장 합리적인 균형외교 정책의 전범으로 볼 수 있다. 우크라이나의 외교 정책이 오렌지 혁명 이후 일방적 친서방, 친러 노선으로 치우치면서 과도한 기회비용을 치루는 것은 크게 아쉬운 일이다.

쿠치마 대통령은 정권 2기에도 '전방위(multi-vector) 외교'를 추진했으나, 2001년 발생한 곤가제 사건과 정적 탄압, 이라크에 콜추가 미사일 판매한 사건으로 미국의 신뢰를 크게 잃게 된다. 미국의 신뢰를 만회하기 위해 쿠치마는 국내의 반대에도 불구하고 이라크에 파병국가 중 네 번째로 많은 병력을 파견하였지만 미-우크라이나 관계는 완전히 복원되지 못하였다. 미국과 서방의 신뢰를 잃은 쿠치마 정권은 러시아에 기울기 시작했다. 2000년 푸틴이 집권하면서 러시아는 구소련지역에서의 영향력 회복에 적극 나섰고, 경제적 수단을 지렛대로 이용하면서 우크라이나의 대외 관계는 어려운 시기를 맞게 된다.

## 14.3 유셴코 정권의 대외 관계

친서방 외교 노선을 내세우고 대통령에 당선된 유셴코는 유럽연합과 나토 가입을 외교적 정책 목표로 내세우고, 해외 투자 유치와 WTO 가입을 통한 우크라이나 경제의 세계 경제 통합 가속화를 경제 외교 목표로 내세웠다. 경제력이 약한 러시아보다 미국이나 서방의 경제 원조와 지원에 의존한 경제 발전을 추구하는 것은 이해할 수 있지만, 균형적 외교 노선을 버리고 과도한 친서방 외교를 지향하는 것은 우크라이나의 지정학적 여건과 러시아에의 경제(에너지) 의존 상황을 고려하지 않은 현명하지 못한 정책이었다. 유셴코는 취임식 다음날 바로 러시아로 가서 푸틴 대통령을 만나 러시아의 불안감을 잠재우려고 노력했으나 유셴코 정권 내내 러시아와 외교 마찰이 지속되었다. 유럽연합 가입과 나토 가입은 쿠치마 정권 1기부터 천명된 외교 목표였지만 러시아와 1,600km의 국경을 접하고 있는 러시아로서는 턱밑까지 나토가 확장되는 것을 용인할 수 없었다. 다만 1990년대의 혼란 상황을 극복하고 국력 회복에 집중하고 있던 푸틴으로서는 우크라이나에 압력을 가할 수단을 찾기가 쉽지 않았다. 양국 간 가스공급 가격 협상이 결렬되자 2006년 연초 러시아는 우크라이나를 통해 유럽에 공급되는 가스를 며칠간 차단하였다. 이는 유셴코 정권의 친서방 정책에 대한 명시적 경고였고, 2006년 3월의 총선에서의 친러세력 결집을 위한 위협적 시위이기도 했다. 3월 총선에서 친러 정당인 지역당이 제1당을 차지하고, 야누코비치가 총리로 선출되면서 러시아는 큰 우군을 얻게 되었다. 우크라이나 헌법상 총리는 내치에만 권한을 행사하게 되어 있지만 야누코비치는 외교 정책에 공공연하게 개입했다. 2006년 가을 야누코비치는 유럽연합 본부가 있는 브뤼셀을 방문하여 우크라이나는 나토 가입 준비가 되어 있지 않다고 선언하며 유셴코의 정책에 제동을 걸었다. 우크라이나 국민들 사이에서도 소련시대 적대적 군사동맹인 나토에 서둘러 가입하는 것을 반대하는 여론이 컸다. 2007년 조사에서는 국민의 65%가 나토 가입을 반대하는 것으로 나타났다. 유셴코 정부는 우크라이나가 핵무기를 포기하고, 재래 군사력도 약화되는 상황에서는 집단안보체제에 들어가는 것이 가장 효율적인 안보 정책임을 내세웠으나, 냉전이 종식된 상황에서 안보 문제에 대한 국민들의 관심은 크지 않았다. 미국의 부시 정권은 우크라이나와 조지아의 나토 가입에 적극적이었다. 부시 대통령은 임기 중 우크라이나와 조지아를 나토의 준회원국에 해당하는 '행동계획멤버(Membership of Action Plan)'로 만든다는 목표를 가지고 있었다. 2009년 1월 미국의 라이스 국무장관은 우크라이나와 조지아를 방문하여 양국과 '전략적 동반자 헌장(Charter on Strategic Partners)'에 서명했다. 부시 행정부 말기 루마니아 부크레시티에서 우크라이나를 나토 '행동계획멤버'로 만들려는 미국의 시도는 독일을 비롯한 유럽 일부 국가의 반대로 실현되지 못하였다.

우크라이나의 유럽연합 가입 노력도 큰 결실을 거두지 못했다. 유럽에서는 '유럽연합 확대 피곤증'이 확산되면서 구소련지역까지 유럽연합이 확대되는 것에 대한 회의가 커졌다. 유럽연합은 구소련의 동구권 위성국가들까지만 포함하는 선에서 확대를 멈추게 되었다. 이는 유럽의 경계가 어디까지인가에 대한 일반적 인식과 역사적 논란과도 밀접한 관련이 있었다. 종교적으로는 개신교나 가톨릭 국가들의 경계선이 유럽의 경계라는 인식이 강했다.

유셴코 정권에서 실현된 외교 목표 중 하나는 2008년 2월 성사된 WTO가입이었다. 우크라이나는 러시아보다 훨씬 먼저 WTO에 가입을 하고, 러시아의 가입에 찬반 입장을 취할 수 있게 됨으로써 러시아에 대한 경제적 지렛대를 확보하게 되었다. 우크라이나의 WTO가입은 세계 경제체제로의 편입을 가속화시키고, 우크라이나에 연 1.7%의 경제성장을 증진시키는 효과가 있을 것으로 전망되었지만, 우크라이나가 2008년 10월 시작된 미국 발 경제위기의 직격탄을 맞고 IMF구제금융을 신청하는 상황에 처하게 되면서 효과가 반감되었다.

친서방 노선을 추구하며 야심차게 출발한 유셴코 정권은 국내 정치혼란과 오렌지 혁명 세력의 내홍, 러시아의 강력한 견제로 경제발전과 유럽 접근이라는 목표를 둘 다 이루지 못했다. 석유, 가스 등 에너지의 70% 이상을 러시아로부터의 수입에 의존하면서 이를 경화로 결재할 능력이 없는 상태에서 이상에만 집착해서 추구한 친서방 정책은 우크라이나로 하여금 큰 경제적 대가를 치르게 하였고, 오렌지 혁명 세력의 단명을 초래하고 말았다. 한마디로 말해 유센코 정권의 일방적 친서방 정책 추구는 역사적으로 러시아가 부흥하거나 대외적 팽창 정책을 추구할 때 우크라이나가 탈러시아 정책을 펴면 큰 기회비용을 치른다는 역사적 교훈을 깨닫지 못한 비합리적이고 현명하지 못한 정책이었다. 쿠치마 정권 1기 때와 같이 러시아의 이해관계를 고려하며 점진적 서방 접근 정책을 폈더라면 아픈 대가를 치르지 않고 순탄한 대외 관계를 펼쳐나갈 수 있었을 것이다.

## 14.4 야누코비치 정권의 대외 관계

2010년 1월 대통령 선거에서 티모센코 후보를 근소한 차이로 누르고 승리한 야누코비치는  대통령에 취임하자마자 유센코가 취한 친서방 정책을 버리고 친러시아 정책을 폈다. 러시아의 경제적 압박과 2008년 말 시작된 세계금융위기로 인한 경제 침체는 유권자들로 하여금 친러시아 후보가 러시아의 경제적 지원을 이끌어 낼 수 있을 것으로 기대하게 만들었다. 그러나 결과적으로 보면 야누코비치 정권은 서방의 지원을 상실하고 러시아에 기대했던 경제적 지원도 얻지 못한 상태에서 2014년 2월 극적으로 종말을 맞았다.

2010년 2월 25일 대통령에 취임한 야누코비치는 3월 1일 유럽연합 본부가 있는 브뤼셀을 방문하여 나토 가입 정책은 포기하고 협력관계만을 유지할 것이고, 유럽 연합 가입은 '단계적으로' 추진할 것이라고 선언했다. 3월 5일 러시아를 방문한 야누코비치는 우크라이나의 '외교정책과 국내 정책이 크게 수정될 것이라고' 선언하여 유센코 정권이 추진한 친서방 정책을 포기하고 러시아와의 관계 회복에 주력할 것임을 선언했다.

2010년 4월 야누코비치는 하리코프를 방문한 러시아 메드베데프 대통령과 소위 '하르키프 합의(Kharkiv Accord)'를 발표했다. 이 합의는 2017년으로 20년의 임차기간이 끝나는 러시아의 흑해함대 기지 사용권한을 25년 연장하고, 그 대가로 러시아는 1년 간 우크라이나에 공급하는 가스가격을 30% 할인해 준다는 것이 주 내용이었다. 이 전격적 합의는 우크라이나 의회와 국민들의 거센 반대를 불러일으켰고, 의회에서는 최루탄이 터지는 가운데 간신히 인준이 되었다. 우크라이나가 가스 공급 가격에서 할인받는 혜택은 국제유가와 연동된 가스값의 상승으로 인해 크게 상쇄되었다. 우크라이나는 치솟는 가스값을 감당하지 못해 러시아에 대한 채무가 계속 증가했고, 지연된 채무에 이자가 붙어 재정 상황이 급격히 악화되었다. 연 520억 m³의 가스를 러시아로부터 도입하기로 한 우크라이나는 이에 미치지 못하는 양을 구입할 경우 페널티를 지급하게 되어 있었다. 이러한 불리한 가스 도입 조건은 2010년 대선에서 러시아의 지원을 기대한 당시 총리 티모센코가 우크라이나에 불리한 계약을 맺은 결과였다. 러시아는 우크라이나의 채무가 일정 수준 쌓이면 이를 우크라이나 통과 가스관 지분 요구의 지렛대로 이용할 계획을 가지고 있었다.

IMF가 우크라이나에 제공한 155억 달러의 긴급 구제금융은 20억 달러씩 두 번 공여된 후, 우크라이나의 불성실한 의무 이행으로 인해 나머지 구제금융이 취소되었다. 2011년 여름 야누코비치가 대통령 선거 경쟁자였던 티모센코를 투옥하면서 서방과의 관계가 극도로 악화되었다. 독재적 권위주의 성향을 보인 야누코비치 정권에 대한 국민들의 지지도는 이때부터 10-15% 사이에 머물렀다. 야누코비치는 취임 후 1년 반만에 서방의 지원도 잃고 러시아로부터는 경제적 압박을 받는 최악의 상황에 처하게 되었다. 이런 결과를 초래한 배경은 친러시아 후보를 뽑으면 러시아의 경제적 압박이 중단되고, 대신 경제적 지원을 받을 것이라고 순진하게 믿은 유권자들의 잘못도 크지만, 야누코비치 정권의 미숙한 외교 능력에 기인한 바도 크다. 보다 근본적 원인은 러시아와 우크라이나가 상대국에서 바라는 외교적 목표가 '동상이몽'격으로 다른데 있었다. 우크라이나는 필요에 따라 친서방, 친러시아 정책을 왔다갔다 해도 일단 친러 노선을 취하면 러시아가 큰 대가를 기대하지 않고 우크라이나를 도울 것으로 생각한 반면, 우크라이나가 언제든지 러시아에 등을 돌릴 수 있는 믿을 수 없는 국가라는 생각이 강한 러시아는 가능한 경제적 압박을 가하여 우크라이나의 가스관, 정유시설 등에 대한 통제권을 확보하고 우크라이나의 경제를 러시아에 종속시키려는 목표를 가지고 있었다.

야누코비치 정권은 서방과 러시아 사이의 시소게임으로 자국의 전략적 가치를 높인다는 생각으로 유럽 연합 가입 의사를 포기하지 않고 이를 계속 추진했다. 국민들은 야누코비치 정권의 본질과 속셈을 파악하지 않고, 조만간 우크라이나가 유럽 연합의 준회원 국가가 될 것이라는 기대를 키웠다. 유럽 연합 가입 준비 단계로 '준회원 협정(Association Agreement)' 체결을 위한 실무 협상은 계속 진행되었고, 이와 병행해서

'심도있고 포괄적인 자유무역협정(DCFTA Deep and Comprehensive Free Trade Agreement)' 체결을 위한 협상도 진행되었다. 그러나 티모센코의 구금은 야누코비치 정권과 서방의 관계 개선을 막는 가장 큰 걸림돌이 되었다. 야누코비치는 신병 치료를 위해 티모센코를 가석방해서 독일로 보내라는 유럽 국가들의 요구를 거부했다. 형사적 범법 사실이 없는 대통령 후보였던 인물을 구금한 예는 우크라이나 독립 이후 없었고, 특히 오렌지 혁명 시기 여러 불법을 저지르고도 일체의 형사소추나 정치적 보복을 당하지 않고 정치 활동을 계속한 야누코비치로서는 철면피적인 정치적 보복 행위였다. 2012년 키예프에서 열린 유럽컵 축구대회 개막식에 참석하기로 한 유럽 정상 여러 명이 야누코비치 정권의 정적 탄압을 이유로 개막식 참석을 보이콧하기도 했다. 일부 학자들은 야누코비치 정권이 진정으로 유럽 연합 가입 의사를 가지고 협상을 진행했으나, 막판에 러시아가 더 좋은 조건을 제시하자 마음을 바꾼 것으로 판단하는데, 이는 야누코비치 정권의 본심을 제대로 읽지 못한 평가이다. 야누코비치는 유럽과의 협정 체결에 전제 조건이 되는 티모센코 석방 의사가 없었고, 유럽 연합과 준회원 협정을 체결하는 경우 유럽 수준으로 비즈니스 법규와 관행이 투명해져야 하는데, 야누코비치 정권의 가장 큰 후원 세력인 올리가르히들이 이를 받아들일 수 없었다. 무엇보다 가장 큰 걸림돌은 2015년 우크라이나 대선에 큰 영향력을 행사할 수 있는 러시아가 야누코비치 지지를 철회할 가능성이다. 결국 2013년 11월 리투아니아 빌니우스에서의 '준회원 협정' 체결 이틀 전 전격적으로 발표된 협정 체결 연기와 러시아의 경제 지원 수용은 학생들의 시위를 촉발시켰고, 시위에 대한 강압적 대응으로 시위가 확산되고 과격화되어 2014년 2월 21일 야누코비치는 러시아로 도주를 하고, 3월 크림 상실이라는 재앙을 맞게 되었다.

　독립 이후 우크라이나 외교 정책의 문제점은 몇 가지로 요약될 수 있다. 우선 우크라이나 역사에서 지속적으로 반복되어 온 외세 의존 경향이다. 국내외적 문제가 생기면 이를 자력으로 해결하기 보다는 가장 손쉽게 끌어들일 수 있는 외세에 손을 벌려 일단 급한 불을 끄지만, 이로 인해 후에 몇 배 더 큰 대가를 치러 온 역사적 실책이 독립 후에도 크게 변하지 않고 있다. 또한 동서양 사이에 위치한 우크라이나의 전략적 가치를 스스로 과도하게 평가하여 국제적 의무 이행을 제대로 하지 않아도, 서방이나 러시아가 우크라이나를 포기하지 않을 것이라는 생각을 가지고 외교 정책을 펼치는 것도 문제이다. 필요에 따라 수시로 서방과 러시아 사이에서 진영을 바꿔가며 펼치는 외교 정책의 기회비용도 제대로 예상하지 못하고 있다. 우크라이나의 지정학적 위치와 역사적 배경을 고려하면 서방과 러시아 사이에 어느 한 쪽을 등지지 않으면서 양측으로부터 최대의 이익을 끌어내는 균형외교가 필요한데, 쿠치마 정권 1기 이후 우크라이나는 한쪽으로 치우쳤다가 반대쪽으로 달려가는 '일방외교'를 지속해 왔다. 전술한대로 역사적으로 보면 러시아가 흥기하고 팽창 정책을 펼 때마다 우크라이나는 고난을 겪거나 러시아에 복속되고, 러시아의 영향력이 수축되거나 국내적 혼란에 싸일 때 우크라이나는 독자적 입장을 강화하고 유럽에 접근할 수 있었는데, 푸틴 정권 등장 이후 치러야 할 대가를 생각하지 않은 친서방 정책은 우크라이나에 여러 피해를 가져오고, 영토 상실로까지 이어졌다.

## 14.4 포로셴코 정권의 대외 관계

2014년 3월 크림을 상실하고 4월 동부 지역 교전이 시작되면서 우크라이나는 큰 위기에 봉착했다. 6월 24일 유럽의회를 방문한 포로셴코는 러시아와 크림을 반환하지 않는 한 러시아와의 관계 정상화가 불가능하다고 선언하며 크림을 포기할 생각이 없음을 밝혔다. 2014년 8월 동부 지역 교전 해결을 위해 민스크에서 푸틴과 만난 포로셴코는 러시아가 동부지역 무장 세력에게 무기 공급을 중지할 것을 요구했고, 푸틴은 우크라이나가 위기를 심화시키고 있다고 비난했다. 푸틴은 러시아가 마음 먹으면 2주 안에 키예프를 점령할 수 있다고 위협을 하기도 했다.

2014년 9월 5일 우크라이나, 러시아, 동부지역 반군세력 간에 소위 1차 민스크 휴전협정이 체결되었다. 양측은 즉각 전투행위를 중지하고 OSCE는 휴전 준수를 감시하기 위한 감시단을 파견하는 안이 합의되었다. 그러나 양측의 산발적 교전은 계속되어 교전으로 인한 우크라이나측 사망자가 만 명을 넘어섰다. 1차 민스크 휴전 협정이 사실상 무효화되자 2015년 2월 민스크에서 우크라이나, 러시아, 독일, 프랑스 지도자가 만나 2차 민스크 협정을 맺었다. 2차 협정은 좀 더 폭넓은 국제적 감시와 후원을 통해 1차 민스크 협정의 결정 사항을 준수하도록 하는 것이 핵심 내용이었지만, 이도 제대로 지켜지지 않고 양측의 교전은 계속되었다.

미국은 오바마 행정부 시기부터 우크라이나에 방어용 무기와 군복 등의 보급품을 제공했다. 2015년 12월에는 조셉 바이든 부통령이 우크라이나를 방문하였고, 2017년 6월 포로셴코 대통령은 워싱턴에서 트럼프 대통령을 만났다. 2018년 11월 케르치 해협을 통해 아조프해로 들어가려던 우크라이나 해군 함정 2척과 예인선이 러시아군에 나포되는 사건이 발생했다. 언론에서는 이러한 갈등 뒤에는 아조프해를 통한 우크라이나의 철강, 농산물의 수출을 막기 위한 러시아의 의도가 있는 것으로 보도했다. 포로셴코 대통령은 이에 대응하여 12개 주에 한시적인 계엄령을 선포하는 조치를 취했는데, 일부 언론은 2019년 3월 대선을 앞둔 인위적 긴장 심화 조치로 분석하기도 했다. 키신저 같은 학자는 우크라이나가 러시아의 크림 영유권을 인정하는 조건으로 동부지역에서 철수하는 "빅딜"을 제안하기도 했지만, 우크라이나와 러시아의 갈등은 상당 기간 지속될 전망이다.

# 6부 우크라이나 경제

# 15장 우크라이나의 경제 발전 과정과 잠재력

## 15.1 우크라이나의 경제 발전 과정

### 15.1.1 크라프추크 정권

소련 시절 군수산업과 중공업 위주의 경제 모델을 유지해 온 우크라이나는 독립과 함께 큰 경제 혼란에 빠졌다. 소련 전체가 하나의 경제 단위로 각 연방공화국이 원료 공급, 생산 등에서 분업 체계를 유지해 온 시스템이 붕괴되면서 원료, 공산품의 공급이 와해되며 극심한 생필품 부족에 시달렸다. 화폐·금융면에서도 각 공화국이 독자 화폐를 갖지 못하고 계속해서 루블을 화폐로 쓰는 상황에서 루블화의 발행에 대한 중앙 통제가 무너지고, 각 공화국은 부족한 재원을 채우기 위해 경쟁적으로 루블 여신을 남발하여 초인플레이션이 발생했다.

크라프추크 정권은 시장 경제 체제 도입을 위해 러시아와 같은 '쇼크 요법(Shock Theraphy)'을 쓰지 않고 온건한 개혁 노선을 택했다. 쇼크 요법을 채택한 폴란드와 같은 동유럽 국가들의 개혁 정권이 권력을 유지하지 못하고 다시 보수 정권이 등장하는 것을 목격한 정치인들은 혁명적 개혁보다 점진적 경제 개혁 수단을 채택했는데, 이는 수렁에 빠진 경제 상황을 더욱 악화시켰다. 크라프추크 정권이 우선적으로 추구한 것은 소연방 경제 체제에서 이탈하여 경제의 독립성을 확보하는 것이었다. 러시아와 분리된 독자적 경제 기반을 갖추면 풍부한 자원, 철강-기계공업, 군수공업, 농업을 기반으로 쉽게 경제 발전을 이룰 수 있다는 안이한 전망을 전제로 시급한 경제 개혁 조치를 뒤로 미뤘다. 1992년 3월 통과된 '국가경제 기본계획(Fundamentals of National Economic Policy)'에는 시장경제 체제로 이행하기 위한 구체적 개혁안은 들어있지 않고, 루블존에서 벗어나기 위한 독자 화폐인 '흐리브나(hrivna)'를 도입하는 것이 핵심이었다. 이 경제 개혁 조치로 우크라이나는 1992년 3월 IMF와 세계은행(World Bank)에 가입하게 되어 세계 경제로의 편입을 가속화시켰다.

크라프추크 대통령은 경제 상황 개선을 위해 1992년 9월 쿠치마를 총리로 하는 새 내각을 출범시켰다. 쿠치마는 드네프로페트롭스크의 대륙간탄도미사일 공장 유즈마쉬(Pivdenmash/Yuzmash) 책임자 출신으로 드네프로페트롭스크주지사를 역임했다. 그는 총리로서 수행한 경제 개혁 성과를 바탕으로 대권에 도전하여 우크라이나 2대 대통령이 된다. 쿠치마 밑에서 실질적으로 경제 개혁을 이끈 것은 재무장관에 임명된 르비프대학 경제학 교수 출신인 핀제니크(Viktor Pynzenyk)였다. 그는 능력을 인정받아 쿠치마 정권 1, 2기, 유셴코 정권에서 부총리, 경제장관, 재무장관 등을 번갈아 가며 맡았다. 이 시기에 농업은행 부행장 출신인 유센코(Viktor Yushchenko)가 국립은행장에 발탁되어 인플레이션 억제와 화폐개혁에 큰 성과를 거뒀다. 쿠치마 총리는 우크라이나 경제가 "붕괴 직전에 놓여 있다"라고 선언하고 의회로부터 6개월 간 경제에 관한 행정명령권 발동을 위임받아 과감한 경제 개혁에 착수했다. 통화 조절을 통한 인플레이션 억제, 임금과 가격 통제, 세제 개혁을 통한 재정 적자 축소, 기업 사유화와 농지 사유화 등이 주 개혁 조치였다. 당시 경제는 최악의 상황이었다. 1993년 말 인플레이션은 10,000%를 넘어섰고, 재정 적자도 GDP의 29%에 이르렀다. 유능한 경제 관료들의 정책 집행으로 경제 개혁 조치는 인플레이션 억제 등 일정한 부문에서는 가시적 성과를 내었다. 1992년 2,700%, 1993년 10,000%에 달했던 인플레이션은 1994년 400%로 떨어졌다. 그러나 의회 등 보수파 정치인들의 제동과 고질적 부패, 사회 전반에 퍼진 도덕적 해이 등으로 경제 개혁은 더디게 진행되었다. 경제적 고통이 가중되면서 많은 국민들이 이스라엘, 유럽, 북미로 이주하면서 독립 당시 5천 만 명이던 인구는 10년 만에 4,800만 명으로 줄어들었다. 임금 삭감과 복지 축소 등에 불만을 품은 동부지역 광부들이 대규모로 파업을 벌이자 크라프추크 대통령은 자신의 임기를 1년 앞당겨 1994년 3월 대선을 실시하는 정치적 모험을 벌였으나, 2차 결선투표에서 쿠치마에게 패배하여 정권을 내주었다.

〈크라프추크 정권의 경제 지표〉

|  | 1991년 | 1992년 | 1993년 | 1994년 |
|---|---|---|---|---|
| 실질 GDP 성장률(%) | -8.7 | -9.9 | -14.2 | -22.9 |
| 물가상승율 | 290 | 2,730 | 10,156 | 401.0 |

| | 1991년 | 1992년 | 1993년 | 1994년 |
|---|---|---|---|---|
| 1인당 GDP(달러) (PPP 기준) | - | 5,130 | 4,513 | 3,579 |

### 15.1.2 쿠치마 정권

크라프추크 대통령을 극적으로 꺾고 대통령에 오른 쿠치마는 경제 개혁을 지속적으로 추진하기 위해 일부 경제 관료를 유임시키고, 새로운 경제전문가를 대거 발탁했다. 핀제니크는 경제개혁담당 부총리를 맡았고, 유셴코 국립은행장과 시페크 경제장관은 유임되었다. 예하누로프(Yuriy Ekhanurov)는 국가자산관리위원장을 맡아 민영화 사업을 책임졌다. 쿠치마 정권은 초인플레이션 억제, 재정적자 해소, 에너지 수입으로 인한 외채 문제 해결, 가격자유화와 화폐개혁을 실시해야 했다.

국제적으로는 IMF 등이 지원에 나서 우크라이나의 경제 개혁을 도왔다. IMF는 체제 전환 중인 동유럽 국가와 CIS지역 국가들을 지원하고 나섰다. 서방에서는 구소련권 국가들의 경제 위기가 심화될 경우 정치 혼란으로 이어질 수 있다는 판단 아래 2차 대전 후의 마샬플랜과 유사한 경제재건 정책을 마련하였고, 우크라이나의 전략적 가치를 새롭게 평가한 미국의 클린턴 행정부도 우크라이나에 대한 경제 지원을 강화했다. 1994년 9월 쿠치마 정부는 IMF의 지원을 받기 위해 '체제이행 프로그램'을 마련하였다. 에너지 수입 보조금 삭감, 가격 자유화, 사유화를 적극 추진하고, 재정 적자폭은 10% 이내로 유지하는 것이 주요 내용이었다. 우크라이나의 주요 수출품인 곡물, 석탄 등에 대한 수출관세는 당분간 유지할 수 있도록 허용되었다. IMF는 1994년 3억 5,600만 달러를 시작으로 1999년까지 총 35억 달러를 우크라이나에 지원했다. 미국은 1994년부터 2000년까지 약 20억 달러를 지원하였고, 유럽연합도 같은 약 4억 달러를 지원하였다.

쿠치마 정권은 독립 후 미뤄 온 화폐 개혁도 단행했다. 1992년 루블화를 대신하기 위해 도입한 카르보네츠(karvonets)는 물품교환 쿠폰 정도의 역할을 하며 화폐로서 제 기능을 발휘하지 못했다. 국립은행 부행장인 젊은 경제 전문가 야체뉴크(Arseniy Yatsnyuk)가 화폐 개혁 실무를 담당했다. 신종 화폐 흐리브나의 인쇄는 캐나다에 의뢰하였고, 화폐 개혁을 뒷받침하기 위해 20억 달러의 안정화 기금도 마련하였다. 독립 기념일인 1994년 8월 24일을 기해 시행된 화폐개혁으로 10만 카르보네츠를 1흐리브나로 교환하고, 환율은 1달러 대 2흐리브나로 책정했다. 2주간 지속된 화폐개혁 기간 동안 개인은 무제한으로 화폐교환을 할 수 있어 화폐개혁은 성공적으로 마무리되었고, 흐리브나의 가치도 1997년 경제위기 때까지 비교적 안정적으로 유지되었다. 우크라이나는 성공적 화폐개혁으로 루블존에서 벗어나 재정 분야에서 독립성을 확보하게 되었다.

인플레이션 억제와 물가 안정에는 국립은행장 유센코의 공이 컸다. 1994년부터 국립은행장의 권한으로 화폐 발행을 억제하면서 1993년 90%를 상회하던 월별 인플레이션은 1994년 7월 2.1% 떨어졌다. 의회의 간섭으로 통화 발행이 늘면서 인플레이션 압박이 컸지만, 유센코의 뚝심 있는 정책 추진으로 인플레이션은 크게 낮아졌다. 1993년 10,100%에 달했던 인플레이션은 1994년 401%, 1995년 181%, 1996년 39%로 줄어들었고, 1997년에는 10%까지 떨어졌다. 1993년 1만 퍼센크가 넘던 물가상승률도 1996년 39.7%, 1997년 5.4%로 떨어졌다. 재정 적자폭도 1994년 GDP 대비 8.7%에서 1996년 3.2%로 떨어졌다.

예하누로프가 진행한 민영화 사업도 성공적으로 진행되었다. 민영화 사업은 크게 중소기업, 대기업, 주택, 토지 네 부문으로 나누어 진행되었다. 민영화 바우처(voucher)가 전 인구의 55%에 해당하는 2,850만 명에게 발행되었다. 소수 인원이 민영화 바우처 매집이 가능했던 러시아에서와 달리 개인은 타인에게 민영화 바우처를 팔 수 없었고, 민영화 입찰에 참여에 사용하거나 민영화 입찰에 나서는 펀드에 양도할 수 있었다. 1996년까지 6월까지 약 6,700개의 대기업, 중소기업이 민영화되었다.

1997년 아시아에서 시작된 금융위기의 여파가 우크라이나에도 미쳤다. 1998년 여름 러시아는 모라토리엄(채무 불이행)을 선언했지만, 우크라이나는 모라토리엄 선언까지는 가지 않은 상태에서 힘겹게 외부에서 닥친 위기를 헤쳐나갔다. 1달러 당 1.8-2.2 흐리브나를 오가던 환율은 5.5흐리브나까지 치솟았고, 외환보유고도 5억 달러 이하로 떨어졌다.

1999년 큰 어려움 없이 재선에 성공한 쿠치마는 국립은행장 유센코를 총리로 기용하여 경제 위기 수습을 맡겼다. 예하누로프는 제1부총리를 맡아 행정개혁, 사유화, 규제완화를 담당했다. 티모센코는 에너지 담당 부총리로 기용되었다. 유센코는 '100일 계획'을 마련하여 경제 위기를 수습했다. 그는 네 명의 부총리가 담당하는 네 개의 위원회를 만들어 정부업무를 분담하게 했고, 대통령 비서실의 권한을 축소하고 대신 내각에 실질적 권한이 집중되도록 했다. 세수 부문에서는 바터(barter)와 상계로 대납되던 세금을 모두 현금 납부로 바꾸어 상습적인 리베이트를 없애는데 성공하여 세수 수입을 크게 늘렸다. 기업에 대한 정부보조금을 대폭 삭감하고, 기득권층에 대한 정부 특혜 270여가지를 없앴다. 이런 노력의 결과로 GDP 대비 공공지출은 1997년 44.2%에서 2000년 34.5%로 줄어들었고, GDP 대비 재정 적자도 1997년 5.4%에서 2000년 1.1%로 떨어졌다. 금속회사와 정유회사의 민영화 사업도 성공적으로 진행되었으나, 우크라이나의 대형 정유공장 네 개가 러시아 정유회사에 인수되면서 우크라이나의 러시아 에너지 의존도를 높이는 결과를 가져왔다. 유센코의 과감한 경제 개혁이 자신들의 이익을 침해한다고 생각한 올리가르히들은 의회의 보수 세력과 손을 잡고 2001년 4월 유센코 총리 해임안을 제출하여 이를 통과시켰다. 곤가제 사건 등 연이은 정치 스캔들로 국제적으로 곤경에 몰린 쿠치마 대통령은 미국과 유럽의 지지를 잃고 올리가르히의 지원에 의존하는 정책을 펴면서 우크라이나의 경제 개혁도 더 이상 진척되지 않았다. 임기 말 쿠치마 대통령은 주요 국가 기업을 헐값에 친인척 및 올리가르히에게 매각하면서 개인적 이익을 취했다.

〈쿠치마 정권 1, 2기의 경제 지표〉

| | 1995 | 1996 | 1997 | 1998 | 1999 | 2000 | 2001 | 2002 | 2003 | 2004 |
|---|---|---|---|---|---|---|---|---|---|---|
| 실질 GDP 성장률(%) | -12.2 | -10.0 | -3 | -1.9 | -0.2 | 5.9 | 9.2 | 5.2 | 9.6 | 12.1 |
| 물가상승율 | 181.7 | 39.7 | 10.1 | 20.0 | 19.2 | 25.8 | 6.1 | -0.6 | 8.2 | 12.3 |
| 1인당 GDP(달러) (PPP 기준) | 3,237 | 2,995 | 2,982 | 2,983 | 3,046 | 3,325 | 3,743 | 4,037 | 4,555 | 5,282 |

### 15.1.3 유센코 정권

오렌지 혁명으로 대통령직에 오른 유센코는 경제 관료와 총리로서 보여준 능력과 개혁 성향으로 국내외적으로 큰 기대를 받았으나, 선거 유세 기간 중 일어난 독극물 사건으로 이전과 같은 판단력과 능력을 보여주지 못하고, 대외적으로는 친서방 정책으로 인한 러시아의 경제 압박으로 많은 어려움을 겪었다.

유센코 정권은 쿠치마 정권 말기의 정경유착과 '이권 분배' 형식으로 진행된 민영화 작업을 바로잡는 '재민영화(reprivatization)'을 실시했다. 쿠치마 측근과 올리가르히에게 헐값에 넘겨준 주요 국유 산업과 자산을 회수한 후 이를 공정한 입찰을 거쳐 민영화하는 것이 골자였다. 포퓰리즘적 입장을 취한 티모센코 총리는 지난 5년 간 민영화된 3,000 여개의 기업을 모두 재민영화하겠다고 선언했으나, 유센코는 우크라이나에 대한 투자를 마비시킬 수 있는 이러한 정책에 제동을 걸고 30여개 주요 기업에 대한 재민영화를 실시했다. 재민영화의 대표적 예는 크리보리스스탈(Kryzorizhstal)이었다. 쿠치마의 사위인 핀추크에게 8억 달러의 헐값에 팔린 이 거대 철강 기업은 재입찰에 붙여져 미탈(Mittal)이 48억 달러에 인수했다. 실질적 효과는 크지 않고 소리만 요란한 재민영화 사업으로 외국의 투자가 크게 줄어들어 2005년의 외국인 직접 투자(FDI)는 78억 달러에 불과했고, 이 중 48억 달러는 미탈이 지불한 대금이었다. 정치적 야심을 가지고 있는 티모센코의 포퓰리즘 정책도 경제에 악영향을 미치기 시작했다. 그녀는 공무원 임금을 일률적으로 60% 인상하고, 구소련 시대 은행예금구좌를 가지고 있는 노년층에게 일률적으로 200달러를 지급했다. 육류 가격도 시장에 맡기지 않고 정부에서 보조금을 주면서 관리했다. 이런 경제 정책 시행의 잡음으로 인해 2005년의 경제성장율은 2.4%에 머물렀다.

러시아와의 가스공급가를 둘러싼 분쟁으로 2006년 초 일시적으로 가스 공급이 중단되고, 가스공급가는 쿠치마 정권 시절 50달러(천m³ 당)에서 2007년 130달러, 2008년 179.5달러, 2008년 230달러까지 치솟았다. 일 년에 580억m³의 가스를 수입하는 우크라이나로서는 가스값 지불을 위해 계속 차입을 해야 하는 상황에 빠졌다. 2006년 3월 총선에서 친러 정당 인 지역당이 제1당이 되고, 사회당과의 연정으로 오렌지 혁명 시기 정적인 야누코비치가 총리에 취임하면서 유센코의 국정 장악력은 현격히 감소되었다.

2007년 9월 치러진 선거에서 의석수를 늘려 티모센코당과 연정에 성공한 유센코 정권은 티모센코 내각을 출범시켰으나 차기 대선을 노리는 티모센코와의 정치적 갈등을 이어갔다. 2008년 10월에 발생한 미국발 세계금융위기로 우크라이나는 큰 타격을 받았다. 달러 대비 흐리브나 가치는 60% 하락하고 주가지수도 74%나 하락하였다. 결국 유센코 정권은 IMF에 구제금융을 신청하여 2년에 걸쳐 164억 달러를 지원받게 되었다. 이런 결과로 2009년 우크라이나의 경제 성장률은 -15%를 기록히게 되었다. 2009년 말 진행된 러시아와의 가스공급가 협상을 수도한 티모센코는 차기 대선에서 러시아의 지원을 기대하고 러시아의 협상 카드를 그대로 받아들여 우크라이나의 가스공급가는 380달러를 넘어섰고, 가스값을 국제유가와 연동시켜 우크라이나의 경제적 부담을 크게 가중시켰다.

국립은행장과 총리 시절 과감한 개혁 정책 입안과 현명한 정책 집행으로 우크라이나 경제의 부흥을 가져온 유센코는 정작 대통령이 된 다음에는 오렌지 혁명 세력의 내분, 러시아의 경제적 압박, 세계금융위기로 인해 자신의 능력을 발휘해 볼 기회를 갖지 못하고 대통령직에서 물러나고 말았다.

〈유센코 정권의 경제 지표〉

|  | 2005년 | 2006년 | 2007년 | 2008년 | 2009년 |
|---|---|---|---|---|---|
| 실질 GDP 성장률(%) | 2.7 | 7.3 | 7.9 | 2.1 | -15.1 |
| 물가상승율 | 10.3 | 11.6 | 16.6 | 22.3 | 12.3 |
| 1인당 GDP(달러) (PPP 기준) | 5,626 | 6,271 | 7,002 | 7,342 | 6,461 |

### 15.1.4 야누코비치 정권

오렌지 혁명 세력의 내홍에 실망하고, 세계금융위기의 직격탄을 맞아 경제 상황이 크게 악화된 우크라이나 유권자들은 친러정권을 출범시키면 가스값 인하 등 러시아의 지원을 받을 수 있을 것으로 기대하고 야누코비치를 대통령으로 선출했다. 그러나 이것은 우크라이나의 경제 상황을 더 악화시켜 우크라이나 통과 가스관을 장악하고, 우크라이나의 러시아 경제 의존도를 높이려는 러시아의 의도를 제대로 파악하지 못한 희망적 기대에 불과했다. 임기 첫 1년은 세바스토폴항을 러시아 흑해함대 기지로 25년 간 더 임차해 주는 조건으로 가스값의 1/3을 할인받아 경제 여건이 나쁘지 않았지만, 2011년 IMF가 의무조건 불이행을 이유로 구제금융 지원을 중단하면서 경제는 급격히 나빠지기 시작했다. 러시아에 가스값 채무가 계속 쌓이는 상태에서 매년 구입하기로 한 양만큼 가스를 도입하지 못하는 페널티까지 가산되어 매월 7-8억 달러의 가스 채무가 늘어나는 위기 상황을 맞게 되었다. 자신을 정치적으로 지원해 주는 올리가르히들에게 경제 이권을 나누어주고 자신은 리베이트를 받아먹는 패거리(clan) 정치를 지속한 야누코비치는 시간이 가면서 아들이 만든 회사를 통해 막대한 부를 쌓았다. 야누코비치는 서방과 러시아 사이에서 위험한 줄타기를 하다가 결국 양쪽으로부터 경제적 이익을 취하는 대신 양측에게 견제를 당하는 최악의 결과를 가져왔다. 결국 부패와 정적 탄압으로 민심이 이반된 야누코비치 정권은 임기를 채우지 못하고 붕괴되었고, 크림 상실과 동부 지역 교전 등 국가적 재앙을 초래했다. 야누코비치가 러시아로 망명한 후 우크라이나 정부는 야누코비치가 30조 이상의 자금을 해외로 유출한 것으로 파악했는데, 이것은 우크라이나 1년 예산과 버금가는 액수이다.

〈야누코비치 정권과 포로센코 정권 시기의 경제 지표〉[77]

| | 2010 | 2011 | 2012 | 2013 | 2014 | 2015 | 2016 | 2017 | 2018 |
|---|---|---|---|---|---|---|---|---|---|
| 실질 GDP 성장률(%) | 0.3 | 5.5 | 0.2 | 0.0 | -6.6 | -9.8 | 2.4 | 2.5 | 3.1 |
| 물가상승률(%) | 9.4 | 8.0 | 0.6 | -0.3 | 12.1 | 48.7 | 13.9 | 14.4 | 11.6 |
| 1인당 GDP(달러) (PPP 기준) | 7,712 | 8,328 | 8,517 | 8,676 | 8,733 | 7,997 | 8,331 | 8,712 | 9,214 |
| 1인당 명목GDP | 3,124 | 3,702 | 3,872 | 3,968 | 3,095 | 2,135 | 2,198 | 2,582 | 2,820 |

---

77 〈2019 우크라이나 진출전략〉, KOTRA
http://news.kotra.or.kr/user/globalBbs/kotranews/788/globalBbsDataView.do?setIdx=252&dataIdx=172272

### 15.1.5 포로셴코 정권

국민의 많은 기대를 안고 출범한 포로셴코 정부는 러시아와의 분쟁으로 인해 큰 경제적 어려움을 겪었다. 2008년 세계 경제 위기의 직격탄을 맞고 IMF 재정 지원까지 받았던 우크라이나는 경제 상황을 간신히 회복시킨 상황에서 다시 큰 국가적 위기를 맞았다. 크림 병합과 동부 지역 교전이 시작된 2014년 경제성장률은 -6.6%로 곤두박질쳤고, 2015년에는 -9.8%로 더 악화되었다. 2015년 물가상승률은 48.7%에 달했다. 2013년 1달러에 8흐리브나(hryvna)를 유지하던 환율은 1달러 당 25-26흐리브나로 상승했다.

EU는 우크라이나를 돕기 위해 포괄적 자유무역협정(DCFTA, Deep and Comprehensive Free Trade Agreement) 체결을 서둘렀지만, 러시아의 관세 보복 위협으로 인해 2016년 1월에야 포괄적자유무역협정이 발효되었다. 그러나 EU는 2015년 4월 우크라이나산 제품에 대한 무관세 수입을 결정하여 사실상 DCFTA에 버금가는 경제적 혜택을 제공했다. IMF도 야누코비치 정권 때 계약 조건 불이행을 이유로 중단했던 재정 지원을 재개하여 175억 달러의 자금 지원을 계약하고, 네 번에 걸쳐 80억 달러를 지원했다. 전체적으로 2010년대 우크라이나 경제는 제자리에 머물러 구매력환산기준(PPP) 1인당 GDP는 7,712달러(2010년)에서 9,214달러(2018년)로 상승하는데 그쳤고, 1인당 명목 GDP는 오히려 3,124달러(2010년)에서 2,820달러(2018년)로 감소했다. 우크라이나 경제에 희망이 없다고 생각한 많은 사람들은 해외 이주를 꿈꾸었고, 2016년 EU에 단기 무비자 입국과 노동 허가가 허용되자 많은 젊은이들이 유럽국가로 떠났다. 현재 단기 체류 노동이 가능한 폴란드, 체코 등 유럽

국가로 수십만 명의 우크라이나인들이 일자리를 찾아 떠났다.

## 15.2 우크라이나 경제의 문제점과 잠재력

### 15.2.1 문제점

우크라이나는 유럽에서 인구, 국토 면에서 대국에 들어가지만, 현재 세계 50위권의 경제력을 보유하고 있고, 1인당 GNP도 140위권에 머물고 있다. 우크라이나는 경제적으로 큰 성장 잠재력을 가지고 있지만, 이를 가로막는 장애물도 만만치 않다. 먼저 소련으로부터 이어받은 중공업, 군수 산업 위주의 경제 구조를 개편하지 못해, 국제경쟁력이 떨어지는 낡은 산업시설을 보유하고 있다. 농업도 세계적인 흑토 지역을 보유하고 있으면서 영농 기술과 경영이 이를 뒷받침하지 못해 국제곡물 거래상의 원료 공급지에 머물고 있다. 독립 이후 경제 발전을 이끌 엘리트가 부족하고, 젊은 인재들은 고임금에 끌려 유럽이나 미국 등으로 이주한다. 최근 유럽과 비자면제협정이 체결되면서 젊은이들이 일자리를 찾아 대거 우크라이나를 떠나는 것도 나라의 미래를 어둡게 하고 있다. 소련 시대 발달한 뛰어난 기초 과학 기술을 상품 개발로 전환시키지 못해 첨단 기술 창업이 거의 이루어지지 않고 있다. 미국 MIT대학의 그래이험(Loren Graham) 교수가 러시아의 문제점으로 지적한 "발명(invention)에는 강하지만 이것이 산업 전반의 '혁신(innovation)'으로 이어지지 않는 문제점"이 우크라이나에도 그대로 노정되고 있다. 사회 전반에 퍼진 만성적 부패와 관료주의도 혁신을 가로막는 큰 장애가 되고 있다. 또한 이전에 국가를 경영해 본 경험이 없는 신생국의 정치 지도층의 국가 경영 능력 부족과 잦은 정권 교체, 장기적인 경제 발전 전략의 부재도 경제 발전을 정체시키는 요인으로 꼽을 수 있다. 소련 시대 전문경영자로서 능력을 발휘했던 유대인 경영자, 관리자들이 대거 이스라엘 등 국외로 이주하여 전문적 인적 자원이 고갈된 것도 우크라이나 경제에 나쁜 영향을 끼쳤다. 자력적인 경제 발전 의지는 약하고 독립 이후 외국의 경제 지원과 차관에 의존하여 경제 위기를 모면해온 관행도 쉽게 고쳐지지 않고 있다.

### 15.2.3 잠재력

우크라이나는 많은 인구와 고등 교육을 받은 인적 자원이 풍부하다. 4천만 명이 넘는 국내 시장과 러시아, 동유럽 등 배후 시장도 관세 장벽 없이 육로로 연결되어 있다. 기초과학 기술이 발달하여 적절한 응용기술이 있으면 첨단 산업 기반을 조성할 수 있는 여건을 갖추고 있고, 비옥한 토지를 가진 자연 재해가 거의 없는 넓은 국토도 큰 자산이다. 우크라이나의 유망 산업으로 농업, 항공우주, 군수, IT 분야와 전통적으로 강세를 가지고 있는 철강, 기계, 화학 분야를 꼽을 수 있다.

### o 농업

우크라이나는 '유럽의 빵바구니(breadbasket of Europe)'로 불릴 정도로 세계적인 곡물 생산지이며 독립 후에도 세계 6-8위의 곡물 생산국 지위를 유지하고 있다. 가용 농경지를 모두 활용하지 않은 상태에서도 2천만 헥타르 이상의 경작지를 활용 할 수 있고, 농지 개발이 적극적으로 이루어지면 천만 헥타르 이상 농경지를 늘릴 수 있다. 비료를 거의 주지 않아도 농작물이 자라는 흑토가 2미터 깊이 이상 덮여 있어서, 콩의 경우 단위 면적 당 한국보다 4배의 수확량을 얻을 수 있다.[78] 연 7천만 톤 이상 생산되는 곡물(한국은 연 790만 톤)은 국내 수요를 충당하고 2/3이상을 수출할 수 있다. 북한이 연 50-100만 톤의 곡물이 부족해 기근이 발생하는 상황에 비추어 보면 우크라이나의 잉여농산물 생산 규모를 짐작할 수 있다. 현대적 영농 기술과 경영 노하우, 기반 시설 확충 및 채산성이 높은 시설 농업 등이 확충되면 우크라이나는 세계적인 농업 국가로 발돋움할 수 있다. 2018년 한국의 대우인터네셔널이 미콜라예프 항구에 곡물 터미널을 마련함으로써 양국의 농업 협력은 크게 확대될 것으로 보인다.

### o 항공우주산업과 군수산업

우크라이나는 독립 후 위성 발사체를 140회 이상 쏘아올린 우주 강국이다. 러시아가 발사한 우주정거장의 추진체도 우크라이나에서 제조하였다. 우크라이나는 추진체부터 인공위성 탑재물까지 우주로케트 전체를 제작할 수 있는 세계에서 몇 안 되는 나라 중 하나이다. 브라질은 우크라이나와 계약하여 로케트 발사 기술을 수입하고 있다. 한국도 나로호 발사 사업 이후 우크라이나로부터 로케트 기술을 자문 받고 있다. 드네프로페트롭스크의 유즈마쉬는 소련 시절 대륙간 탄도미사일을 생산하던 공장이었고, 2대 대통령 쿠치마가 이 공장 관리자 출신이다. 우크라이나는 세계 최대 수송기인 안토노프 수송기를 생산했다. 북한의

---

78  우크라이나 평원은 미국 중서부, 남미 아르헨티나의 팜파스 평원과 함께 세계 4대 흑토지대에 들어간다.

김정은 위원장이 최근 구입한 전용기도 안토노프제 중형기이다. 기술이 축적된 항공 기술을 이용하여 민간항공기를 제작하면 경쟁력을 가질 수 있다. 자포로지아에 있는 모토 시치(Motor Sich)는 헬리콥터용 엔진 제작공장이다. 한국이 러시아에 제공한 경협자금으로 들여온 산불진화용 헬기의 엔진도 이 공장에서 만들었다. 군수산업 분야에서는 T-80, T-85 탱크와 장갑차, 레이더 등에 첨단 기술을 가지고 있다.

### o IT분야

우크라이나는 수많은 IT인재를 보유하고 있다. 동유럽의 MIT로 불리는 키예프국립공과대학교(Kiev Politech Institute)에서는 3만 명의 우수한 학생들이 수학하고 있고, 국립항공대학(National Aviation University), 하르키프 공과대학에도 많은 우수한 인재들이 있다. 이 대학의 학생들은 수학, 기초과학 국제경시대회에서 최고의 성적을 거두고, 컴퓨터 프로그래밍 인재도 많다. 삼성전자는 2007년부터 키예프에 동유럽 최초의 R&D센터를 개설하고, 이곳에서 Galaxy 휴대폰 소프트웨어를 테스트했다. 수요가 클 때는 2천 명의 연구 인력이 이 회사의 R&D센터에서 근무했다. 이후 미국 Microsoft도 키예프대학에 기술개발센터를 설치했다. 우크라이나는 우수한 컴퓨터 관련 인재를 활용하여 신제품을 개설하거나 스타트업 회사를 만들어내지 못해 많은 인재들이 해외로 나가고 있는 상황이다. 삼성전자와 Microsoft 경우처럼 외국 최첨단 회사의 기술센터를 유치한 다음, 이곳에서 경험을 쌓은 우수한 인재들이 직접 창업하거나 신제품을 개발하여 IT산업의 기반을 조성하면 우크라이나는 비교적 단기간 안에 IT강국 대열에 들어갈 수 있다.

현재 우크라이나의 IT산업은 연 50억 달러 규모로 GDP의 3%를 차지하고 있지만 2020년에는 GDP의 20%를 차지할 정도로 성장하여 농업, 철강 다음가는 경쟁력 있는 산업이 될 수 있다는 전망이 있다. 현재 IT에 종사하는 인력은 약 8만 명으로 이들의 평균 임금은 1,000달러에 불과해 외국 IT기업들이 우크라이나를 유망한 아웃소싱 기지로 인식하고 있다. 현재 약 500여개의 아웃소싱회사가 있고, 외국계 R&D 센터도 100여개에 이른다. 외국에 인적 서비스를 제공하는 지표를 조사하는 2016년 Global Service Location Index에 따르면 우크라이나는 2014년보다 14단계 상승한 24위(23위 독일, 25위 영국)를 기록했다.[79]

### o 기타 분야

위에 언급한 분야 외에 한국은 농식품 가공업, 농기계, 건설 및 건설자재, 화장품, 동물성 의약품, 의료 기기, 유아용품 등의 수출을 늘릴 수 있고, 우크라이나는 곡물 및 사료 수출 확대 등을 통해 양국 교역 수준을 높일 수 있다.[80]

---

79   A. T. Kearney 「Global Services Location Index」
80   허승철, 윤성학 외, 〈중소·중견기업 유라시아지역 진출 지원방안〉, 2015년, 산업자원부.

# 우크라이나 역사 및 사건 연표

## 1. 고대 - 소련 시대

| | |
|---|---|
| 기원전 9-7세기 | 키메리아 문명 |
| 기원전 7-3세기 | 스키타이 문명 |
| 기원전 7-6세기 | 우크라이나 남부지역 그리스 식민지 발생 |
| 기원후 4-7세기 | 동슬라브족 분화 |
| 기원후 8-9세기 | 정교회 문명 도입 시작 |
| 882-912년 | 올레그 공후 시대 |
| 912-945년 | 이호르 공후 시대 |
| 945-964년 | 올가 여제 시대 |
| 964-972년 | 스뱌토슬라브 시대 |
| 980-1015년 | 블라디미르 대공 시대 |
| 988년 | 정교회 국교로 공인 |
| 1019-1054년 | 야로슬라브 현제 시대 |
| 1037년 | 소피아 사원 건립 |
| 1113년 | 네스토르 연대기 《지나간 시대의 이야기》 저술 |
| 1113-1125년 | 블라디미르 모노마흐 대공 시대 |
| 1187년 | 연대기에 키예프와 페레야슬라브 지역 명칭으로 '우크라이나' 최초로 언급 |
| 1199년 | 므스티슬라보비치 볼히냐와 갈리시아 통합 |
| 1237-1240년 | 몽골군 키예프 루스 침공 |
| 1362년 | 리투아니아군 금장한국 격파, 키예프 해방 |
| 1385년 | 리투아니아-폴란드 왕조 연합(크레보 조약) |
| 1387년 | 갈리시아 폴란드에 병합 |

| | |
|---|---|
| 1449년 | 크림칸국 설립 |
| 1480년 | 금칸국 키예프 루스 지배 종료 |
| 1529년 | 1차 리투아니아 법전 |
| 1554-1556년 | 자로로지아 시치 건립 |
| 1566년 | 2차 리투아니아 법전 |
| 1569년 | 루블린 연합 |
| 1572년 | 폴란드국왕 지기스문드 II세 아우구스트 코자크 등록 시작 |
| 1580년 | 오스트로그에서 최초의 우크라이나어 성경 인쇄 |
| 1591-1593년 | 코신스키 주도 코자크-농민 반란 |
| 1594-1596년 | 날리바이코 주도 코자크-농민 반란 |
| 1596년 | 브레스트 연합 |
| 1616년 | 사하이다치니의 농민 해방 전쟁 |
| 1621년 | 코자크 대 폴란드군 호틴 전투 |
| 1648-1676년 | 헤트만 국가 시대 |
| 1648년 | 흐멜니츠키 봉기 |
| 1649년 | 흐멜니츠키 폴란드와 즈보리프 강화 조약 |
| 1651년 | 흐멜니츠키 베레스테츠키 전투 패배, 빌라 체르코브 강화 조약 |
| 1654년 1월 8일 | 페레야슬라브 협약 |
| 1657년 | 흐멜니츠키 사망 |
| 1657-1659년 | 헤트만 비홉스키 |
| 1659-1663년 | 헤트만 유리 흐멜니츠키 |
| 1663-1668년 | 좌안 헤트만 브류호베츠키 |
| 1663-1665년 | 우안 헤트만 테테리아 |
| 1665년 | 좌안 자치 박탈 |
| 1665-1676년 | 우안 헤트만 도로센코 |
| 1667년 | 안드루소보 조약 |
| 1668-1672년 | 좌안 헤트만 므노고그리슈니이 |
| 1672-1687년 | 좌안 헤트만 사모일로비치 |
| 1676-1681년 | 우안 헤트만 흐멜니츠키 |
| 1677-1681년 | 러시아-터키 전쟁, 바흐치사라이 강화 조약 |
| 1687-1708년 | 헤트만 마제파 |
| 1709년 6월 | 폴타바 전투 |

| | |
|---|---|
| 1708-1722년 | 헤트만 스코로파드스키 |
| 1722년 | 1차 헤트만 제도 철폐 |
| 1722-1724년 | 임시 헤트만 폴루보토크 |
| 1727-1734년 | 헤트만 아포스톨 |
| 1734년 2차 | 헤트만 제도 철폐 |
| 1750-1764년 | 헤트만 로주몹스키 |
| 1768년 | 우안 식민화(Kollivshchini) 시작 |
| 1772년 | 1차 폴란드 분할 |
| 1775년 | 자포로지아 시치 철폐 |
| 1783년 | 크림반도 러시아 복속 |
| 1787-1791년 | 러시아-터키 전쟁 |
| 1793년 | 폴란드 2차 분할 |
| 1794년 | 오데사시 설립 |
| 1795년 | 폴란드 3차 분할 |
| 1798년 | 코틀라렙스키 '에네이다' 출판 |
| 1802년 | 체르니히프주, 폴타바주 설치 |
| 1805년 | 하르키프대학 설립 |
| 1812년 | 6월 나폴레옹 러시아 침공 |
| 1814년 3월 9일 | 타라스 셰브첸코 탄생 |
| 1830-1831년 | 폴란드 독립 운동 |
| 1834년 | 성 블라디미르 키예프 대학 설립 |
| 1840년 | 셰브첸코 '유랑시인(Kobzar)' 출간 |
| 1646-1847년 | 키릴-메포디이 형제단 활동 |
| 1853-1856년 | 크림 전쟁 |
| 1861년 2월 | 러시아 농노해방 선언 |
| 1861년 3월 10일 | 타라스 셰브첸코 사망 |
| 1861-1862년 | 페테르부르그에서 우크라이나어 잡지 'Osnova' 발간 |
| 1863년 | 발루예프 포고 - 우크라이나 서적 판매 금지 및 우크라이나어 교육 금지 |
| 1863년 | 추빈스키 시 '우크라이나는 아직 죽지 않았다...' 발표 |
| 1867년 | 오스트리아-헝가리제국 탄생 |
| 1868년 | 르비프에서 계몽회(Prosvita) 결성 |

| | |
|---|---|
| 1874년 | '브 나로드' 운동 본격 시작 |
| 1876년 | 엠스 칙령 발표 - 모든 우크라이나 서적 출판 금지 |
| 1876-1879년 | '땅과 자유(Zemlia I Volia)' 활동 |
| 1890년 | 러시아-우크라이나 급진당 창당 |
| 1891년 | 우크라이나인 캐나다 최초 이민 |
| 1900년 | 우크라이나혁명당 하르키프에서 창당 |
| 1902년 | 우크라이나인민당 창당 |
| 1904년 | 우크라이나민주당 창당 |
| 1905년 1월 | 상트 페테르부르그 '피의 일요일' |
| 1905년 1월 | 사회민주당계 'Spilka' 창당 |
| 1906년 4월 | 두마 1차회기 시작 |
| 1907년 2월 | 두마 2차회기 시작 |
| 1911년 | 스톨리핀 수상 키예프 오페라하우스에서 암살 |
| 1914년 7월 | 세계 1차 대전 발발 |
| 1917년 3월 4일 | 우크라이나 중앙 라다 설립 |
| 1917년 4월 5일 | 전우크라이나 국민의회 개최 |
| 1917년 6월 10일 | 1차 우니베르살 발표 - 우크라이나 자치 선언 |
| 1917년 6월 15일 | 빈니첸코 중앙 라다 서기장 취임 |
| 1917년 7월 3일 | 2차 우니베르살 발표 |
| 1917년 10월 23일 | 우크라이나 과학아카데미 설립 |
| 1917년 10월 25일 | 러시아 임시 정부 전복, 볼셰비키 정권 장악 |
| 1917년 11월 7일 | 3차 우니베르살 - 우크리아나 국민공화국 선포 |
| 1917년 12월 4일 | 전우크라이나 노동자, 병사, 농민대회 개최 |
| 1917년 12월 12일 | 하르키프에서 볼셰비키 주도 우크라이나 공화국 선포 |
| 1918년 1월 | 루마니아군 베사라비아 점령 |
| 1918년 1월 11일 | 4차 우니베르살 발표 - 우크라이나의 완전 독립 선언 |
| 1918년 3월 1일 | 우크라이나 국가문양, 화폐, 시민권에 대한 법안 통과 |
| 1918년 3월 3일 | 브레스트에서 러시아 강화 조약 체결 |
| 1918년 4월 29일 | 중앙 라다 우크라이나공화국 출범 선포, 흐루셉스키 대통령 취임 |
| 1918년 4월 29일 | 파블로 스코로파드스키 전우크라이나 헤트만 취임 |
| 1918년 10월 18일 | 르비프에서 우크라이나 국민회의 출범 |
| 1918년 12월 13일 | 서부우크라이나 공화국 선포 |

| | |
|---|---|
| 1918년 12월 13일 | 빈니첸코 우크라이나 공화국 집정정부 수반 취임 |
| 1918년 12월 14일 | 스코로파드스키 헤트만 정부 해체 |
| 1919년 1월 | 볼셰키비 병력 우크라이나 좌안 점령 |
| 1919년 2월 11일 | 페틀류라 집정정부 수반 취임 |
| 1919년 3월 6일 | 볼셰비키 우크라이나 사회주의공화국 선포 |
| 1919년 6월 | 데니킨 백군 우크라이나 진입 |
| 1919년 6월 25일 | 연합국 갈리시아 폴란드 편입 결정 |
| 1919년 8월 30일 | 데니킨 백군 키예프 점령 |
| 1919년 8월 | 우크라이나 공산당(보로트비스트) 창당 |
| 1919년 12월 7일 | 볼셰비키군 우크라이나 3차 진군 |
| 1919년 12월 16일 | 볼셰비키군 키예프 진입기원전 9-7세기 키메리아 문명 |
| 1920년 4월 15일 | 폴란드-우크라이나 혼성군 우크라이나 진군 |
| 1920년 5월 18일 | 전우크라이나 정교회 회의 독립교회(autocephalous church) 선언 |
| 1921년 6월 12일 | 볼셰비키군 키예프 재진입 |
| 1921년 10월 18일 | 러시아연방공화국 소속 크림자치공화국 선포 |
| 1922년 12월 30일 | 1차 우크라이나 소비에트 회의(Congress), 소연방 수립 |
| 1928-1932년 | 제 1차 5개년 계획 |
| 1929년 | 농업집단화 시작 |
| 1932-1933년 | 대기근 |
| 1933-1937년 | 제 2차 5개년 계획 |
| 1937년 | 스탈린 헌법 제정 |
| 1938년 10월 18일 | 트랜스카르파치아 자치 획득 |
| 1939년 8월 23일 | 독-소 불가침 조약 |
| 1939년 9월 1일 | 2차 세계대전 발발 |
| 1940년 6월 | 북부 부코비나와 베사라비아 소련 병합 |
| 1941년 7월-9월 | 키예프 공방전 |
| 1942년 10월 | 우크라이나 저항군(UPA) 조직 |
| 1944년 10월 | 소비에트군 트랜스카르파치아 탈환 |
| 1945년 2월 | 얄타회담 |
| 1945년 5월 6일 | 샌프란시스코 강화회의 시작 |
| 1945년 5월 9일 | 나치 독일 항복 |
| 1946-1947년 | 우크라이나 기근 발생 |

| | |
|---|---|
| 1949년 | 흐루시초프 후임으로 멜니코프 우크라이나 공산당 제1서기 취임 |
| 1953년 3월 5일 | 스탈린 사망 |
| 1954년 2월 19일 | 우크라이나공화국에 크림 양도 |
| 1956년 2월 20차 | 공산당회의에서 흐루시초프 스탈린 비판 연설 |
| 1963년 2월 | 포드고르니 후임으로 셸레스트 우크라이나 공산당 제1서기 취임 |
| 1972년 2월 | 셸레스트 제1서기 해임, 후임 쉬체르비츠키 취임 |
| 1976년 10월 | 우크라이나 헬싱키그룹 결성 |
| 1985년 4월 | 페레스트로이카 시작 |
| 1986년 4월 26일 | 체르노빌 원전 사고 |
| 1989년 9월 | 루흐(Rukh) 결성 |

## 2. 독립 우크라이나 시대

| **1990년** | |
|---|---|
| 3월 18일 | 최고회의 선거 |
| 6월 4일 | 이바슈코 최고회의 의장 취임 |
| 7월 16일 | 최고회의 국가주권 선언 |
| 7월 23일 | 크라프추크 최고회의 의장 취임 |
| 10월 2-17일 | 대학생 단식 투쟁으로 마솔 총리 사임, 후임에 포킨 임명 |
| **1991년** | |
| 3월 17일 | 소연방 유지에 대한 국민투표 |
| 8월 1일 | 부시 미국대통령 최고회의에서 독립 움직임에 대한 경고 연설 |
| 8월 19-21일 | 모스크바 좌파 쿠테타 실패 |
| 8월 24일 | 우크라이나 독립 선언 |
| 8월 30일 | 우크라이나 공산당 불법화 |
| 12월 1일 | 독립안에 대한 국민투표와 대통령 선거, 크라프추크 대통령 당선 |
| 12월 8일 | 러시아, 우크라이나, 벨라루스 3국 지도자 소연방 해체 선언 |
| 12월 21일 | 11개 공화국 지도자 CIS창설 선언(알마아타) |
| **1992년** | |
| 1월 2일 | 러시아 가격자유화 시행으로 우크라이나도 가격자유화 시작 |
| 3월 | 라노비 경제장관 경제개혁프로그램 제출 |
| 9월 3일 | 우크라이나 IMF가입 |
| 9월 30일 | 크라프추크 대통령 포킨수상 해임 |

| | |
|---|---|
| 10월 13일 | 쿠치마 총리 임명 |
| 11월 18일 | 쿠치마 총리 경제개혁 6개월 특별 권한 부여받음 |
| **1993년** | |
| 1월 26일 | 유센코 국립은행장 취임 |
| 6월 | 돈바스 광부 10일간 파업 |
| 6월 24일 | 러시아, 우크라이나 무역자유협정 체결 |
| 8월 31일 | 쿠치마 총리 사임 |
| 9월 | 루블존(Ruble zone) 해체 |
| 9월 22일 | 즈바힐스키 총리 임명 |
| 9월 24일 | 크라프추크 대통령과 의회 초기 총선 및 대통령 선거 합의 |
| **1994년** | |
| 1월 14일 | 미국, 러시아, 우크라이나 대통령 우크라이나 비핵화 3자 협정 서명 |
| 2월 3일 | 우크라이나 의회 START-I 비준 |
| 3월 27일 | 총선 1차 선거 |
| 4월 10일 | 총선 2차 선거 |
| 5월 20일 | 모로즈 국회의장 취임 |
| 6월 16일 | 크라프추크 대통령 마솔총리 임명 |
| 6월 26일 | 대통령 1차 선거 |
| 7월 10일 | 대통령 2차 선거, 쿠치마 당선 |
| 10월 11일 | 쿠치마 대통령 급진 경제 개혁안 의회 연설 |
| 10월 26일 | IMF지원금 결정 |
| 11월 의회 | 자유환율제 및 가격자유화 의결 |
| 11월 22일 | 의회 핵확산금지조약(NPT) 비준 |
| 11월 20-23일 | 쿠치마 대통령 미국 방문 |
| **1995년** | |
| 3월 1일 | 마솔 총리사임, 마르추크 총리 임명 |
| 5월 11-12일 | 클린턴 미국 대통령 우크라이나 방문 |
| 9월 1일 | 우크라이나 최초 인공위성 Sich-I 발사 |
| 9월 26일 | 스트라스부르크 유럽의회 우크라이나 가입 허용 |
| **1996년** | |
| 5월 27일 | 쿠치마 대통령 마르추크 총리 해임 후임에 라자렌코 임명 |
| 6월 28일 | 헌법개정안 의회 통과 |

| | |
|---|---|
| 6월 | 우크라이나 핵폐기 완료 |
| 9월 2-16일 | 우크라이나 신 화폐 흐리브나 통용 |
| **1997년** | |
| 4월 2일 | 의회 세법 개정안 부결, 핀제니크 부총리 사임 |
| 5월 14-15일 | 쿠치마 대통령 미국 방문 |
| 5월 28일 | 우크라이나와 러시아 흑해함대 분할 합의 |
| 5월 30-31일 | 옐친 러시아 대통령 우크라이나 방문 |
| 5월 31일 | 쿠치마 대통령과 옐친 대통령 친선협력조약 서명 |
| 6월 19일 | 쿠치마 대통령 라자렌코 총리 해임 |
| 7월 9일 | 쿠치마 대통령 나토-우크라이나 특별 협력관계 헌장 서명 |
| 7월 16일 | 의회 푸스트보이첸코 총리 인준 |
| 10월 10일 | 우크라이나, 조지아, 아제르바이잔, 몰도바 GUAM 결성 |
| **1998년** | |
| 3월 29일 | 총선 |
| 4월 22일 | 전 국립은행장 바딤 헤트만 암살 |
| 7월 7일 | 트카첸코 국회의장 취임 |
| 8월 17일 | 러시아 모라토리엄 선언, 흐리브나 평가 절하 |
| 9월 14일 | IMF 3년 재정지원 결정 |
| 11월 | 쿠치마 대통령 IMF지원 거부 |
| 11월 26일 | 대기근 희생자 추모 기념일에 대한 대통령령 |
| 12월 23일 | 의회 크림자치공화국 헌법 인준 |
| **1999년** | |
| 2월 17일 | 의회 라자렌코 면책권 박탈 |
| 3월 25일 | 초르노빌 후보 사망 |
| 3월 28일 | Zenit 로케트 해상 발사 성공 |
| 4월 1일 | 우크라이나-러시아 친선협력조약 비준안 교환 및 발효 |
| 5월 14일 | 동유럽 9개국 정상회담 르비프 개최 |
| 7월 의회 | 코소보 평화유지군 700명 파병안 의결 |
| 10월 31일 | 대통령 1차 선거 |
| 11월 14일 | 대통령 2차 선거, 쿠치마 연임 성공 |
| 11월 30일 | 쿠치마 대통령 3대 대통령 취임 |
| 12월 14일 | 의회 푸스트보이텐코 총리 인준 부결 |

| | |
|---|---|
| 12월 22일 | 의회 유센코 총리 인준 |
| **2000년** | |
| 2월 1일 | 이반 프류시치 국회의장 취임 |
| 4월 6일 | 의회 경제개혁프로그램 채택 |
| 5월 16일 | '국민주도'(People's Initiative)안에 대한 국민투표 실시 |
| 6월 5일 | 클린턴 대통령 우크라이나 방문 |
| 9월 16일 | 곤가제 기자 실종, 11월 2일 곤가제 기자 시신 발견 |
| 11월 28일 | 모로즈 국회의장 쿠치마 대통령 육성 녹음 공개 |
| 12월 15일 | 체르노빌 원전 폐쇄 |
| **2001년** | |
| 1월 12일 | 쿠치마 대통령과 푸틴 대통령 드네프로페트롭스크 회담 |
| 1월 19일 | 쿠치마 대통령 티모센코 부총리 해임 |
| 2월 13일 | 티모센코 구속 |
| 3월 26일 | 크라프첸코 내무장관, 데르카치 정보부장 해임 |
| 4월 26일 | 의회 유센코 총리 불신임안 가결 |
| 5월 29일 | 의회 키낙 총리 인준 |
| 6월 23-27일 | 교황 바오로 II세 우크라이나 방문 |
| 12월 5-14일 | 독립 후 처음으로 인구센서스 실시 |
| **2002년** | |
| 3월 31일 | 총선 |
| 5월 28일 | 리트빈 국회의장 취임 |
| 6월 2-4일 | UN사무총장 코피 아난 우크라이나 방문 |
| 6월 9일 | 쿠치마 대통령과 푸틴 대통령 상트페테르부르그 경제협력 회담 |
| 7월 27일 | 리비프 에어쇼 참사 |
| 9월 16일 | 대규모 반정부 시위 발생 |
| 11월 16일 | 키나크 총리 해임 |
| 11월 21일 | 야누코비치 총리 임명 |
| 12월 17일 | 티힙코 국립은행장 취임 |
| **2003년** | |
| 1월 18-22일 | 쿠치마 대통령 중동 방문(사우디아라비아, 쿠웨이트, 바레인, 아랍에미레이트) |
| 5월 | 개인소득세 및 법인세 개정 |

| | |
|---|---|
| 10월 | 러시아와 아조프해 Tuzla섬 영유권 분쟁 |
| 10월 8일 | '우크라이나-EU' 정상회담 얄타 개최 |
| 12월 30일 | 헌법재판소 쿠치마 대통령 3선 출마 합헌 선언 |
| **2004년** | |
| 6월 | 크리보리즈스탈 민영화(아흐메토프, 핀축 공동 인수) |
| 7월 26일 | 푸틴 대통령, 쿠치마 대통령, 야누코비치 총리 얄타 회동 |
| 9월 5일 | 유셴코 후보 독극물 암살 시도 사건 |
| 10월 26-29일 | 푸틴 대통령 우크라이나 방문, 야누코비치 지지 선거 활동 |
| 10월 31일 | 대통령 1차 선거 |
| 11월 12-13일 | 푸틴, 쿠치마 회동 |
| 11월 15일 | 유셴코 후보, 야누코비치 후보 TV 토론 |
| 11월 21일 | 대통령 2차 선거 |
| 11월 22일 | 중앙선관위원회 야누코비치 대통령 당선 선언 |
| 11월 21-<br>　　12월 26일 | 오렌지 혁명 |
| 11월 28일 | 동부지역 주지사들 연방안에 대한 국민투표 결정 |
| 12월 1일 | 의회 야누코비치 불신임안 의결 |
| 12월 2일 | 푸틴, 쿠치마 모스크바 회동 |
| 12월 3일 | 대법원 2차 선거 무효 판결, 12월 26일 재선거 결정 |
| 12월 8일 | 의회 헌법개정안 통과 |
| 12월 26일 | 대통령 재선거 실시, 유셴코 당선 |
| 12월 31일 | 야누코비치 총리 사임 |
| **2005년** | |
| 1월 23일 | 유셴코 대통령 취임 |
| 1월 24일 | 유셴코 러시아 방문, 티모셴코 총리 임명 |
| 1월 27일 | 유셴코 대통령 스트라스부르그 유럽 의회 연설 |
| 2월 4일 | 의회 티모셴코 총리 인준 |
| 3월 1일 | 우크라이나 이라크 파병 병력 철수 선언 |
| 3월 9일 | 푸틴 러시아 대통령 우크라이나 방문 |
| 4월 4-6일 | 유셴코 대통령 미국 방문, 상하원 합동 연설 |
| 5월 18-21일 | 유로비전 송콘테스트 키예프 개최 |
| 7월 19-24일 | 유셴코 대통령 일본 방문 |

| | |
|---|---|
| 9월 8일 | 티모센코 총리와 포로센코 국가안보위원장 해임, 예하누로프총리 임명 |
| 9월 15-17일 | 유센코 대통령 미국 방문 |
| 10월 22일 | 예하누로프 총리 의회 인준 |
| 12월 1일 EU | 우크라이나의 시장경제지위 인정 |
| **2006년** | |
| 1월 1일 | 오렌지 혁명 때 합의된 헌법개정안 발효 |
| 1월 1-4일 | 러시아 가스 공급 중단 |
| 2월 17일 | 미국 우크라이나의 시장경제 지위 인정 |
| 3월 8일 | 미국 의회 우크라이나에 대한 잭슨-베닉안 철회 |
| 3월 26일 | 총선 |
| 4월 26일 | 체르노빌 원전 사고 20주년 |
| 5월 23일 | GUAM 정상회담 키예프 개최, 'GUAM 민주화와 경제협력기구'로 개칭 |
| 6월 22일 | 우리우크라이나당, Byut, 사회당 연정 합의 |
| 7월 6일 | 지역당, 공산당, 사회당 연정 성립, 모로즈 국회의장 선출 |
| 8월 3일 | 지역당, 우리우크라이나당, 사회당 국가통합선언 서명 |
| 8월 4일 | 야누코비치 총리 취임 |
| 8월 24일 | 우크라이나 독립 15주년 |
| 8월 25일 | 뱌체슬라브 초르노빌 동상 제막식 |
| 8월 27일 | 아반 프란코 탄생 150주년 |
| 10월 4일 | 우리우크라이나당 연정 탈퇴 선언 |
| 10월 19일 | 유센코 대통령 계열 장관 4명 사임 |
| 11월 28일 | 의회 1932-33년 대기근 인종학살(Genocide) 인정 의결 |
| 12월 1일 | 의회 타라슈크 외무장관과 루첸코 내무장관 해임 의결 |
| 12월 18-19일 | 우크라이나 유센코 대통령 한국 국빈 방문, 고려대 강연 및 명예박사 수여식 |
| **2007년** | |
| 1월 30일 | 의회 타라슈크 외무장관 해임 |
| 3월 21일 | 야체뉴크 외무장관 취임 |
| 4월 2일 | 유센코 대통령 의회해산령 |
| 5월 27일 | 유센코 대통령, 야누코비치총리, 모로즈 국회의장 9월 총선 합의 |

| | |
|---|---|
| 9월 30일 | 임시 총선 실시 |
| 12월 18일 | 티모셴코 총리 임명 |
| **2008년** | |
| 2월 일 | 우크라이나 WTO 가입 승인 |
| 4월 1-2일 | 부시대통령 우크라이나 방문 |
| 4월 3-4일 | 루마니아 부카레스트 나토 정상회담 - 우크라이나와 조지아에 멤버행동계획(MAP Membership Action Plan) 부여 유보 |
| 5월 16일 | WTO회원국 지위 발효 |
| 8월 8-12일 | 러시아-조지아 무력분쟁 |
| 9월 2일 | 지역당과 티모셴코당 대통령 권한 축소를 내용으로 하는 내각법 통과시킴 |
| 9월 3일 | 우리우크라이나당 티모셴코당과의 연정 탈퇴 선언 |
| 10월 9일 | 유셴코 대통령 의회해산 대통령 명령권 발표 후 철회 |
| 10월 26일 | IMF 165억 달러 지원 결정 |
| **2009년** | |
| 5월 | 지역당과 티모셴코당 합의 헌법개정안 공개 및 철회 |
| 7월 22일 | 미국 조셉 바이든 부통령 우크라이나 방문 |
| 10월 | 포로셴코 외무장관 임명 |
| 11월 | 신종 플루 확산으로 학교 3주 휴교령 |
| 12월 23일 | IMF 4차 지원금(20억 달러) 지급 유보 결정 |
| **2010년** | |
| 1월 17일 | 5대 대통령 1차 선거 |
| 2월 7일 | 5대 대통령 2차 선거 야누코비치 후보 대통령 당선 |
| 2월 25일 | 야누코비치 대통령 취임 |
| 4월 7일 | 하르키프 협정 |
| **2011년** | |
| 3월 | IMF 우크라이나 구제금융 지원 취소 결정 |
| 10월 | 티모셴코 7년형 선고 |
| **2012년** | |
| 6월 | 폴란드와 유럽컵 축구대회 공동 개최 |
| **2013년** | |
| 11월 21일 | 유로마이단 시위 시작 |

| 2014년 | |
|---|---|
| 2월 22일 | 야누코비치 대통령 러시아 도주 |
| 3월 16일 | 러시아 크림반도 병합 |
| 4월 7일 | 무장세력 도네츠크, 루칸스크 거점 점령 |
| 5월 25일 | 대선 1차 선거에서 포로셴코 대통령 당선 |
| 9월 5일 | 1차 민스크 평화협정 |
| 10월 26일 | 총선에서 친서방 정당들 압승 |
| **2015년** | |
| 2월 | 동부 지역 휴전 협정 발효 |
| 7월 | EU와 협력협정(Association Agreement) 체결 |
| **2017년** | |
| 9월 | EU와 협력협정(Association Agreement) 효력 발생 |
| **2018년** | |
| 2월 | 반정부 활동 벌인 샤카쉬빌리 전 조지아 대통령 폴란드로 추방 |
| 5월 | 크림반도 케르치와 러시아 쿠반 지역 연결 교량 완공 |
| **2019년** | |
| 3월 31일 | 대통령 1차 선거 |
| 4월 21일 | 대통령 결선 투표, 볼로디미르 젤렌스키 당선 |

# 참고 문헌

권경복, 《아름다움이 나라를 바꾼다: 오렌지 혁명 전사 티모셴코》, 서해문집, 2011

권재일, 《체코슬로바키아사》, 대한교과서, 2005

김병호, 《우크라이나, 드네프로강의 슬픈 운명》, 매일경제신문사, 2015

김학준, 《러시아사》 개정판, 대한교과서, 2005

성진근, 《기회의 땅 우크라이나》, 농민신문사, 2008

이정희, 《동유럽사》, 대한교과서, 2005

정병권, 《폴란드사》, 대한교과서, 1997

정영주, 〈우크라이나 포로셴코 정부의 언어정책〉, 《슬라브학보》 32집, 2017, 419-447쪽

한정숙, 《유랑시인》, 한길사, 2005

허승철, 〈우크라이나인의 러시아어-우크라이나어 이중언어 상황〉, 《인문논총》 42집,
　　　고려대학교 문과대학, 1997, 215-232쪽

허승철, 《나의 사랑 우크라이나》, 뿌쉬킨하우스, 2008

허승철 외 《우크라이나의 이해》, 시네스트, 2009

허승철, 《우크라이나 현대사: 1913-2010》, 고려대학교출판부, 2011

허승철, 《우크라이나의 역사》, 문예림, 2015

허승철, 《코자크와 우크라이나의 역사》, 문예림, 2017

허승철, 성동기, 《타라스 셰브첸코: 생애와 문학》, 문예림, 2018

허승철, 〈우크라이나의 이중 언어 상황과 언어의 정치학〉, 《러시아어문학 연구논집》
　　　30집, 2009, 329-339쪽

허승철, 〈2010년 우크라이나 대통령 선거 분석〉, 《러시아어문학 연구논집》 34집,
　　　2010, 281-319쪽

허승철, 〈우크라이나 야누코비치 정권 붕괴의 국내 정치 · 경제 요인 분석〉, 《러시아
　　　어문학 연 구논집》 46집, 2914, 155-178쪽

허승철, 〈우크라이나의 EU 가입 추진 과정 분석과 평가〉, 《러시아어문학 연구논집》

55집, 2016, 305-332쪽

홍석우, 《우크라이나: 코자크와 오렌지 혁명의 나라》, 한국외국어대학교 출판부, 2007


Aleseev, *Iurii*, Istoriia Ukrainy (Kiev: KUS, 2005)

Aslund, A. et McFaul, M. ed. *Revolution in Orange: the Origins of Ukraine's Democratic Breakthrough*, (Washington, D.C.: Carnegie Endowment for International Peace, 2006)

Aslund, A., *How Ukraine Became a Market Economy and Democracy*, Peterson Institute for International Economics, Washington DC, 2009)

Beauplan, S. & Vasseur, G. translated by Pernal. A. & Essar, D. *A Description of Ukraine* (Cambridge: Harvard University Research Institute, 1993)

Boiko, Oleksandr Istoriia Urainy, (Kyiv: Akademvydav, 2008)

Brzezinsk, Zbigniew, *The Grand Chessboard: American Primacy and Its Geostrategic Imperatives*, (New York: Basic Books, 1998)

Conquest, Robert. *Harvest of Sorrow: Soviet Collectivization and the Terror-Famine* (New York: Oxford University Press, 1986)

Harasymiw, Bohdan, *Post-communist Ukraine* (Edmonton, Toronto: Canadian Institute of Ukrainian Studies Press, 2002)

Helbig, A., Buranbaeva, O., Mladineo, V., *Culture and Customs of Ukraine* (Westport: Greenwood Press, 2009)

Hrushevskyi, *Mykhailo Illiustrirovana Istorii Ukrainy*, (S. Petersburg, 1913)

Hur, Seung Chul, *Language Shift and Bilingualim in the Soviet Union: Language Aspects of Ethnic Relations,* (Doctoral Dissertation, Brown University, 1988)

Hur, S. C. et Perepelytia, G ed. *Geopolitical Transformations in Eurasia: Views from Kiev and Seoul*, (Kyiv: DEMID, 2009)

Kuzio, Taras, *Ukraine under Kuchma* (New York: St. Martin's Press, 1997)

Kuzio, Taras, ed. *Contemporary Ukraine: Dynamics of Post-Soviet Transformation,* (New York: Sharpe, 1998)

Luchkyi, G., *Literary Politics in the Soviet Ukraine, 1917-1934,* (Duke University Press, 1990)

Magocsi, Paul, *A History of Ukraine,* (Seattle: University of Washington Press, 1997)

Mcfaul. M., *"The Orange Revolution in a Comparative Perspective",* Revolution *in Orange: the Origins of Ukraine's Democratic Breakthrough,* (Washington, D.C.: Carnegie Endowment for International Peace, 2006) pp. 145-164

McFaul, M., ed. *Revolution in Orange: the Origins of Ukraine's Democratic Breakthrough,* (Washington, D.C.: Carnegie Endowment for International Peace, 2006)

Perepelytsia, G. ed. *Foreign Policy of Ukraine: Annual Strategic Review 2006* (Kyiv: Stylos Publishing House, 2007) pp. 89-100

Perepelytsia, G. ed. *Foreign Policy of Ukraine: Annual Strategic Review 2008* (Kiev: Stylos Publishing House, 2009)

Subtelny, *Orest Ukraine: a History,* (Toronto: University of Toronto Press, 1994)

Wilson, Andrew, *The Ukrainians: Unexpected Nation*, (New Haven: Yale University Press, 2002)

Wilson, Andrew, *Ukraine's Orange Revolution,* (New Haven: Yale University Press, 2005)

Yekelchyk, Serhiy, *Ukraine: Birth of a Modern Nation* (New York: Oxford University Press, 2007)

우크라이나 문화와 지역학

**초판 1쇄 인쇄** 2019년 5월 30일

**지은이** 허승철
**편 집** 강완구
**펴낸이** 강완구
**펴낸곳** 써네스트
**브랜드** 우물이 있는 집
**디자인** 임나탈리야

**출판등록** | 2005년 7월 13일 제 2017-000025호

**주 소** | 서울시 마포구 망원로 94, 2층 203호

**전 화** | 02-332-9384      **팩 스** | 0303-0006-9384

**이메일** | sunestbooks@yahoo.co.kr

**ISBN** | 979-11-86430-88-0 (93300)      값 18,000원

2019ⓒ허승철

우물이 있는 집은 써네스트의 인문브랜드입니다.

이 도서의 국립중앙도서관 출판예정도서목록(CIP)은 서지정보유통지원시스템 홈페이지(http://
seoji.nl.go.kr)와 국가자료공동목록시스템(http://www.nl.go.kr/kolisnet)에서 이용하실 수 있습니
다. (CIP제어번호 : 2019020881)